民商法
经典文库

总主编 赵万一

经典译著系列

支持性国家
家庭 政府与政治理想

[美]马克辛·艾希纳 著
Maxine Eichner
冉启玉 译

The Supportive State:
Families, Government, and America's Political Ideals

法律出版社 LAW PRESS·CHINA
北京

The Supportive State: Families, Government, and America's Political Ideals
by Maxine Eichner

著作权合同登记号
图字：01-2019-6392

总主编简介

赵万一

西南政法大学民商法学院教授、博士研究生导师，《现代法学》主编。曾任西南政法大学民商法学院院长。兼任中国法学会商法学研究会副会长、中国法学会民法学研究会学术委员会副主任。先后被西北政法大学、福州大学、西南大学、福建师范大学、山东经济学院等多所大学聘为兼职教授；上海大学、福建师范大学兼职博士研究生导师；英国《法律与管理国际杂志》（ML-The International Journal of Law and Management）编委。

曾出版《民法的伦理分析》《民法概要》《商法基本问题研究》《证券法的理论与实务》《中国竞争保护法律制度研究》等个人专著多部，主编《商法学》《证券法学》等教材数十部。先后在《中国社会科学》《中国法学》《法学研究》《人民日报》《光明日报》等报刊发表论文150余篇，有数十篇文章分别被《新华文摘》、《中国社会科学文摘》、中国人民大学书报资料中心《复印报刊资料》转载。其《民法的伦理分析》一书曾分别于2005年和2017年在我国台湾地区五南图书出版股份有限公司和日本经济法律出版社出版，多篇论文在日本、韩国等国发表。

著者简介

马克辛·艾希纳

政治学理论博士，美国北卡罗纳大学格雷厄姆·凯南（Graham Kenan）杰出法学教授、美国法律研究所成员。曾就读于耶鲁大学法学院，曾任《耶鲁法学杂志》编辑、美国哥伦比亚特区地方法院法官助理、美国第九巡回上诉法院法官助理。从事政治学与法学交叉领域的研究，特别关注性别、家庭、社会福利法与政策，以及家庭、工作场所与市场之间的关系，撰写法律评论文章多篇。

译者简介

冉启玉

法学博士，西南政法大学副教授、硕士生导师。主要从事家庭法及妇女儿童理论的教学与科研。在《中国社会科学报》、《法治日报》、《政法论坛》、International Journal of Law、Policy and the Family等报纸期刊发表论文近30篇。出版个人专著《人文主义视阈下的离婚法研究》《离婚扶养制度研究》及译著《永远的父母：家庭法中亲子关系的持续性》，参与Practical Global Family Law（中、美、意学者合作）的撰写及《加拿大家庭法汇编》《澳大利亚家庭法》《澳大利亚继承概要》等图书的翻译。主持、参与国家社科基金项目、教育部青年项目、重庆市教委项目等课题多项。

总序:民商法学研究的时代使命

时至今日,虽然理论界对民商法在中国特色社会主义法律体系中的角色定位并未形成完全一致看法,但对其在促进社会权利意识的觉醒、创造力的激发乃至社会经济的振导方面所发挥的巨大作用,几乎没有人能够否认。一方面,缘于其调整内容的广博性、调整方式的人本性、调整范围的全覆盖性和规制目的的正义性;另一方面,则得益于其所承载的"固根本、稳预期、利长远"的历史使命的厚重性和在强调促进社会经济发展的同时注重人与自然和谐发展的先进立法理念。通过研读世界主要国家的法律发展史,我们不难发现,具有时代引领意义的重要民商法律制度的制定,通常是伴随一个国家社会制度的重构、社会政策的改变和社会观念的变革应运而生的。因此,民商法律制度的设计通常并不仅仅表现为单纯的制度进化和规则演变，更反映了社会经济政治制度环境的优化和社会意识的嬗变。我国也不例外。发轫于20世纪70年代末的经济体制改革，不但将现代中国社会深深打上了法治烙印，而且极大激发了法律对社会关系特别是社会经济关系的调整冲动，从而将上层建筑对经济基础的促进作用发挥到极致。时至今日，伴随计划经济向市场经济的成功转型而不断拓展其作用深度和广度的民商事立法，无论是对中国民众国民性格的塑造、行为模式的固化，还是对整个社会经济运行驱动力的重新构造，都产生了越来越显著的影响。以平等和自治为核心的民商法律制度不但成为国家调整社会关系特别是社会经济关系的最重要法律手段，而且成为社会主体行为选择的首要凭依因素；以公平和效益为主旨的民商法律思维已深深嵌入人们的思维逻辑链条中，成为人们臧否立法和司法活动的主要标尺；以良善、诚信、忠实为先导的民法文化不但发挥启佑民智之功效，而且已逐步内化为一种社会习惯和社会生活方式。作为民商法制度根基的平等原则并未得到有效贯彻，进而在主体立法上采取差别性待遇的做法还比较普遍。在民商事司法领域中，由于未对价值取向各异的不同审判类型进行必要的审判理念区分，从而导致审判活动既无法满足以自然人为代表的普通民事主体对公平理念的强烈渴求，也无法有效实现以公司为代表的商事主体追求效益的行为动机。在法律意识层面上，民商法的私法属性和权利法属性并未获得普遍的社会认同，民商法所体现的一些基本法律价值和法律精神也没有随着民商事立法的繁荣而获得广泛的尊重和支持。造成这种广大民众对民商法价值认同感不高的原因是多方面的。由于民商法是直接介入市场经济和商品经济形态塑造和规则设计的法律制度，因此，无论在立法上还是在司法实践中，人们都有意或无意地将所有的民商事法律制度的作用定位为促进市场经济的发展，从而淡化了作为民商法精神内核的人本主义思想和人文主义理念。不仅如此，民商法的非理性繁荣还助长了法律对社会关系的调整作用，包罗万象的法律规则试图将调整的触角延伸至公民生活的每一个领域。实际上，法律更多的是作为约束人类非理性行为的必要羁绊而存在的，任何类型的强制行为都不可避免地会对社会主体的行为及与此相连接的社会关系起到一定的限制作用。

从经济基础对上层建筑的作用结果来看，肇端于20世纪70年代末的经济体制改革和对外开放不但极大解放了受到压抑的生产力，而且充分激活了潜藏在人类内心深处追求财富的欲望，使人们从普遍的羞于言利转变成了攫取财富。中国社会第一次感受到法律对社会生活的强大影响力和导引力。正是基于法律对社会经济关系的强力介入，不但彻底改变了利益的获取和分配方式，任何主体的正当经济利益诉求都必须通过法律加以固化、疏导和界定，而且极大地促进了社会财富的增加，使中国在很短的时间内跃居世界第二大经济体。正是基于对法律作用的高度重视，我们在短短的40多年时间里建立起了比较完备的社会主义市场经济法律体系，从而为全面实现依法治国奠定了必要的法律硬件基础。任何国家的法治现代化都不能通过简单地对外国法律制度的借鉴而完成，成熟的法律制度除借鉴人类法治文明建设有益成果外，还必须加强对本国法治资源的挖掘和对法治适用环境的建设和改造。为此，我们不但要重视对民商法具体法律制度的吸收和构造，而且更应加强对民商法基本理念、基本作用、基本精神和基本价值的研究和认识，更准确地定位民商法在构建新时代中国特色社会主义法律体系中的地位和作用，因为只有以先进理念作支撑的法律制度才能真正有效发挥其对社会关系的精准调整作用。

大学作为现代文明的发祥地和社会知识的集散地，既是民族文化的传承者，也是现代文明特别是现代法治文明的创造者和传播者。相对其他类型的院校而言，法科院校基于其独特的创设要求和人才培养目标，在创新社会法治理念、提供法律制度有效供给、推进国家现代法治文明建设方面无疑负有特殊的义务和责任。西南政法大学作为一所以法学为主的多科性院校，创设于新中国百废待兴之时，繁荣于改革开放的历史机遇期，不但见证了中国法治建设的曲折历程，而且对中国的法治建设贡献了自己的责任和智慧。其民商法学作为传统的优势学科之一，经过几代人的不懈努力，逐步形成了以民本天下为情怀、以商达经纬为志向、以知行合一为目标、以振兴国家为责任的学术精神和专业特色。自 20 世纪 50 年代开始，学科奠基人金平教授、杨怀英教授等老一辈开宗学者秉持学术报国之宏愿，开拓奋进、殚精竭虑,历经筚路蓝缕之磨难,披荆斩棘之艰辛,初创西南政法大学民商法之学林。20 世纪 80 年代之后,沐浴改革开放之春风,西南政法大学民商法迎来第一次鼎盛时代,金平教授和杨怀英教授作为全国民商法领域中的重要领军人物,以他们的敬业精神和人格魅力,团结和凝聚了包括邓大榜、聂天贶、黄名述、李开国、柯瑞清、邓宏碧、张和光、赵勇山、叶清勋、赵泽隆、谭向北、程正宗、陈志学等 30 余位在全国有一定影响力的中年骨干教师;以王卫国、禄正平、伍载阳、刘晓星、张玉敏、尹田、吴卫国、赵万一等为代表的一批年轻学者开始在国内学术舞台上崭露头角。西南政法大学也自然而然地成为国内名副其实的民商法教学与研究重要阵地。20 世纪 90 年代末期以来,在李开国、张玉敏、赵万一、陈苇、谭启平等学术带头人的带领下,本学科全体同仁励精图治、拼搏进取、内外双修,不但使学科师资规模达到创纪录的 120 余人,而且在职称结构、学历结构、学缘结构等方面都有了实质性改善,教学科研水平也不断上升到一个新台阶。我们坚信,在国内外同仁的关心和支持下,经过本学科全体师生的共同努力,西南政法大学民商法学的明天一定会更加灿烂辉煌。

民商法作为一个应用性很强的实用性学科,并非产生于书斋中的理论推演,而应来源并服务于社会经济生活。本学科一直以关注民生、强调民本为己任,秉持造福苍生,心系天下的情怀,努力将自己的研究服务于国家的经济建设和法治建设。具有中国民法典“活化石”之称的金平教授不但全程参与了第一次至第三次《民法典(草案)》的拟定，而且其所提出的许多富有创见性的观点，如民法调整的是平等主体之间的财产关系和人身关系，直接影响了《民法典》的制定。具有中国婚姻法“女神”之称的杨怀英教授不仅参与了1980年《婚姻法》的修改，而且始终关心中国家庭制度的发展变化及其与社会之间的互动关系，在花甲之年仍亲自带队，到当时条件十分艰苦的云南西双版纳和德宏两大民族自治州长途奔波数千里，开展长达数月的田野调查，出版了具有填补空白性质的《滇西南边疆少数民族婚姻家庭制度与法的研究》。这个优秀传统一直传承至今。陈苇教授在主持司法部重点课题时，以“农村妇女土地权利保障”为视角，先后组织1000多名学生深入农村考察并形成了数十万字的调研报告。在2008年“5·12”大地震发生后不久，以本学科刘俊、谭启平、刘云生等教授为主的12位法学专家联名上书全国人大常委会，建议尽快制定重大自然灾害处置特别法令并草拟了一部近万字的《重大自然灾害处置特别法令(建议稿)》。在具有世纪工程之称的《民法典》制定过程中，本学科不仅有数十人深度参与了《民法典》的条文拟定及其相关的立法调研论证活动，而且在《民法典》颁布之后的第一时间内成立了规模庞大的《民法典》宣讲团，深入国家机关、企事业单位和社区、农村，向广大社会公众宣讲《民法典》的伟大意义，充分体现了学者的责任与担当。

近年来，国际、国内民商法学科的迅速发展向我们提出了严峻挑战。国际上，无论是源于罗马法的大陆法系还是源于海洋经济需要而产生的英美法系，都正朝着更深、更广、更前沿的方向延伸与发展，民商法学理论日益博大精深，法学流派呈现多元化趋势；民商法学研究更加注重与法律实践的契合，注重对司法领域中出现的新的法律问题的审视和研究；在全球化趋势的推动下，各国民商法学日益走向相互渗透与融合，同时又更加注重与本国国情的结合，呈现国际化与民族化共同繁荣的趋势；法学理论方面，跨学科研究方兴未艾，交叉学科、边缘学科如雨后春笋大量涌现。在国内，随着依法治国方略的推行，民商法学研究更加深入与务实。一方面，在全球化的大潮之下，如何借鉴人类精神遗产，借鉴外国合理的法律制度与精神，成为摆在中国民商法学面前的重大课题之一；另一方面，在国内市场经济发展过程中出现的各种法律问题也向民商法学提出了挑战，如何立足中国的法律实践，利用世界各国的经验，发扬我国优良传统风俗，应对未来经济、政治、文化的重大转折，也是中国民商法进一步发展所必须解决的重大课题。为了总结西南政法大学民商法学科在过去40多年中取得的成绩，饮水思源，时刻铭记老一辈民法学者对本学科发展所作出的突出贡献，我们曾与法律出版社联袂于2009年编辑出版了5卷本的“西政民商法学阶梯”丛书和20卷本的“西南民商学人文库”和多卷本的“民商经典译丛”。为了发挥本学科在民商法基础理论特别是民法哲学方面的研究优势，我们先后编辑出版了两辑共13本“民法哲学”丛书。为了扩大与我国台湾地区的学术交流活动，我们曾与华中科技大学出版社、台湾元照出版股份有限公司倾力打造了“华中·元照西政民商法学术文库”和“华中·元照中青年法律科学文库”。

为了进一步充分发挥法学研究对法律实践的引领作用，我们决定集合校内外各种资源，推出既能综合反映西南政法大学民商法学科科研实力，又能广纳群贤、有效荟集国内外最新民商法学研究成果，并能对中国法治建设起到推动作用的大型系列丛书——“民商法经典文库”。本文库分为民法哲学、经典译著、学术研究、前沿争鸣、名家讲坛、教育研究、经典案例及年度十大有影响力案例、研究随笔9个系列。同时，我们也真诚邀请国内外贤儒同仁不吝赐稿，积极支持我们的工作。我们相信，在国内外同行专家的共同帮助下，本文库一定能够达到预期目标。

是为序。

2012年11月6日于西南政法大学

2021年7月6日修订于西南政法大学

致　谢

虽然我反对以“举全村之力”这样的陈词滥调作为本书的开头(只是部分地反对),但事实上,太多的感激之情溢于言表。本书酝酿已久,我要感谢太多的人一路上给予我的帮助。

在早期阶段,是一些学者鼓励我完成该项目的研究,他们是凯瑟琳·艾布拉姆斯(Kathryn Abrams)、迈克尔·林内什(Michael Lienesch)、木村弘治(Hiroshi Motomura)、伊丽莎白·斯科特(Elizabeth Scott)、玛丽(莫莉)·尚利(Mary “Molly” Shanley)及托马斯·斯普拉格斯(Thomas Spragens)。我非常感激他们给我的鼓励及建议。汤姆(Tom)多次慷慨地花费吃午餐的时间与我共同讨论自由主义理论,使我受益匪浅。正是迈克(Mike)的鼓励,才使本书更严谨、更完善地展现在大家面前。

其他学者及同事在关键时刻给我提供了有益的意见（偶尔也会在关键时刻提供批评意见），他们是克里·艾布拉姆斯（Kerry Abrams）、简·艾肯（Jane Aiken）、凯瑟琳·巴特利特（Katharine Bartlett）、苏珊·比克福德（Susan Bickford）、柯蒂斯·布里奇曼（Curtis Bridgeman）、娜奥米·卡恩（Naomi Cahn）、琼·卡蓬（June Carbone）、詹妮弗·柯林斯（Jennifer Collins）、帕梅拉·科诺菲尔（Pamela Conover）、艾德丽安·戴维斯（Adrienne Davis）、乔安娜·格罗斯曼（Joanna Grossman）、梅丽莎·雅各比（Melissa Jacoby）、玛格丽特·约翰逊（Margaret Johnson）、艾莉西雅·凯利（Alicia Kelly）、约瑟夫·肯尼迪（Joseph Kennedy）、迈克尔·克拉曼（Michael Klarman）、刘浩宁（Holning Lau）、史蒂文·伦纳德（Steven Leonard）、威廉·马歇尔（William Marshall）、琳达·麦克莱恩（Linda Mcclain）、埃瑞克·穆勒（Eric Muller）、吉恩·尼科尔（Gene Nichol）、安吉拉·昂瓦奇·威利（Angela Onwuachi-Willig）、齐吉·里夫－费西（Ziggy Rifkind-fish）、玛丽亚·萨瓦斯塔·肯尼迪（Maria Savasta-kennedy）、卡莉莎·肖登（Carisa Showden）、贾娜·辛格（Jana Singer）、马克·韦斯伯德（Mark Weisburd）以及黛博拉·魏斯曼（Deborah Weissman）。此外，非常感谢玛莎·费恩曼（Martha Fineman）和托马斯·斯普拉格斯（Thomas Spragens），如果没有玛莎对依赖理论的研究及托马斯对公民自由主义的研究，本书就不可能完成。

三位优秀的同事及朋友——克莱尔·亨廷顿(Clare Huntington)、莫莉·斯坦利(Molly Shanley)及杰弗里·斯宾纳·哈列夫(Jeffrey Spinner-halev)读完了本书稿,并提出了宝贵意见,对此我终身感激。此外,多年前,我有幸在研究生院与丹尼斯·鲍尔斯(Denise Powers)结为朋友,在本书稿提交牛津大学出版社之前,她运用自己非凡的编辑技能完成了这份手稿的编辑。我的主编——牛津大学出版社的大卫·迈克布莱德(David Mcbride),用其智慧、风度和耐心指导我完成了本书的出版。

在北卡罗来纳大学,我要感谢法律图书馆的馆员们,尤其是吉姆·舍伍德(Jim Sherwood)和朱莉·金姆布罗(Julie Kimbrough)的出色研究。我还要感谢多年来的研究助理,特别是卡梅隆·康提萨诺(Cameron Contizano)、凯特琳·克利坦(Caitlin Cullitan)、杰里·道利斯(Jerry Dowless)、克里斯汀·芬内克(Kristen Formanek)、布莱克·霍夫曼(Blake Huffman)、兰·凯提斯(Lan Keitith)、莫莉·梅纳德(Molly Maynard)、卡罗琳·普拉特(Carolyn Pratt)、丹·罗斯(Dan Rose)和安吉·斯潘(Angie Spong)。我要特别感谢莫莉(Molly)和安吉(Angie)帮助此书最终得以成文。此外,非常感谢金·普莱斯(Kim Price)和米卡·好运(Mika Chance)帮助我打印了手稿。我也很感谢米勒公共事务中心、卡罗来纳妇女中心和北卡罗来纳大学法学院一路以来的资金资助及奖学金。

最后,很幸运我来自一个大家庭,在我完成本书的漫长过程中,我的家人都非常耐心，并支持我完成了本书的写作（直到本书快完成的时候，才有人对我可能永远完不成本书稿发出揶揄之声）。感谢维姬（Vicky）和亚瑟·艾希纳（Arthur Eichner）、珍妮（Jane）和亚当·斯坦因（Adam Stein）、琼·艾希纳（June Eichner）和巴里·埃尔曼（Barry Elman）、费思（Faith）和杰夫·阿德勒（Jeff Adler）、格尔达·斯坦因（Gerda Stein）和罗伯托·奎尔西亚（Roberto Quercia）、乔希（Josh）和安娜·斯坦因（Anna Stein）、罗伯特·艾希纳（Robert Eichner）、阿普里尔·特利兹（April Terlizzi）以及他们的孩子们对我的陪伴。本书要献给汉娜（Hannah）、阿伯（Abe）、伊莱·斯坦因·艾希纳（Eli Stein Eichner）及埃里克·斯坦因（Eric Stein），感谢他们一遍又一遍地教会我家庭所能带来的快乐，以及家庭在赋予人类生命意义方面所扮演的重要角色。

目　录

引　言

我们绝大多数人都在被称作家庭的这样一种长期关系中与其他成员度过大部分时光,此种关系自出生之日起就对我们产生根深蒂固的影响,且对我们的情感和道德责任感的发展至关重要。家庭关系每天深刻地影响我们的生活方式。家庭在满足人们的依赖性需求方面发挥了重要作用,而这种依赖性需求为个体发展和社会繁荣所必需。正是通过这种关系,我们儿孙满堂、膝下承欢,对家庭中的老弱病残者承担主要照顾责任。家庭成员的其他依赖性问题,包括经济上的依赖,通常也由家庭解决。 3

在维护家庭中公民之间重要纽带方面,国家发挥怎样的作用?迄今为止,激励美国的政治思想、公共政策的那套思想信仰与理论假设,对人与人之间不可避免的依赖,以及家庭在处理人类相互依赖关系方面的重要作用鲜有涉及。这套思想信仰与理论假设基本上都源于美国占主导地位的传统政治思想，即民主自由思想。[1] 自由主义，尤其在美国，总的来说是将每个公民构想为能干且自治的成人(able, autonomous adults)，且每个公民都是作为独立个体而非家庭成员存在。对公民进行如此的理论假设，在以下方面发挥着重要的作用：此种思想为将每个公民当作自由且平等的公民来对待这一自由道德理想打下了基础。此外，此种思想还证明了国家应保障公民有权享有的权利这一重要观念是正确的。

然而，虽然自由主义将人类构想为能干且自治的成年人是一个重要的道德理想，但其只是一种道德理想而已。该理想，并不是对人类生存状况的一种恰当的本体论上的理解。将人类构想为能干且自治的成年人，是将人类定格于生命周期的某一时刻，甚至还夸大了人类彼此之间的独立性。[2] 其实在现实中，人们或多或少地相互依赖着，度过他们生命中的大部分时间。公民生来是具有完全依赖性的，

---

〔1〕 我在本书中使用的自由主义理论(liberal theory)、自由主义(liberal)和自由主义(liberalism)术语指代从约翰·洛克(John Locke)到约翰·斯图亚特·密尔(John Stuart Mill)以及最近关注自由、自治、公民的平等价值重要性的约翰·罗尔斯(John Rawls)等思想家的英美政治思想。因此，该术语(liberal theory)比"自由主义"(liberal)一词的用途更广泛，指的是那些与保守派持有相反政治信仰的人。根据我对该术语的使用，众议院议长南希·佩洛西(Nancy Pelosi)和通常被认为是政治保守派的最高法院法官安东宁·斯卡利亚(Antonin Scalia)都是自由主义者。

〔2〕 See Martha Nussbaum, "The Future of Feminist Liberalism," in Eva Feder Kittay and Ellen K. Feder (Eds.), *The Subject of Care: Feminist Perspectives on Dependency* (Lantham, MD: Rowman & Littlefield, 2002), 186.

在其生命最初大致10年的时间里几乎完全依赖他人。在接下来的10年时间里,虽然这种依赖总体上减弱,但公民仍然需要他人的大量帮助。在最初的20年,或者通常更长的一段时间内,公民需要获得大量的帮助以成为健康、朝气蓬勃、对政治国家组织有贡献的公民。其中需要的一项帮助,就是他人的大量照顾。就年幼的孩子而言,这涉及繁重的工作任务。儿童必须受到监护以确保安全、与人玩耍及互动、得到喂养、被洗澡、被换尿片、被安排上床睡觉、哭闹时有人安慰、生病时被送去看医生以及大量其他行为。除受到照顾外,儿童还需受到培育才能获得发展以成为健康的好公民。在青少年时期,他们必须学会其他人为他们所做的事情,他们必须对至少几个人形成深深的稳定的依恋关系,获得道德上的指导及社会技能,他们也需要一定的教育和技能以便成年后能自我扶养,并发展合格公民所需的技能。人的发展需求的满足,和其他照顾需求一样,需要相当的时间、精力和资源投入。因身体或精神残障的公民将永远无法实质性地独立于他人的照顾,这群人虽然是少数,但数量仍然庞大。其他多数人,虽然不能完全独立,但随着成年,在很大程度上能独立。当谈及依赖性问题时,没有哪个成年人是一座孤岛,实质上,所有的成人因为身体或精神疾病在一定时期内都需要他人大量的照料性工 4

作,大多数人会断断续续地依赖他人生活。[3] 相当比例的成年人会经历严重的残障状况,这些状况将使这些人成为依赖者,虽然这种依赖不是终身的但也是长时期的。[4] 当这些人年迈、接近生命的终期时,大部分人对他人照料的依赖性与日俱增。[5] 这不仅仅意味着,大多数人在相当长的一部分时间内是在依赖他人中度过的,而且意

---

〔3〕 在15岁的人群中,2005年有超过1080万人(4.7%)报告有一项或多项残疾需要在日常活动中得到帮助。(See Matthew W. Brault, Current Population Reports, "Americans With Disabilities: 2005," 4 [2008], available at http://www.census.gov/prod/2008pubs/p70-117.pdf [accessed Aug. 5, 2009].)根据2002年一份人口普查数据报告残疾的持续时间,"需要1至5年帮助的人(40.7%)比报告需要帮助不到1年(23.3%)或需要帮助超过5年(34.1%)的人的比例高。"(Erika Steinmetz, Current Population Reports, "Americans With Disabilities: 2002," 7 [May, 2006], available at http://www.census.gov/prod/2006pubs/p70-107.pdf [accessed Aug. 5, 2009].)

〔4〕 日常活动中需要一项或多项帮助的成年人年龄越往后需要帮助的人数量越多:25~44岁为1.9%,45~54岁为3.4%,55~64岁为5.7%,65~69岁为7.6%,70~74岁为9.6%,75~79岁为16.1%,80岁及以上为29.2%(See M. W. Brault, "Americans With Disabilities: 2005," 3,4)。

〔5〕 See ibid. 正如美国人口普查局(U.S. Census Bureau)的人口统计学家对老年人口的残疾水平所做的总结:"20%的美国老年人患有慢性残疾,7%至8%的人有严重的认知障碍,约30%的人有行动困难。2000年人口普查统计了体制外大约1400万的平民老年人,占老年人口的41.9%,他们都有某种残疾。"(Wan He, Manisha Sengupta, Victoria A. Velkoff and Kimberly A. DeBarros, Current Population Reports: Special Studies, "65 + in the United States: 2005," 59 [2005], available at http://www.census.gov/prod/2006pubs/p23-209.pdf [accessed Aug. 5, 2009] [citations omitted].)大约40%的75岁或75岁以上的成年人不能进行一项或多项日常活动,如做饭和吃饭、洗澡、穿衣、如厕、自己走路或开车。(National Academy on an Aging Society, "Caregiving: Helping the Elderly with Activity Limitations," 2 [2000], available at http://www.agingsociety.org/agingsociety/pdf/Caregiving.pdf [accessed March 8, 2010].)美国人口普查局的数据显示,尽管老年人口的残疾率正在下降,但随着婴儿潮一代从2011年开始步入65岁,老年人口正处于一个繁荣期。到2030年,老年人口预计将比2000年翻一番,从3500万人增加到7200万人,占美国总人口的20%。这意味着,将有更多的老年人需要照顾(Wan He, "65 + in the United States: 2005," 60)。

味着许多人，尤其是妇女和少数群族人群，会在照顾子女或患者或老年人中度过相当长的一部分时间。[6]

关注人类的依赖状况使公民对政府的需求，比起占统治地位的自由民主理论所描述的情形要复杂得多。这些传统理论描述构想的国家职能是在公民追求自身生活计划方面确保其自由，以及通常确保至少在某些程度上的平等。对国家此种职能的描述是将所有公民构想为健全的人的自然结果。因其如此假设所有的公民，国家的确切的职能就是确保所有个体的权利受到尊重。此外，如果所有的成人被构想为健全而自治者，对人类尊严的尊重，作为自由主义的基础，首先需要确保他们的自由与平等。但是，一旦将人的生命周期引入该图景，照顾人及促进人类发展的重要性就会突显出来，因为其重要性的每一方面都与自由民主计划保障自由与平等的主流自由美德

---

〔6〕 除了照顾孩子，2003 年美国全国护理联盟和美国退休人员协会（American Association of Retired Persons，AARP）的一项研究估计，美国有 4440 万名护理人员（占成年人口的 21%）为 18 岁或 18 岁以上的成年人提供无偿护理。据估计，有 2290 万个（21%）美国家庭都有这样的护理人员（National Alliance for Caregiving and the AARP，"Caregiving in the U. S.，" 8 [2004]，available at http://www.caregiving.org/data/04finalreport.pdf [accessed Aug. 5，2009].）。The great majority of caregivers（83 percent）are helping relatives（National Alliance for Caregiving and the AARP，"Caregiving in the U. S.，"7）. 到 2020 年，预计 40% 的劳动力将照顾一位年长的亲属（Martha Lynn Craver，"Growing Demand for Elder Care Benefits，" Kiplinger Business Forecasts [May 29，2002]）；See also Sarah Rimer，"Blacks Carry Load of Care for Their Elderly，" *New York Times*（March 15，1998），section 1，1（"大约 1/4 的美国家庭要照顾年迈的亲属或朋友，从换尿布到买杂货，什么都要做。"）；Congressional Record 139，1969（1993）。（statement of Rep. Lynn Schenk"女性一生中可能用 17 年的时间照顾孩子，18 年的时间照顾年长的亲属。"）

同等重要。照顾人及促进人类发展的重要性相应地要求关注家庭的职能,当今社会正是家庭在主要履行这些职能。

在自由主义理论对家庭少有的关注中,其通常认为,家庭是且应当是自治的,如同家庭的户主一样。以此审视公共政策,其目标是尽可能使家庭免于国家的干预。且就子女依赖性需求的限度而言,自由主义理论主张,作为家庭户主的自治的成年人应当能完全处理这些问题,而不需要国家的行为。然而,此种家庭自治的观点,与个体自治一样明显过于纯粹。[7] 事实上,家庭职能的发挥往往与政府政策紧密地交织在一起。[8] 举几个例子说明,子女劳动法阻止子女在经济上依赖父母;平等就业法鼓励妇女走出家庭,进入劳动市场;配偶去世后生存方的社会保障福利会影响一些受领者是否选择不结婚。最重要的是,本书认为,法律和公共政策会影响家庭处理家庭依赖需求的能力。鉴于此,健康的家庭在公民及社会的繁荣昌盛中发挥着重要作用,家庭—国家关系在自由民主理论中需占据核心位置。将依赖和家庭在处理相互依赖关系中的作用与自由民主理论结合起来,并考虑国家在家庭中所起的作用,就是本书的主题。

虽然本书努力将家庭作为理论问题置于合适的视角,但目前对

---

〔7〕 See Martha Fineman, *The Autonomy Myth: A Theory of Dependency* (New York: New Press, 2005).

〔8〕 Frances E. Olsen, "The Myth of State Intervention in the Family," *University of Michigan Journal of Law Reform*, 18, 835, 836 (1985).

人与人之间的相互依赖性的忽略以及占主导地位的自由主义观对家庭的忽视,其在美国的实际影响远远超出理论。政治理论从来不会完全转化为公共政策,总是会存在差距和间断性。就此而言,掩盖家庭重要性的理论信条妨碍了对美国家庭制定连贯的法律和公共政策,这导致政府的政策远远无法达到作为一个国家应该关心的善。

在一系列善行最顶端的是儿童的福利。当代自由民主理论关注对健全的成人权利和自由的保护,而儿童的依赖问题如果仅仅依靠家庭户主这些成人来解决,在这种期望之下难以制定足以支持儿童福利的政策。其结果是美国的儿童贫困率在工业社会国家最高,生活在贫困线以下的儿童占美国儿童的21.9%,拉丁美洲裔美国儿童生活在贫困线以下的占所有美国儿童的30%。虽然其他相对富裕的国家,如法国、爱尔兰、新西兰和英国,在政府进行救助之前儿童贫困率高于美国,但美国政府的援助政策远没有像这些国家一样雄心勃勃,美国的儿童贫困率实质上比这些国家相应更高。[9]

---

〔9〕 美国儿童在接受援助前的贫困率为26.6%,与法国(27.7%)、爱尔兰(24.9%)、新西兰(27.9%)和英国(25.4%)接近。但在政府救助之后,这些国家的实际贫困率远低于美国。与美国21.9%的实际贫困率相比,法国是7.5%;爱尔兰是15.7%;新西兰是16.3%;而英国是15.4%。举一个消除贫困的效率方面的差异的例子,在政府税收和转移性支出(government taxes and transfers)后,法国的贫困率下降到原来的27%左右(从27.7%下降到7.5%);相比之下,美国的贫困率仅下降到原来水平的82%(从26.6%下降到21.9%)(Sylvia Allegretto, Economic Policy Institute, "U. S. Government Does Relatively Little To Lessen Child Poverty Rates," available at http://www.epi.org/content.cfm/webfeatures_snapshots_20060719 [accessed Aug. 10,2009])。

6 对依赖理论缺乏深思熟虑的思考，加上对家庭自治的假设导致法律不能为儿童的成长提供所需要的足够的照顾。在过去两代人中，妇女大量涌入劳动力市场，这就导致了这样一种状况：对抚养子女负有主要责任的公民现在对他们的时间有了其他重要的安排。1975 年至 2008 年，子女 6 周岁以下的妇女在劳动市场的比例从 39% 增长到 63%。[10] 1975 年至 2008 年，子女在 6 周岁至 17 周岁的妇女在劳动市场的比例从 55% 增加到 75%。[11] 如今，70% 的家庭是父母双方在职或者是未婚父母在职。[12] 但美国很少实施政策以帮助家庭缓解工作和家庭之间的冲突。[13] 其结果是，美国家庭的平均工作时间比过去长得多。[14] 父母的工作时间比其他工业国家也长得多。[15] 同时，年幼的孩子被安置于日间照护中心。在那里，大量孩子的行为未能很好地得到管束，能力也未能获得充分的发展。[16] 相应地，许多

〔10〕 U. S. Department of Labor, "Women in the Labor Force: A Databook," 17 – 18 (2009), available at http://www. bls. gov/cps/wlf – databook – 2009. pdf (accessed Feb. 28, 2010).

〔11〕 Ibid.

〔12〕 Janet C. Gornick and Marcia K. Meyers, *Families That Work: Policies for Reconciling Parenthood and Employment* (New York: Russell Sage Foundation, 2003), 30.

〔13〕 See Chapters 1, 3.

〔14〕 See Michael Hout and Caroline Hanley, "The Overworked American Family: Trends and Nontrends in Working Hours, 1968 – 2001," (2002) available at http://ucdata. berkeley. edu/rsfcensus/papers/Working_Hours_HoutHanley. pdf (accessed Sept. 30, 2009); Jerry A. Jacobs and Kathleen Gerson, "Overworked Individuals or Overworked Families?" *Work and Occupations*, 28, 40 (2001).

〔15〕 参见第一章，原著第 94 ~ 101 页注释及正文。

〔16〕 参见第一章，原著第 106 ~ 08 页注释及正文。

年龄稍大的孩子回到家里,但家里空空如也,缺乏监管。[17]

父母加班时间长对子女的诸多不利影响之一,是对亲子关系的不利影响。根据联合国儿童基金会(United Nations International Chidren's Emergency Fund,UNICEF)的报告,对青少年在一周与父母在一起吃正餐的次数进行排名,在 25 个经济合作与发展组织(Organization for Economic Co-operation and Development,OECD)成员国中美国排名第 23 位,联合国儿童基金会发现这一指标是儿童福利中重要的决定因素。[18] 在所有其他因素中,这一指标和美国的子女贫困率导致在经济合作与发展组织成员中,美国的子女福利排名倒数第二。对子女福利各方面进行测量,美国在 21 个国家中排名第 20 位。[19]

民主理论中关于依赖关系的这些盲点将使性别不平等永久存续。如同我早些时候指出的,这些盲点削弱了国家对那些工作者提

---

〔17〕 参见第一章,原著第 109 页注释及正文。

〔18〕 UNICEF, Innocenti Research Centre, "Child Poverty in Perspective: An Overview of Child Well-Being in Rich Countries: A Comprehensive Assessment of the Lives and Well-Being of Children and Adolescents in the Economically Advanced Nations," 26(2007), available at http://www.unicef.org/media/files/ChildPovertyReport.pdf(accessed June 20, 2009), 26. 这种亲子互动的衡量标准使美国落后于澳大利亚、奥地利、比利时、加拿大、捷克共和国、丹麦、法国、德国、希腊、匈牙利、冰岛、爱尔兰、意大利、日本、荷兰、挪威、波兰、葡萄牙、西班牙、瑞典、瑞士和英国。只有芬兰和新西兰的排名较低。经合组织是一个由 30 个国家组成的组织,其中大多数国家被视为高收入经济体。美国是其中成员之一。

〔19〕 这一综合指标将美国排在奥地利、比利时、加拿大、捷克共和国、丹麦、芬兰、法国、德国、希腊、匈牙利、爱尔兰、意大利、荷兰、挪威、波兰、葡萄牙、西班牙、瑞典和瑞士之后。只有英国的排名较低(Ibid., 2)。

供保护的正当性,包括对在职父母及对许多照顾生病或年老的家庭成员的工作者提供保护的正当性。面对不适合照顾家人的工作,通常是妇女们离开职业道路,离开带薪工作场所,或者选择没有任何要求的“妈咪路线”(mommy-track)职业以便她们能有足够时间照顾家人。[20] 她们这样做需要付出沉重的经济代价。越来越多的证据表明,在美国,与男性相比,因照顾性工作而减少经济收入是妇女经济不平等的主要因素。[21] 根据某项计算,那些未养育子女的女性的收入是男性的90%,而养育子女的母亲们的收入只有男性的70%。[22]
7 此种工资差距并不会随着时间推移而减少。关注此问题的研究者得出的结论是,“养育子女极大地减少了女性的工资收入,且这种不利状况非常稳定”。[23] 薪酬方面的这些不平等导致女性在婚姻中拥有更少的决策权,在离婚时未来的赚钱能力更弱,在丈夫死亡的情况下获得的津贴(pensions)更少。而且,女性照顾子女的义务是导致女性

〔20〕 妇女不仅为她们的子女提供绝大多数的照料工作,而且也为年迈的亲属提供照料工作,她们占成人照料者的61%(National Alliance for Caregiving and the AARP, “Caregiving in the U. S. ,” 9)。

〔21〕 See Ann Crittenden, *The Price of Motherhood* (New York: Metropolitan Books, 2001), 88; Gornick and Meyers, *Families That Work*, 46.

〔22〕 Gornick and Meyers, *Families That Work*, 47 (citing Jane Waldfogel, “Understanding the ‘Family Gap’ in Pay for Women with Children,” *Journal of Economic Perspectives*, 12[1] 137 [1998]).

〔23〕 Sarah Avellar and Pamela J. Smock, “Has the Price of Motherhood Declined Over Time?: A Cross-Cohort Comparison of the Motherhood Wage Penalty,” *Journal of Marriage & Family*, 65, 597, 604 (2003).

贫困化的最主要的持续性因素。[24]

然而,对依赖关系及国家在处理依赖关系问题时对家庭的支持这一重要作用缺失关注,所产生的后果更为严重。不能对尽照顾义务的在职人员提供扶持,会使大量存在依赖关系的家庭在时间上处于极度的困境之中。过去40年间女性涌入劳动力市场,家庭成员在家庭外工作的时间平均每周增加10～29小时。[25] 为了试图保留家庭时间,美国父母花费比过去少得多的时间与朋友进行社会交往或从事社区活动。[26] 这大大缩小了这些父母的社交圈,也使他们在邻里和社区的社会交往面缩小。[27] 因社交圈缩小不仅会影响成年人的生活质量,也会因为缺少这些人群参与社会交往而影响社区的福

---

〔24〕 Crittenden, *The Price of Motherhood*, 88; Gornick and Meyers, *Families That Work*, 47.

〔25〕 Jerry A. Jacobs and Kathleen Gerson, "Overworked Individuals or Overworked Families?" 40; Michael Hout and Caroline Hanley, "The Overworked American Family: Trends and Nontrends in Working Hours, 1968 – 2001," (2002) available at http://ucdata.berkeley.edu/rsfcensus/papers/Working_Hours_HoutHanley.pdf(accessed Sept. 30, 2009), 11 – 12.

〔26〕 杜克大学(Duke University)和亚利桑那大学(University of Arizona)的社会学家进行的一项研究,比较了1985年和2004年的数据,发现能与之讨论重要问题的美国人平均人数下降了近1/3,从1985年的2.94人降至2004年的2.08人。(Miller McPherson, Lynn Smith-Lovin, and Matthew E. Brashears, "Social Isolation in America: Changes in Core Discussion Networks Over Two Decades," *American Sociological Review*, 71, 353 [2006].)在同一时期跟家人以外的至少有一个人讨论重要的事情的人的比例从约80%下降到约57%,而完全依赖他们的配偶的人从5%左右提高到9%左右(Ibid., 359)。研究得出的结论是,公民已经从邻里或社区环境中形成的亲密关系转向与近亲属的关系,尤其是与配偶的关系(Ibid., 358, 371)。

〔27〕 See generally Robert Putnam, *Making Democracy Work: Civic Traditions in Modern Italy*(Princeton, NJ: Princeton University Press, 1994); *Bowling Alone: The Collapse and Revival of American Community*(New York: Simon & Schuster, 2000).

利。此外,公民之间社会纽带的弱化对公民间的信任度产生了负面影响,而这点恰好对民主的良性运作十分重要。

自由主义者对依赖关系视而不见的其他诸多影响,加上家庭自治的神话,使处理社会依赖性弱者的社会计划被抛给批评主义者,他们认为,社会计划是人们生活之路上的绊脚石。这些社会计划被嘲笑为“保姆国家”的出现。既然这些社会计划的支持者们对自由的理解,没有主导性的固有的思想,他们发现自己都很难证明这种社会计划的正当性。[28] 其结果是,处理依赖关系和家庭关系的公共政策通常是零散的,缺乏连贯性,特别容易受到当时变幻莫测的政治形势的影响。这解释了为何 20 世纪 90 年代福利和照顾中心相关政策的动荡摇摆,以及那个时代对单身父母家庭的正当性的争辩。

由于缺乏关于家庭的成熟的自由主义理论,也使特定形式家庭的合法性问题未得到解决。时下美国关于同性婚姻激烈而多变的争论就是此种情形。近来,承认同性伴侣进入婚姻制度,先是在马萨诸塞州,随后在加利福尼亚州(但只是临时性的)、康涅狄格州、艾奥瓦州、佛蒙特州及新汉普郡州推行,代表了家庭法在这些州对待同性婚

---

〔28〕 例如,研究人员斯坦利·费尔德曼(Stanley Feldman)和约翰·扎勒(John Zaller)发现,那些反对福利计划的人,在表达他们的反对理由时,几乎没有遇到什么困难:他们依靠的是自由主义传统所推崇的自由和自治。相反,那些支持福利项目的人通常无法为他们的信仰提供哲学上的理由。(Stanley Feldman and John Zaller,“The Political Culture of Ambivalence: Ideological Responses to the Welfare State,” *American Journal of Political Science*,36,268,292 – 299 [1992].)

姻的震撼性转变。[29] 然而,大多数州已经明确地将反对同性婚姻写 8
入州法律,许多州还将其写入了州宪法。[30] 联邦政府也是如此。[31] 州立法在对待同性婚姻上的两极对立的状况清楚地表明,虽然在美国缺乏家庭—国家关系的一致性理论,但美国的国家权力总是偏袒一些家庭。联邦法律及大部分州法律不是成千上万,也是成百上千地将一些特权授予了其认为应当保证的家庭,通常是异性婚姻家庭。[32]

---

〔29〕 其中四个州,马萨诸塞州、加利福尼亚州、康涅狄格州和艾奥瓦州,在州最高法院根据州宪法推翻了同性婚姻禁令后,建立了同性婚姻制度。See Goodridge v. Department of Public Health,798 N. E. 2d 941(Mass. 2003); In re Marriage Cases,183 P. 3d 384(Cal. 2008); Kerrigan v. Commissioner of Public Health,957 A. 2d 407(Conn. 2008); Varnum v. Brien,763 N. W. 2d 862(Iowa 2009).另外两个州,佛蒙特州和新罕布什尔州,通过立法倡议建立了同性婚姻制度。然而,加利福尼亚州对同性婚姻的短暂尝试被修改州宪法的那些州的选民终止了。与此同时,在缅因州,立法机构通过了一项建立同性婚姻的法律,但该法律在实施前的一次全民公投中被否决。(Maria Godoy,"State by State:The Legal Battle Over Gay Marriage," NPR. com, available at http://www. npr. org/news/specials/gaymarriage/map/[accessed Feb. 15,2010].)

〔30〕 截至 2010 年,已有 29 个州通过了禁止同性婚姻的州宪法修正案;其中许多州也有禁止同性婚姻的法律。除这 29 个州外,还有 12 个州通过了类似 1996 年《联邦婚姻保护法》的立法("DOMA")(1 U. S. C. § 7 [2010],28 U. S. C. § 1738C [2010])。这些州的法律通常被称为 mini-DOMAs,禁止该州承认在其他州举办的同性婚姻(See Human Rights Campaign,"Statewide Marriage Prohibitions," [2010],available at http://www. hrc. org/documents/marriage_prohibitions_2009. pdf [accessed Feb. 28,2010])。这一数字包括夏威夷州,该州宪法并未禁止同性婚姻,但授权州立法机构这样做(See ibid.)。

〔31〕 1996 年的《联邦婚姻保护法》(Federal Defense of Marriage Act,DOMA)规定,任何一个州都不能对另一个州举办的同性婚姻施加影响,而联邦法律中的"婚姻"一词仅限于一男一女之间的结合。(Pub. L. No. 104 – 199 [1996],110 Stat. 2419 [1996],codified at 1 U. S. C. § 7 [2010],28 U. S. C. § 1738C [2010].)

〔32〕 See Terrence Dougherty, National Gay and Lesbian Task Force Policy Institute, "Economic Benefits of Marriage under Federal and Massachusetts Law" (2004), available at http://www. thetaskforce. org/downloads/reports/reports/EconomicBenefitsMA. pdf (accessed June 20,2009).

但是很少有一致性的思想基础证明这些优待具有正当性。

同性婚姻问题是最不稳定、最明显的问题，但对于国家如何应对不同类型的家庭，同性婚姻并非唯一的紧迫问题。当代的高离婚率，〔33〕同性关系日益浮出水面，〔34〕单亲家庭的急速增长，〔35〕以及只

〔33〕 2008年，中国的离婚率为0.35%，几乎是0.71%的结婚率的一半（National Vital Statistics Reports，"Births，Marriages，Divorces and Deaths：Provisional Data for 2008" 57 [19] [2009]，available at http://www.cdc.gov/nchs/fastats/divorce.htm [accessed Feb. 28 2010]）。

〔34〕 2000年美国人口普查统计了601,209个同性伴侣家庭。这比1990年的人口普查增加了314%，尽管编码方式的变化可能导致早期人口普查的数据被严重低估。由于低估了这些关系，实际数字甚至可能高于2000年人口普查所揭示的数据（David M. Smith and Gary J. Gates，The Urban Institute，"Gay and Lesbian Families in the United States：Same-Sex Unmarried Partner Households，" [2001]，available at http://www.urban.org/publications/1000491.html [accessed June 20，2009]）。

〔35〕 1960年，9%的儿童生活在单亲家庭（Wendy Sigle-Rushton and Sara McLanahan，The Center for Research on Child Well-Being，"Father Absence and Child Well-Being：A Critical Review，" 3－4 [2002]，available at http://www.rwjf.org/files/research/Father%20Absence%20－%20Fragile%20Families.pdf [accessed Jan. 24，2010]）。2007年，这一比例上升到了25.8%｛U. S. Census Bureau，"America's Families and Living Arrangements：2007，Children by Presence and Type of Parent（s），Race，and Hispanic Origin，" Table C－9 [2007]，available at http://www.census.gov/population/www/socdemo/hh-fam/cps2007.html [accessed June 20，2009]｝。单亲家庭的增加在很大程度上归因于父母从未结婚的家庭数量的增加（George Akerlof，Janet Yellen，and Michael Katz，"An Analysis of Out-of-Wedlock Childbearing in the United S tates，" *Quarterly Journal of Economics*，111，277，285 [1996]）。尽管在经历了20年的上升，非婚生育率在20世纪90年代中期开始稳定增长，但自2002年以来又开始急剧上升。2006年，未婚妈妈生育的婴儿超过160万人，这是美国有记录以来的最高数字。2006年的新生儿总数为1,641,946人，比2005年的1,527,034人增加了近8%，比2002年的1,365,966人增加了20%。这使2006年未婚妇女生育的比例从2002年的34%及2005年的36.9%上升到38.5%（Joyce A. Martin，Brady E. Hamilton，Paul D. Sutton，Stephanie J. Ventura，Fay Menacker，Sharon Kirmeyer，and T. J. Mathews，"Births：Final Data for 2006，" *National Vital Statistics Reports*，57 [7]，2，11 [2009]）（由美国疾病控制和预防中心、国家卫生统计中心和国家生命统计系统为美国卫生与公众服务部编写的报告）。

同居不结婚家庭的激增,[36]这些都挑战着人们对家庭的传统理解,即家庭必然以先定的形式存在,远离政治和社会环境这样的理解。在当今美国,每4个家庭中少于1个家庭是由丈夫、妻子和子女组成,而在1960年这样的家庭所占到的比例为44%。[37]父母双方都与亲生子女生活在一起。而妻子不外出工作的家庭,近年来数量下降到了不足10%。[38]缺乏国家与家庭关系之精细理论,加剧了对非传统家庭的两极化争论,并导致了公共政策对非传统家庭的不一致。

近年来,法学和政治理论家们并没有忽略自由主义者在家庭和依赖关系方面存在的问题。在过去10年左右的时间里,围绕家庭的法律、政治和社会发展引发了一场关于家庭与国家关系的长期对话。[39]

---

〔36〕 2007年,美国社区调查报告了642万对同居伴侣,而1960年只有43.9万对。("American Community Survey, 2007 1 – Year Estimates," [2007], available at http://factfinder. census. gov/servlet/ADPTable? _bm = y& – geo_id = 01000US& – ds_name = ACS_2007_1YR_G00_& – _lang = en& – _caller = geoselect& – format = [accessed June 20, 2009]; U. S. Census Bureau, "1960 Census of Population, Persons by Family Characteristics" [1999], available athttp://www. census. gov/population/socdemo/ms – la/tabad – 2. txt [accessed June 20, 2009].)

〔37〕 Reynolds Farley and John Haaga (Eds.), *The American People: Census* 2000 (New York: Russell Sage Foundation Publications, 2005), 88.

〔38〕 Ibid.

〔39〕 这段对话产生的最好的作品之一是玛莎·费曼(Martha Fineman)所著《自治的神话》(*the Autonomy Myth*);琳达·麦克莱恩所著《家的位置》(*the Place of Families*)(Cambridge: Harvard University Press, 2006);伊恩·夏皮罗的《民主的正义》(New Haven: Yale University Press, 2001);以及迈克尔·沃纳(Michael Warner)所著《正常人的烦恼》(*The Trouble with Normal*)(Cambridge: Harvard University Press, 1999)。

女性主义者、共产主义社会倡导者和酷儿理论者(queer theorists)均指出了自由理论在处理家庭关系中存在的不足。在这场相对较新的讨论中,绝大多数是对自由主义理论及其政策的批判。但对家庭和国家关系更富有成效性的重构却甚少。那些寻求发展一种新观点的理论家们则通常都呼吁放弃自由主义原则,应采用其他一些理论架构。

本书采取了不同的路径。本书发展了一种规范性的家庭—国家关系,至少如果对自由主义术语作扩展阐述,这种关系在本质上是自由主义的。我在此使用广义上的自由主义作为国家理论,此种理论致力于人类的平等,承认对政府权力进行限制的重要性,对个人生活观及合法政府是建立在民众的合意基础上这些观点极为尊重。[40]
9 虽然这种自由主义的定义比一些自由主义者所界定的更宽泛,但这与早期对这一思路的理解相吻合。依我之见,只要自由主义得以修正,将依赖关系和家庭的职能纳入其关注点,则自由主义就是一种值得保留的传统。保留自由主义传统还具有不排除政治关联性这一可能性的优点。无论好坏,我们的政治传统是自由,这是无法抗拒的。与此传统相一致的依赖理论比一种完全背离此传统的理论更有可能得以实现。

但我所发展的理论,反对近年对自由主义作狭义的理解,即认为

〔40〕 See note 1.

自由主义是一种要求国家对美好生活的愿景保持中立,而最重要的是致力于促进个人正义(根据理论家的说法,一般是以自由和平等的某种最佳组合来描述的)。与此最相关联的理解即是约翰·罗尔斯。[41] 此种理解在过去几十年已经遭到一些修正主义者的“炮轰”。比起与当代自由理论相关的个人主义正义,这些修正主义者极力主张,一个自由的国家组织必须为进一步推进更广范围的善和宗旨而奋斗。[42] 这些修正主义者称自己为“公民自由主义者”,以表明他们的观点:除标准的自由之善外,一个健康、自由的国家,还需要寻求促进社区和公民美德的发展。比起近年的自由主义观,自由主义需要

---

〔41〕 John Rawls,*A Theory of Justice*(Cambridge:Harvard University Press,1971).

〔42〕 这些自由主义修正主义者包括公民自由主义者和自由主义女权主义者。公民自由主义者寻求将一种更以社区为导向的伦理融入自由主义,而自由主义女权主义者通常专注于照料问题。第一类人包括许多赞同社群主义对自由主义批评的理论家,他们认为自由主义过于关注个人权利,尤其是自由,而不是其他以社群为导向的善。与社会主义倡导者(他们的计划主要是对自由主义的批判)相反,公民自由主义者寻求回应,辩称自由主义可以适应这些批评。其中最好的作品是斯蒂芬·马塞多(Stephen Macedo)所著的《多样性与不信任》(*Diversity and Distrust*)(Cambridge:Harvard University Press,2000);Thomas Spragens,*Civic Liberalism*:*Reflections on Our Democratic Ideals* (Lanham,MD:Rowman and Littlefield Publishers,1999);and Eamonn Callan,*Creating Citizens*(New York:Oxford University Press,1997)。自由主义女权主义者采取了某种类似的道路,主张重新定义自由主义,将其对正义、自由和平等的关注与对关怀价值的支持结合起来。其中最好的是玛莎·努斯鲍姆(Martha Nussbaum)的《性别与社会正义》(*Sex and Social Justice*)(New York:Oxford University Press,1999);Linda McClain,*The Place of Families*;Joan Tronto,*Moral Boundaries*:*A Political Argument for an Ethic of Care*(New York:Routledge,1993);and Eva Feder Kittay,*Loves Labor*:*Essays on Women*,*Equality*,*and Dependency*(New York:Routledge,1999)。

实现道德上更大的复合性,[43]我赞同此观点。但我认为这些自由主义的修正主义者关注的问题还不够宽泛。尤其是,由于依赖关系在人类健康中所起的重要作用,国家必须谋求扩大其功能以在照顾和促进人类发展中发挥作用。此观点将我置身于那些主张自由主义国家必须承认家庭成员的照顾价值的女性主义者之中。[44] 我主张,在所有支持照顾和人类发展的手段中,最重要的是通过对家庭的支持而实现对家庭照料工作的支持。支持家庭对进一步促进人类尊严价值来说是必要的,这将大大增加对自由主义民主的要求。一旦我们认识到人类生存状况的依赖性,就有必要支持照料工作和促进人类发展,以便使公民在单独生活与集体生活中能够过上充足并有尊严的生活。

本书所阐述的不仅是自由主义的原则,也是民主主义的原则。虽然在家庭与国家问题上我通常把自由主义和民主看作携手共进的两个问题,但事实上,二者在一起的联系如此紧密以至于有时可以模

---

〔43〕 正如以赛亚·伯林(Isaiah Berlin)雄辩地承认的那样:"我们在日常经验中所遇到的世界是这样一个世界:我们面临着同样极端的目标和同样绝对的要求之间的选择,其中一些目标的实现必然涉及其他目标的牺牲。"(Isaiah Berlin,"Two Concepts of Liberty," in *Four Essays on Liberty*,118,168 [1969].)不同的善之间的权衡取舍,部分原因是自由社会如此强调个人自由选择的权利。然而,有些社会之善不能在个人层面得到充分的追求。在这种情况下,再次用柏林(Berlin)的话说,"一个人或一个民族选择按照自己的愿望生活的自由的程度,必须与许多其他价值的要求进行权衡,其中最明显的例子如平等、正义、幸福、安全或公共秩序"(Ibid.,168,170)。

〔44〕 参见注释42中引用的女权主义理论家的观点。

糊这两个概念之间的张力。[45] 那些在自由民主中强调自由主义的人认为，这种政府形式在于维护个人权利，允许公民按照自己的选择生活。相反，那些强调民主方面的人则侧重于集体自治，强调公民联
合起来创建一个共同决定其生活方式的政治共同体。家庭在这两个 10
概念之间起着连接作用，它不仅是许多公民生活计划的情感中心，而且在发展民主所赖以存在的集体自治所必需的禀性和美德方面发挥着关键作用。

要使自由民主理论可行，就必须同时承认家庭的私人性与公共性。如此，则必须将国家在保障且必须保障自由和平等方面的作用和支持家庭照顾和促进人类发展二者结合起来。这一民主理论还必须考虑家庭影响民主所必需的善的复杂性，这些善包括公民的社区意识，以及全体市民的公民美德。只有通过更宽泛地考虑美德和这些民主自由原则，并通过谋求缓解这些美德和民主自由原则之间不可避免存在的细微的紧张关系，家庭和国家之间的合理关系才会进入人们关注的视野。

我主张国家在支持家庭方面扮演着不可或缺的角色，这一观点与许多政治派别的学者和评论员的观点产生了冲突。与一些保守派人士形成对比的是，我不认为国家对家庭的支持会导致不正常的依

---

〔45〕 See Eamonn Callan, *Creating Citizens*, 10; Amy Gutmann, *Democratic Education* (Princeton, NJ: Princeton University Press, 1993), 139.

赖关系。事实上，在我看来，支持家庭对健全的政治组织所发挥的作用与发展足够的警力以保障公民安全同等重要。然而，在履行家庭照顾义务和促进人类发展的功能上，比起我那些左派同行，我更乐意于要求家庭承担更多的经济及其他形式的义务。[46] 左派的同行认为，国家对某些形式的家庭的支持是偏执的且存在差别对待，因而谋求废除该优待。与此观点相比，我认为国家有很好的理由优待某些形式的家庭并支持该特定家庭关系。[47]

当涉及决定什么样的家庭关系需要得到国家的支持时，我对此领域进行广义界定——介于左派和中间派的政治维度之间。支持广泛的长期关系可以促进照顾关系和人类的发展，这是欣欣向荣的市民生活所必需的，因而是国家支持的对象。因此，我不赞同那些人的观点，他们主张存在某些“天然的”家庭，国家应该只能给这些家庭以特权。[48] 我也不赞同那些人主张的，国家只应当支持异性婚姻，因为此种婚姻是养育子女的最佳环境这样的观点。[49]

在考虑社会处理依赖问题时为何首先从家庭开始？对此问题具体的答案，将在本书论述过程中体现。此答案为，家庭正好是照顾网

---

〔46〕 See, for example, Fineman, *The Autonomy Myth*, which I discuss in Chapter 3.

〔47〕 See, for example, Michael Warner, *The Trouble with Normal*, which I discuss in Chapter 4.

〔48〕 See, for example, Rick Santorum, *It Takes a Family* (Wilmington, DE: Intercollegiate Studies Institute, 2005), which I discuss in Chapter 4.

〔49〕 See, for example, David Blankenhorn, *The Future of Marriage* (New York: Encounter Books, 2007), which I discuss in Chapter 4.

络中至关重要的组成部分,这为公民的蓬勃发展和社会的繁荣昌盛所必需,即使家庭从未从整体上作这样的照顾网络。对此问题简短的回答是,广义界定的家庭是目前构成负责处理依赖问题的重要制度。如果我们彻底地构建社会,我们可能会决定用另一种方式处理这些问题——必然通过将所有照顾工作转移给国家。正如麦克雷诺 11
兹(McReynolds)法官所说,柏拉图将子女从父母身边带走公养的观点,"虽然这种措施被一些蓄谋已久的天才人物所赞同,但是他们的思想里涉及的个人和国家的关系与我们的制度所赖以存在的关系是完全不同的"。[50] 谋求彻底地设计社会制度的政治理论存在不切题的风险。如同伊恩·夏皮罗(Ian Shapiro)所建议的:人类"很少重新设计新的制度";相反,"他们会对现有制度进行重新设计"。[51] 重要的问题是,怎样劝说人们按照以最好的政治理想的方式去更新设计社会制度。要回答此问题,我假设的前提是,至少一些照顾工作和培育人类发展的工作是在"家庭"这种亲密的照顾关系中持续出现的。但这并不排除考虑其他制度承担部分照顾义务的程度。事实上,本书号召对一些照顾义务进行再分配。

对家庭—国家关系的一种正常的、令人信服的设想必须特别关注促进家庭繁荣的条件,而不是把这些条件视为理所当然。从此角

---

〔50〕 Meyer v. Nebraska,262 U. S. 390,402(1923).

〔51〕 Ian Shapiro,*Democratic Justice*,87.

度观察，健康的家庭是我们追求的目标，而不是必然会出现的结果。但此种图景要避免戴有色眼镜去看待家庭。一种关于家庭—国家关系合理的理论必须同时记住在国家所认可的多种“家庭”关系中持续存在的不平等；同时，还要承认家庭有时并不是以有利于家庭成员的福利或对国家有利的方式运作。建立在这些理论前提之上的一套现实而富有成效的家庭政策可以在不使国家倾其所有、不会忽视对非家庭成员的公平原则、不会削弱家庭中的户主的责任和自主权的情况下实现。但实现这些结果，要求精细的国家政策能协调自由民主所争取的系列不同的美德之间的张力。

在本书中，我论证我的支持性国家模式以说明美国应当怎样组织其家庭与国家的关系并协调这些美德之间的张力。与当前公共政策的基础的观点不同的是，不仅在家庭“失败”之后，而且在国家认为家庭未能充分履行其照料工作或促进人类发展职能的情况下，国家的支持也应被视为合理，且这是国家义务不可分割的部分。但国家职责不排除家庭成员承担对子女的福利和对其他存在依赖需求的家庭成员的义务。相反，家庭成员适当地承担对子女的日常照顾（或安排子女的日常照顾）义务及其他依赖性需求。同时，国家以帮助家庭满足照顾需求并促进人类发展的方式来承担构建社会制度的义务。
12 至少，国家必须以这样的方式安排制度，以使家庭成员可以通过勤奋，而不是异常艰难的努力就可以满足子女及其他处于依赖中的家庭成员身体、精神及情感的基本需求，而不至于因此陷入穷困或使他们的情感健康受到威胁。换句话说,国家应当承担义务以保障“游戏规则”有利于照顾工作和促进人类的发展。完成这项任务的中心就是支持家庭。此种方式的支持性国家模式在巩固家庭的同时,允许家庭及生活在其中的家人有追求美好生活前景的自由。此外,国家以文雅的方式设计这些制度,以保障家庭作为更大社会中的一部分,而非社会中的障碍。虽然我是在美国背景下发展我的报告,但发展的诸多原则对其他自由民主社会也适用。

为考虑这些问题,我的计划是直截了当的。本书第一章分析在美国的理论及公共政策中意识形态方面阻碍正确构建家庭—国家关系概念的障碍。该章节第一部分运用罗尔斯的著作思考当代自由理论中家庭的缺失,考察此种疏漏的具体理论假设。我之所以关注罗尔斯的著作以达成此目的,是因为自 20 世纪 70 年代起该著作就影响自由理论。本书第一章的第二部分论证在法律和公共政策中家庭—国家关系所渗透的同样的假设。为阐明此假设,我考察了在美国工作和家庭之间相互关系构建的法律路径。虽然在学术上占主导地位的政治理论原则与实际制定的公共政策有相当差距,但我的观点是,在涉及工作—家庭法律时,二者存在相当多的交集点。我认为,这些政治原则创造了一个可以构建合理的家庭—国家关系的平台,虽然这样的平台存在一定的问题。

本书第二章考虑,如果我们认真对待依赖关系在人类生命周期中的作用及家庭在处理依赖关系中的作用时,如何对自由民主理论进行改造。本章一开始就表明，虽然自由主义的某些特征使其比其他政府理论更难以关注家庭，但自由主义并没有固有的成分阻止人们细致入微地处理家庭这一主题。在此基础上，我更密切地考察了如何在理论上认识家庭概念，并提出了一种更有利于实现重要的自由民主之善的家庭—国家关系的主张。在本书“支持性国家”模式下，虽然国家有相应的义务为照顾提供便利，并组织其他社会机构支持家庭完成这一基本任务，但家庭成员对处于依赖需求中的其他家庭成员的照顾或安排照顾承担着主要义务。在该章最后部分，我讨论了家庭现有的隐私概念在支持性国家中所发挥的作用。

13 本书第三章发展了在照顾者—受照顾者关系中的支持性国家模型，或者“纵向”关系（vertical relationships）中的支持性国家模型。我探讨了国家责任对家庭中主要依赖他人生活的公民的责任，包括对儿童、老年人及严重残障者的责任。就这些受抚养者的福利，国家及家庭成员各自在多大程度上承担责任？这正是福利改革、养育照顾及家庭休假政策中争论的问题。我会阐释支持性国家模式如何解决这些冲突。

本书第四章阐述在成年人之间或其他同等关系的人之间的关系（或平辈关系，horizontal relationships）中国家的立场。与前面章节讨论的照顾者—受照顾者之间的关系形成对照，在民主政体下的成年人通常可以自己处理自己的事务。因此，国家是否应与这些关系保持一定的距离？在对同性婚姻的争论中，正是在此问题上，有观点号召国家废除民事婚姻，建议鼓励由父母两人组成的家庭。对此问题，我也说明支持性国家模式有助于在这些重要的善和利害攸关的原则之间达成可接受的平衡。

本书第五章讨论的问题是，既尊重家庭隐私又承认家庭很少是完美的，且在这些不完美的有损子女利益的框架下，国家应如何保护子女的利益。构成当代理论和公共政策基础的主流观点是承认家庭隐私原则，排除国家采取行动支持儿童福利，除非家庭不能保障该福利。在家庭不能保障该福利的情况下，国家强行干预家庭被认为是恰当的。我主张，在正常情况下，支持性国家在支持家庭方面应当做得更好。这样处理通常会防止国家因家庭产生危机而对家庭进行强制性干预。同时，由于儿童对父母的必要性依赖，通常国家通过对父母的帮助能更好地保护儿童的福利，而不是赋予子女对抗其父母的权利。但是，虽然支持性国家相当重视家庭隐私，将其看作繁荣社会必须支持的美德之一，但支持性国家并非完全防止国家干预的法宝。因此，支持性国家在尽可能保护重要的自由民主规范的同时，应寻求尽可能尊重家庭隐私的精细方法。

术语及方法论

在开始讨论之前，请允许我厘清与本书相关的关键术语，特别是
14 我使用的家庭和国家术语——它们都不是不解自明的。对于前者，什么样的亲密关系是或应当被当作家庭，在我们的社会中是一个极具争议的话题。对此问题不去假设有任何清晰的、非政治性回答，本书的起点就是家庭的构成本身，与政治和权力内在地交织在一起。我使用该术语不是为了忽略此概念性问题，而是为了探讨该术语。对此，我寻求考虑法律理解的家庭术语包括哪些关系，哪些关系被排除在外，考虑这些被包括进以及排除在外的关系将如何影响家庭—国家关系的构建，并思考在自由民主政体中，有哪些形式的共同生活单位应被视为家庭。

在写作本书的过程中，有一个相关的问题，我考虑对“家庭”一词采纳复数的形式，因此，以家庭—国家关系（families-state relationship）来称呼亲密关系和国家之间的关系。使用这个某种程度上冗长的术语可以避免一种错误的印象，即任何一种存在单元都可以被确认为家庭。但是，其余地方，我选择使用单数的“家庭”一词，是为了表达上的简洁和清晰。如此，我提醒读者朋友们记住，使我们得以延续下去的，也是可行的自由民主所赖以存在的重要的照顾关系，其以不同

的形式存在,规模大小也不一样。

我使用的“国家”这一术语也需要详尽阐述。正如许多理论家所指出的,[52]这一术语经常被使用,但含义很少固定。此外,该术语还冒着过度简化一系列复杂关系、结构和机构的风险。即便如此,我在自由传统通常意义上使用该用语,用以证明政府在系列制度(就本项目而言,特别指行政、立法和司法权力)上具有专断权的法定权力。当涉及家庭问题时,国家可以广泛地使用其权力。在决定某种形式的家庭背后甚至可以动用刑法的强制力,如同现在每个国家在禁止多配偶婚姻方面所为。国家也可以通过民法规范家庭关系,如通过制定法律以决定哪些人可以结婚和离婚,规定亲子关系的成立和解除及其相关条件。比采取强制措施更进一步的是,国家可以向特定家庭或特定行为提供补贴,例如,税法典规定为儿童或照顾儿童扣减税收。国家还可以通过影响周边社区组织的类型和功能影响家庭行为,例如,通过规范和补贴日间照顾,通过划定日间照顾片区防止其无序,以此减少父母路上往来的时间。比强制性措施更进一步,国家可以运用权力教育或规劝公民——如通过让年轻人接触性别中立角色这样的例子达到目的。另外,政府官员还可以使用其办公室作为讲坛,告诫公民家庭应该如何发挥作用,如同巴拉克·奥巴马

〔52〕 例如,参见彼得·斯坦伯格(Peter Steinberger)所著《国家的理想》(Cambridge, UK:Cambridge University Press,2005),他认为“政治理论家在使用‘国家’一词时,不断地、反复地搞不清楚自己的意思,这导致了一系列重要的理论混乱”。

(Barack Obama)当年督促非洲裔美国人做更负责任的父亲这样的模式。在我们的联邦体制下，如同上文建议的，在涉及家庭时，联邦和州政府都可以运用其权力。

15 简要地转向方法论问题，本书寻求考虑家庭是如何与促进自由民主的方案这些复杂的理想及宗旨之间产生关联的。不言而喻(但是以防万一)的是，既然我的方法不是从所宣称的道德原则中得出的结论，如同约翰·罗尔斯试图在他早期的著作中所为，我的观点的成功或失败取决于我的建议对读者产生的规范方面吸引力的说服程度。正如托马斯·斯普拉根斯(Thomas Spragens)在一个类似的项目中所说："很明显，没有人能合理地阻止人们对这一特定的话语领域有压倒性的论点。"[53] 但是，我还是希望说服读者我所构建的家庭—国家关系图景比起现有的、占主流地位的或目前竞争者们提出的图景，对儿童、成年人及政治组织本身会更好。就公正且繁荣的政治秩序而言，国家对家庭的支持在理论上及实践中都势在必行。

---

〔53〕 Thomas Spragens, *Civic Liberalism*, xiii.

第一章 当代政治理论及公共政策中的家庭—国家关系

国家对家庭承担什么责任？国家如何对待这些责任？这些问题 17
在美国占主导地位的自由主义政治理论中很少被提及。自由主义理论对个人的关注在很大程度上闭塞了对家庭的考虑，其将个人界定为自治且有能力的成年人，阻碍了人们对家庭所提供的依赖性需求的关注。然而，在政治理论之外，家庭并非如此易于被忽略。事实上，在涉及现实世界中的政治话题时，家庭经常被论及。政治家们争相贴上自己支持家庭的标签，花费大量时间谈论他们将如何扶助家庭。法律也以高度意识到家庭的重要性的方式命名，包括《对困境家庭的临时救助法》《家庭与医疗休假法》《收养与安全家庭法》等，不一而足。

从表面来看,政治理论与公共政策在这些问题上似乎没有联系。然而,细致观察,本章探讨的二者之间有相当大的相似之处。在本章的第一部分,我专注于当代政治理论以何种方式认识家庭及其他关系与国家的关系。因约翰·罗尔斯的著作对当代政治理论有着巨大影响力,我以此作为分析的范例。从第二次世界大战后政治理论的休眠期到1971年罗尔斯的《正义论》的出版,因其对政治理论的重振而广受赞誉。[1] 其理论代表作之所以有如此大的影响力,是因为其为自由民主的政治理论提供了一种强大的道德辩护。当时主流的观念认为,这种自由民主形式的政府,只是相比无政府状态或内战而言的一种更好的替代选择,而罗尔斯的理论将自由民主理论从这种观念中解救了出来。罗尔斯关于自由民主思想的正当性分析及其对社会制度及政治制度的合法性的评估框架在学术内外产生了持续的影响。[2]

通过思考罗尔斯的《正义论》和他一些后期的作品,我探索了当

---

〔1〕 John Rawls, *A Theory of Justice* (Cambridge, MA: The Belknap Press of Harvard University Press, 1971).

〔2〕 艾伦·瑞恩(Alan Ryan)观察到《正义论》"在哲学家中引发了更多的争论,被社会学家、经济学家、法官和政治家引用的次数比过去一百年中任何一本哲学著作都要多"。(Alan Ryan, "John Rawls," in Quentin Skinner [Ed.], *The Return of Grand Theory in the Human Sciences* [New York: Cambridge University Press, 1985], 101.)正如一位评论家所说,他对当代法律思想的影响是"深远的"。(Lawrence B. Solum, "Situating Political Liberalism," *Chicago-Kent Law Review*, 69, 549 – 550 [1994].)(描述了"引用《正义论》的法律评论文章的惊人数量") See also Thomas Nagel, "The Rigorous Compassion of John Rawls: Justice, Justice, Shalt Thou Pursue," *New Republic*, Oct. 25, 1999, 36 – 37.

代政治理论如此对待家庭的不当之处。影响当代民主政治理论的罗尔斯的某些理论特色——其重点在于根据民主和平等界定正义,排除了诸如照顾和促进人的发展(caretaking and human development)等其他美德(good)。罗尔斯的理论未能正确认识人类不可避免的依赖性状况。关于公民的美德,其理论试图保持中立性政府,其对家庭 18
的关注是模糊的。此外,即使罗尔斯关注家庭,其理论中的其他要素也阻碍了对家庭—国家应然关系的构建。

在本章的第二部分,我表明的观点是,现行法和公共政策复制了阻碍正确认识家庭—国家关系的相同的理论原则。以美国立法中处理工作和家庭的相互关系的方式为例,我的观点是,对家庭—国家关系的认识,表明了其与罗尔斯的政治理论同样存在的诸多非连贯性。在这里,工作和家庭之间的交互关系通常是以个人权利中的自由与平等来架构的。当考虑人的依赖性时,该依赖观念被狭隘化了,美国立法并不认为,国家帮助家庭满足人的依赖需求是恰当的。其结果是,家庭与国家的关系被复制,对繁荣美国公民和他们所生活的社会至关重要的美德未能得到支持。

一、当代家庭—国家关系政治理论:约翰·罗尔斯

在其开创性著作《正义论》中,约翰·罗尔斯寻求确立指引正义

社会的原则。罗尔斯指出，他将自己的力量集中在正义原则而不是指导其他政治组织实现诸如幸福、美德或人类发展的其他原则，因为“正义是社会制度的第一美德（virtue），如同真理对于思想”。[3] 罗尔斯用时下著名的、被他称作“原初状态”（original position）的理论假设建构衍生出他所主张的原则，这些原则是自由平等的公民会达成一致意见的。[4] 罗尔斯在他的理论构建基础上，主张公民会在两个正义原则上达成一致意见，即指导社会组织和资源分配的原则。他认为，第一个原则优于第二个原则，与自由有关，每个人应当保障诸如与类似自由相一致的自由；第二个原则与平等相关。[5]

正如罗尔斯所阐释的，这些正义原则并非适用于每一个公民间的交互作用，而仅仅是治理“基本社会结构，或者更确切地说，是社会主要制度分配基本权利与义务，并决定从社会合作角度分配
19 利益的方式”。[6] 关于此种社会制度，罗尔斯列举了竞争市场、生产资料方面的私有财产，最重要的是本书所涉及的主题，即家

〔3〕 John Rawls, *A Theory of Justice*, 3. 罗尔斯建议，社会正义如此具有根本性，因为“每个人都拥有具有正义基础的不可侵犯性，以致即使是整个社会的福利也不能凌驾于正义之上”（Ibid.）。

〔4〕 初始状态是“展示社会公平合作的社会理想，这种社会合作的公平体制的展开可以找到设定基本的权利和自由，最合适合作的平等形式的原则，一旦他们被视为公民，他们就是自由且平等的人”（John Rawls, *Political Liberalism* [New York: Columbia University Press, 1993], 27）。

〔5〕 John Rawls, *A Theory of Justice*, 303.

〔6〕 Ibid., 7.

庭。[7] 罗尔斯接下来花费大部分篇幅探讨了上述原则如何运用于这些制度。

尽管在著作的先前部分,罗尔斯将家庭作为这些基本制度之一,但在余下部分他却忽略了家庭,只是在很少情况下提到家庭,其余的部分则是只字未提。[8] 当他真正提到家庭时,他只是在总体上指出这些正义原则在实施中存在的问题。例如,在运用第二个原则描述家庭对于机会均等的保障意义时,罗尔斯的用语是:

> 只要家庭制度存在,机会均等原则就只能是不完善地得以落实。(公民)自然能力(natural capacities)的发展及实现的程度受到各种社会条件和社会阶级的影响。即便是努力尝试,以及在普通意义上应得到发展及得以实现,但公民的自然能力本身取决于幸福的家庭和社会环境。[9]

---

〔7〕 Ibid. ,7 ,462 –463.

〔8〕 See Susan Moller Okin, *Justice*, *Gender*, *and the Family*(New York: Basic Books, 1989),97. 例如,罗尔斯认为,处于原初状态的人可以被认为是家庭的家长,并表示他通常会遵循这种解释。(John Rawls, *A Theory of Justice*, 128.)然而,他明确表示,他这样做只是为了确保在原初状态下选择的决策规则对后代是公平的。从这个动机假设,罗尔斯推导出他的"公正储备"原则(just savings)(Ibid. ,128 –129,284 –293)。

〔9〕 John Rawls, *A Theory of Justice*, 74. 在书的后半部分,罗尔斯将这一论点扩展到品德上:"一个人值得拥有出众的品德,使他能够努力培养自己的能力的观点,这同样是有问题的;因为他的品德在很大程度上取决于他所处的幸运的家庭和社会环境,对此他是不能邀功的。"(Ibid. ,104.)

虽然这些观察可能本应引发对家庭制度的考量，甚至或许引发对国家该如何支持家庭以鼓励这些自然能力(natural capacities)的发展的思考，但罗尔斯从未对该主题进行研究。他只是主张奖励或惩罚因不同的家庭环境导致的差异是不公平的，因此，这些差异应当被认定为与得到社会福利的目的不相关。[10]

罗尔斯唯一承认家庭在正义方面起着积极作用的是在《正义论》的第三部分，而该部分的阅读率远不及其他部分。在此问题上，罗尔斯将子女正义意识的发展与子女与其父母的特定关系联系了起来。这种亲子关系包括爱和指引。但罗尔斯将子女幼年时期的正义意识的发展视为在"黑箱子"里发生的——在子女幼年时期的正义意识的发展过程中，家庭不受社会、政治和经济环境影响。因此，他在讨论国家如何组织社会公正地分配集体资源时，绝未触及家庭繁荣的需求这一问题。

罗尔斯理论的特征：模糊对家庭的关注

在《正义、性别和家庭》中，苏珊·莫勒·奥金(Susan Moller Okin)号召大家注意罗尔斯著作中家庭的缺失。[11] 她认为，罗尔斯理论中的儿童正义感的发展取决于家庭内在的正义，但是，令人费解

---

〔10〕 Ibid. 罗尔斯在后来的书中再次提出了这个问题，他指出家庭为个人创造了不平等的机会。(Ibid., 511 – 512.) See also Martha Nussbaum, "Rawls and Feminism," in Samuel Freeman, (Ed.), *The Cambridge Companion to Rawls* (Cambridge University Press, 2009), 500.

〔11〕 See Susan Moller Okin, *Justice, Gender, and the Family*, 97.

的是，罗尔斯未能考虑事实上在涉及性别方面，异性恋家庭中本身是不是正义的。[12] 奥金认为，罗尔斯的理论对女权主义具有巨大的影 20
响力，但前提是它适用于家庭。虽然奥金的基本论点是罗尔斯本应考虑家庭而没有考虑这点是正确的，但在我看来，罗尔斯的这种对家庭的疏漏更有可解释的理由。正如我所言，罗尔斯理论的特殊性使它几乎不可避免地将在很大程度上忽略家庭。

1. 专注于个人正义（以自由和平等为框架）

首先，通过将其国家行为理论限于正义之善，[13] 罗尔斯模糊了家庭与自由民主及其公民的大部分关系。罗尔斯的正义论的目的，是回答社会合作的成果如何在社会中分配的问题。此种社会合作的成果是罗尔斯根据基本权利、义务和美德界定的。[14] 然后罗尔斯将其两个正义原则根据保障个人的自由和平等进行界定。[15] 此种将政府的功能作狭义的架构，且关注的善仅限于狭义维度的做法，极大地忽略了家庭对自由民主所产生的作用。从罗尔斯的视角，就家庭在照顾家人及促进人的发展中的重要作用与正义无关的情况下，家

---

〔12〕 Ibid.

〔13〕 罗尔斯认为，在对他的美德之善进行限定时，他排除了其他可能之善："但本标准，不是与原则定义的其他美德混淆，其基本结构，社会总体安排，可能有效或者无效，可能是自由的或狭隘的，和许多其他的东西一样，可能是正义或非正义的。一个定义社会基本结构的所有美德之原则的完整概念，以及这些美德冲突时各自的权重，这不仅仅是一个正义的概念。这是一种社会理想。"（John Rawls，*A Theory of Justice*，9.）

〔14〕 Ibid.，4，7，9.

〔15〕 Ibid.，302.

庭在照顾家人及促进人的发展中的重要作用也就无关紧要了。

这种框架不仅导致罗尔斯遗漏了家庭在照顾家人和人的发展中所做的贡献这一善,也导致罗尔斯理论中家庭主要作为一个问题而出现。尽管家庭履行着重要的功能,但既然如罗尔斯所言,家庭通常会导致财富、能力、成就及荣誉方面的不平等分配,[16]家庭也就变成了实现平等的障碍。由此,仅仅着重从平等角度考虑正义,可能得出的结论是家庭作为一种制度应当被废除。事实上,罗尔斯表达了这样的结论,他虽然表明“从更广泛的询问中家庭制度应当被质疑,且其他制度安排可能确实证实更可取”,但他仍然会“假定秩序良好的社会的基本结构应当包括以某种形式存在的家庭”。[17] 不是罗尔斯不承认家庭所做的贡献的理论过于狭隘,他是通过简单地假定家庭存在这种方式回避了家庭的重要性这一问题。

值得注意的是,罗尔斯理论在构架家庭概念中存在的困难,不是简单地在其理论中增加照顾家庭成员及促进人的发展中的善就可以消除这些困难。这是因为,罗尔斯在发展他的两个正义原则的时候
21 是排除了在正义和其他原则之间任何有意义的妥协的。罗尔斯并非根据一个秩序良好的自由社会应该满足的基本制度门槛来界定正

---

〔16〕 参见注释 9 ~ 10 及其之后的内容。同时参见 James Fishkin, *Justice*, *Equal Opportunity*, *and the Family*(New Haven: Yale University Press, 1983), 63 – 65。

〔17〕 John Rawls, *A Theory of Justice*, 462 – 463. 同样地,当罗尔斯在书中后来考虑家庭将导致个人机会不平等的问题时,他问道“那么家庭会被废除吗? 就家庭本身及考虑对家庭给予的优先地位而言,机会平等的观念倾向于朝此方向发展”(Ibid., 511)。

义。这样的制度性门槛,如保障所有公民有选举权,法律规则对所有人适用,所有人都可以公平地诉诸法院。

若以此种方式界定正义,则可能在满足正义的这些必备条件后,将其他社会资源用来追求其他的善及理想(aspirations)。相比之下,罗尔斯的正义原则指示的路径是所有属于社会构成的权利、义务和美德都应当进行分配。某些替代性方案只有从分配性正义角度看是公平的,但对其他的善产生了不同的结果,才可以考虑此种善。[18]有两种可能的分配方案:一种是看重正义而看低照顾性工作,与此相对的是第二种方案,即与正义同等看重但更看重照顾性工作。罗尔斯理论要求选择第一种方案。然而,一个强有力的论点是,根据罗尔斯的标准选择的分配正义的社会,当其公民愚笨、生病及发生不幸时,这种理论从根本上来说就是有缺陷的。

此外,即便我们把家庭成员的照顾和人的发展这些被疏漏了的善纳入罗尔斯的理论,并因而允许容纳家庭所做贡献这一价值,但罗尔斯的理论无法让我们在其理论所考虑的这些善及自由、平等之间作出选择。罗尔斯的理论部分之美,在于它代表了一种正义原则——我们可以用以衡量不同的社会计划。然而,通过将善仅仅限于自由和平等,罗尔斯才可以实现分配正义,按“词典式序列”

〔18〕 Ibid.(“虽然正义具有一定的优先性,是制度的最重要的美德,但在其他条件相同的情况下,当它的更广泛的后果更可取时,正义的概念比另一个概念更可取,这是事实。”)

(lexical priority)确定其正义原则中的优先权。如果罗尔斯的理论中善的范围扩展到包括家庭中的照顾和人的发展,他的理论在如何平衡不同的善这个问题上将无法提供解决方向。如果这样会导致更多的不平等,国家在多大程度上应当支持家庭以促进人的发展?罗尔斯的原则并未为我们回答此问题提供一种方法。

2. 未能关注人的依赖性

不仅罗尔斯对正义的关注忽视了家庭,他对人类的生存状况的设想也如此。罗尔斯将他的理论模型(及他对原初状态下人的构想)建立在人作为自由而平等的公民,且能够基于互惠和互相尊重而彼此合作这一道德理想之上是没有问题的。[19] 但罗尔斯有时错误地把这种道德理想当作人类的生存状态。如此,罗尔斯构建的理论极大地忽略了人类生活中不可避免的依赖性。[20] 反过来,这最终会转

---

〔19〕 Ibid. ,545. 正如罗尔斯的捍卫者所说,罗尔斯对原初状况下的人的描述是作为一种道德建构,它模仿仁慈,而不是像罗尔斯的一些批评者认为的,是一种代表现实的一个本体论构建。See, for example, Linda McClain, "'Atomistic Man' Revisited: Liberalism, Connection, and Feminist Jurisprudence," *Southern California Law Review*, 65, 1171 (1992). Linda McClain 的立场是,罗尔斯事实上承认人类的社会性质,阐述了社会联盟和相互依存的概念是正确的,她指出,罗尔斯自己告诫不要以这些批评者所建议的方式审阅原初状态(Ibid. ,1206 - 1211)。罗尔斯说,"这里没有不一致,那么,假设一旦无知的面纱被揭开,人们发现他们存在情感和感情的纽带,想推进其他人的利益,并看到他们达到的目标"(John Rawls, *A Theory of Justice*, 129)。据说,罗尔斯的理论很容易受到指责,他忽视了相互依存关系,在他的理论的其他地方未关注此问题。

〔20〕 罗尔斯忽略了相互依存关系及对"平等与社会公正"的忽视及其后果由伊娃·费德·基蒂(Eva Feder Kittay)在 *Love's Labor* (New York: Routledge, 1999)一文中作出了强有力的批判。本节我的很多争论建立在基蒂(Kittay)的批判之上。

移对我们社会中对依赖关系进行管理的主要机构——家庭的注意力。事实上,罗尔斯将社会的中心任务界定为如何在公民之间划分基本社会之善,而不是如何让健全的公民生存并促进他们的发展,这表明了将依赖性置于相对次要位置的人性观。[21]

与依赖问题相关的是除正义之外的其他善,其对社会正义也有重要意义,而这些善被罗尔斯所忽略。未能将依赖关系纳入正义范围,使社会必要的依赖性工作以剥削的方式完成,这不是不可能的。[22] 与其他国家一样,在美国,太多的依赖性工作是由女性完成的,并且这种状况还会持续下去。[23] 大多数照顾性工作都是无偿 22

〔21〕 See John Rawls, *A Theory of Justice*, 4, 60 – 62. 基蒂指出,罗尔斯未把握相互依存关系的必然性在他应该讨论有严重精神和身体障碍的受扶养人的情况否认批判的回应中很明显。(Kittay, *Love's Labor*, 77.)根据罗尔斯,这种困难的情况最好留给后立法阶段来处理。(John Rawls, *Justice as Fairness: A Restatement* [Cambridge, MA: The Belknap Press of Harvard University Press, 2001], 171 – 176.)然而,只有看到人类普遍有能力并独立,才可能使罗尔斯将这些受扶养的人视为特殊情况,而不是将其视为代表人类状况的连续体的一端,而这些人应该作为社会组织的基本问题处理。正如基蒂所说:"在平等主义理论中的任何项目的开始,相互依存关系就必须面临希望将所有人都纳入其范围。"(Kittay, *Love's Labor*, 77.)(原文强调)See also Martha Nussbaum, "The Future of Feminist Liberalism," in Eva Feder Kittay and Ellen K. Feder (Eds.), *The Subject of Care: Feminist Perspectives on Dependency* (Lanham, MD: Rowman and Little Publishers, 2002), 51.

〔22〕 Kittay, *Love's Labor*, 77. See also Susan Moller Okin, *Justice, Gender, and the Family*, 103 – 104.

〔23〕 See National Alliance for Caregiving and AARP, "Caregiving in the U. S., Executive Summary 2009," 4 (2009), available at http://www. caregiving. org/data/CaregivingUSAllAgesExecSum. pdf (accessed Feb. 28, 2010) (66% 的看护者是女性). See also *Congressional Record*, 139, 1969 (1993). (statement of Rep. Lynn Schenk "妇女可能在她们生命中花 17 年的时间照顾她们的孩子和 18 年照顾老年亲属。")

的。此外，太多的照顾家庭成员的工作的负担由少数民族和低收入家庭承担，这些家庭无力向他人支付照顾家人的费用或无力承担家庭照顾工作方案的费用。[24] 这些照顾性工作在工资损失、压力、放弃教育和就业机会方面会付出巨大的代价。[25] 此外，即使依赖性工作获得报酬，该报酬也是很低的，且太多的照顾性工作是由拉丁美洲裔妇女和其他少数民族妇女完成的。[26] 只有认识到依赖是人类生存状况中的固有部分，一个致力于正义的国家才能恰当地确保以公正的方式完成照顾工作。

3. 坚持国家中立理论

在公民对美好生活的愿望中，罗尔斯努力主张国家保持中立地位，也限制了其理论在处理家庭问题方面的能力。在他看来，自由国家建立在以下观念之上："作为有道德的人与人之间，作为具有良好观念和具有正义感的动物一样的人与人之间的平等……制度的终端

---

〔24〕 See Sarah Rimer, "Blacks Carry Load of Care for their Elderly," *New York Times* (Mar. 15, 1998), 1; National Alliance for Caregiving and AARP, "Caregiving in the U. S.," available at http://www.caregiving.org/pubs/data.htm, follow link to Caregiving in the U. S.: Findings from the National Caregiver Survey (2004), Feb. 28, 2010, 15 - 16, 对不同族裔群体之间照顾差异的分析(2010年2月28日访问)。

〔25〕 See Paula England and Nancy Folbre, "Care, Inequality, Policy," in Francesca M. Cancian et al. (Eds.), *Child Care and Inequality: Rethinking Carework for Children and Youth* (New York: Routledge, 2002), 133.

〔26〕 截至2007年，88%的直接护理工作者是女性，52%是少数民族，21%出生于国外。(PHI: National Clearinghouse on the Direct Care Workforce, "Facts 3: Who Are Direct Care Workers?" 1 [2007], available at http://www.directcareclearinghouse.org/download/NCDCW%20Fact %20Sheet - 1.pdf [accessed Feb. 28, 2010]).

并未按价值排序(Systems of ends are not ranked in value)。"[27]罗尔斯关注的问题是国家不是一种工具,不能用来支持什么构成有价值的生活这样的观点而反对其他观点,这也导致他认为,无论公民如何规划生活或如何行为,他们都有权利获得同样的原初的善。

在这一中立性理论下,自由主义国家应当对公民是否应当与其他人发展家庭关系作出同样的回应。而且,国家应当将公民的照顾活动置于其他活动之前。既然以此观点来看,无论公民是在照顾子女还是玩视频游戏都会获得一样的资源,无论有机会选择什么样的生活规划,公民都不受国家的干预这才是重要的。此种逻辑阻碍了国家认可家庭承担的照顾性工作及其他工作的重要性。在国家支持家庭以使其承担好照顾职责的范围内,这意味着,自由主义国家不能进一步地推动对于一个繁荣昌盛的社会所必需的这些实践。

扭曲家庭—国家关系的家庭理论预设 23

不仅自由主义理论包含有模糊家庭重要性的原则,即使在考虑家庭时,一些理论预设也以一种扭曲的方式构建家庭—国家关系。罗尔斯后期的著作就是此种预设的例子。《正义论》出版25年后,在1997年的一篇题为《再论公共理性观念》[28]的文章中,罗尔斯对因其早年未能讨论家庭问题而对女性主义评价家致歉时承认:"这是我

---

〔27〕 John Rawls, *A Theory of Justice*, 19.

〔28〕 John Rawls, "The Idea of Public Reason Revisited," *University of Chicago Law Review*, 64, 765 (1997).

的过错而不是政治自由主义本身的过错。"[29]罗尔斯试图讨论将其理论运用到家庭中去，虽然用心良苦，却揭示了此种理论模式在构建合理的家庭—国家关系中存在更深层次的问题。

在《再论公共理性观念》一文中，罗尔斯进一步发展了其在《正义论》中的主张，即既然家庭具有使社会及文化一代一代延续传递的功能，家庭就是基本社会构成中的一部分。用他的话说就是：

> 生育劳动是社会必要的劳动。承认这一点，家庭的中心任务就是以合理和有效的方式安排子女的养育和照顾，以保障他们的德性发展和教育他们融入更广泛的文化中……家庭必须保证适当数量的公民的培育和发展以维持社会的延续。[30]

罗尔斯在此明确地承认，在其早期作品中未能关注的问题：家庭在照顾家庭成员及人类发展中的重要功能，而这是正义原则未能涉猎的内容。由于这些重要的功能，罗尔斯阐述道：

> 家庭结构限制了此种基本制度的所有安排，包括努力

[29] Ibid. ,787 n. 58.
[30] Ibid. ,788.

实现机会公平。家庭在实现该目标之路上设置了一定的障碍,对正义原则的阐述须尽力考虑这些障碍。[31]

罗尔斯随后回答了女性主义批评家所提出的问题,国家是否应采取行动以保证在家庭内不存在基于性别的劳动分工。在回答此问题时,罗尔斯宣称:"我们不想将政治原则直接运用到家庭内部生活"以保证照顾工作在两性之间公平分配;相反,国家应该设法保证所有成员的"基本权利和自由,以及自由和机会"。[32] 为了支持该主张,罗尔斯将家庭比喻为其他诸如私人大学和教堂等自愿组织,他争辩道,在这些组织内部不需要正义原则的限制,只要这些组织不妨碍正义原则在这些组织之外实施。[33] 正如公共法律不承认异端和背叛 24
教会(apostasy)为犯罪,教会在不能忍受的事情上不能采取有效的措施,但教会成员总有改变信仰的自由。因此,虽然不能将正义原则直接适用于教会内部生活,但正义原则是通过所有教会或组织所受的限制来保护教会成员的权利和自由。[34]

基于这样的内部—外部二元划分,罗尔斯建议,国家不应当在婚姻内部对基于性别的劳动分工寻求干预。他阐述道:

---

〔31〕 Ibid.

〔32〕 Ibid.,789 -790.

〔33〕 Ibid.,789.

〔34〕 Ibid.

> 一些人想要的社会是以性别为基础的劳动分工被消减到最少。但政治自由主义并不意味着禁止这样的劳动分工。一个人不能提议强制性的公平分配家务劳动,或者对那些在某种程度上不实行强制性公平分配家务劳动的人在法律上就要惩罚。公平分配家务劳动被排除在强制之外,是因为家庭分工与基本自由有关,包括宗教自由。因此,在政治自由主义里面,努力将基于性别的劳动分工方式降到最低,以试图实现基于性别分工之外的劳动分工都自愿进行这一社会状态,原则上也应允许大量基于性别的劳动分工继续存在。只要非自愿的劳动分工被降低为零就行。[35]

罗尔斯陈述道,不是寻求将婚姻期间基于性别的劳动分工最小化,而是当婚姻结束的时候合理地运用正义原则,以保证妇女因为养育子女而公正地得到补偿。这意味着“政府似乎与家庭生活的特定形式或者性别关系毫不相干,除非是随着时间的推移,这些家庭生活的形式或这些关系在某种程度上影响到社会有序的再生产”。[36]

---

〔35〕 Ibid. ,792.

〔36〕 Ibid. ,779. See also ibid. ,789 – 790. (“因为妻子与丈夫是平等的公民,她们都有与她们的丈夫一样的基本权利,自由和机会;加上正确适用其他司法原则,足以确保她们的平等和独立”。)

尽管罗尔斯试图使用《再论公共理性观念》作为其先前对家庭问题的疏忽的最后救济,但他的努力表明,其理论在处理家庭制度中存在困难。虽然罗尔斯承认了家庭在家庭成员的照顾和人的发展中所起的重要作用,但在他的正义理论中仍然无法承认这些善。他是如何处理此困惑的呢?只能通过违背正义原则宣布正义原则的例外情况来解决,家庭不受正义原则的限制,“限制家庭结构中的所有安排,包括对努力实现机会平等的限制”并“对家庭中实现机会平等的方式进行限制”。[37] 换句话说,因为家庭在照顾家庭成员和人的发展中 25
的重要性及家庭在促进照顾工作和人的发展中的作用,罗尔斯宣布家庭将会限制正义原则作用的发挥,而不是相反。这完全偏离了罗尔斯的理论,面对对其他善作出重要贡献的家庭这样一种制度,罗尔斯的理论无法将其他的善整合为一体或对这些善与正义进行权衡,而是将家庭编造为一种例外,一种事后的正义原则。[38] 但是,如果断定必须假定家庭的存在,罗尔斯就可以根据其理论承认的善去架构这个问题:国家关于家庭的相关问题变成了应如何实现其正义观中不同的善(平等和自治间)的平衡。当家庭成员之间被以性别进行划分时,就可以通过确定对家庭进行干预的限度对不同善进行平衡。在对这个问题的讨论中,出现了两个关于家庭的新的假设,调停了罗

〔37〕 Ibid.

〔38〕 Sharon Lloyd 是对此进行关注的少数学者之一(Sharon Lloyd,“Situating a Feminist Criticism,” 1329 – 1330)。

尔斯理论在处理家庭—国家关系中的问题。

1. 公私二元划分：家庭拥有原始的内部动力

罗尔斯构建的世界是以严格的公私领域划分开始的。为了与国家对公民的美好生活观保持中立的理念保持一致，他构想的家庭应当是免受国家干预的内部领域，且家庭以某种原初的、超越政治（pre-political）的方式运作，如果国家参与调和，家庭关系就会被玷污（adulterated）而失去原初状态。他宣称：国家行为，必须为“自由而繁荣的家庭内部生活留下一定的空间”。〔39〕此种家庭—国家关系观可能是通过在一张纸上画圈的方式描绘的。只有在圆的圆周——在家庭和国家接口的地方——国家才可以进行管理。在圆圈内的都是家庭私有领域，应当留给家庭“自然”运转，国家不应发挥作用。用罗尔斯的话说：有些时候，社会必须依赖成熟的家庭成员的自然情感和亲善。〔40〕以这种方式构建家庭—国家关系理论，罗尔斯歪曲了家庭和国家的关系。在当今复杂的社会中，无法将某种程度上排除国家行为的家庭的“自然”功能区分开来。〔41〕相反，家庭如何运转是与法律和社会政策紧密交织在一起的。〔42〕

---

〔39〕 John Rawls, “*The Idea of Public Reason Revisited*,” 790.

〔40〕 Ibid.

〔41〕 See Martha Minow, “All in the Family and in All Families: Membership, Loving, and Owning,” in Martha Nussbaum and David Estlund (Eds.), *Sex, Preference, and Family* (New York: Oxford University Press, 1997), 249.

〔42〕 See Frances Olsen, *The Myth of Family Intervention*. 我将在第二章更详细地讨论这个问题。

出于同样的原因,罗尔斯特别简单地考虑了家庭中个人选择和决策的工作机制。在罗尔斯看来,家庭成员所作的决策可以归因于作出决策的成员个人。这些选择或者是自愿的,或者不是自愿的,但 26
这两极之间无灰色地带。以此观念而言,社会限制、文化的作用、宗教及人际动力学都被视为家庭领域这一“黑匣子”的一部分,在这里面,国家不应该进行干预,受这些因素促使作出的决策被毫无疑问地视为是自愿的。因此,罗尔斯分析的是一个困难的问题,即在一个仍然传递着性别角色划分的社会,“自愿的”选择意味着什么。与此类似,罗尔斯将完成道德义务当作仅仅是公民自愿作出的多种选择之一。对此,一个人作出照顾老年亲属的决定,被当作一个人决定选择香草而不是选择巧克力、冰激凌一样对待。此外,罗尔斯认为,个人的“选择”会结束国家义务这一理论预设,忽略了公共制度如何影响私人选择。这同样忽略了国家可以或应当有义务支持特定的行为,如支持照顾子女的行为,即使子女的出生可以被视为一种“选择”,国家也应当支持该照顾行为。

2. 家庭自主繁荣

在一个相关的说明里,罗尔斯假定,只要不受国家的阻碍,家庭一般会蓬勃发展。虽然他承认国家必须对家庭加以限制,例如,阻止家庭暴力和虐待,但罗尔斯假定国家对于家庭的最佳姿态是放手以便让家庭的"自然情感和亲善"出头。[43] 这与罗尔斯在《正义论》中对待儿童正义感的发展是一致的。在正义论中，罗尔斯假定，家庭在儿童幼年时期发展儿童的正义感不受家庭的资源和环境影响。此种假设遗漏了家庭繁荣的能力及养育未来健全的公民的能力如何受到经济、社会和政治方面的资源的影响。

总之，罗尔斯的理论的一个特点，是阻碍了能合理地为美国及其公民服务的家庭—国家关系的发展。有些特征，如对个人正义的关注，未能关注人的依赖关系；国家应当保持中立的观点，使其注意力远离了家庭。其他特征，例如，家庭应当在不受国家行为干预的状态下发挥作用，以及假设家庭在不受国家行为干预的情况下会蓬勃发展的观点，根本不足以说明家庭与国家关系的现实。

二、美国的家庭—国家关系立法：家庭和工作的冲突

27 乍一看，美国的政治言论和公共政策与家庭在学术政治理论中的边缘化地位很少有共性。政治言论经常关注家庭，一些言论甚至纠缠于此。报纸、民意调查及政治演说均宣布美国人坚决支持儿童和家庭，并相信稳定的家庭和良好育儿的重要性。虽然有此种强烈

---

〔43〕 John Rawls, *The Idea of Public Reason Revisited*, 790.

的关注,但诸多法律领域对家庭的支持少得令人惊讶。有趣的是,花言巧语和巩固政策的脱节至少部分源于同一套不完善的理论假设,即当代自由理论的基础。这些理论假设阻碍了制定支持家庭的固定的方案。

当父母的家庭责任与工作冲突时,向父母提供的法律保护不足是美国法律中构建的家庭—国家关系功能失调的一个极其重要的例子。家庭和工作责任之间的冲突,是当今美国家庭的一个重要问题。在1930年,只有少数儿童生活在父母双方都参与工作的家庭中;大约55%的儿童生活在父亲挣钱养家而母亲是家庭主妇的家庭里。[44] 而到了当代,家庭中一方养家糊口另一方是家庭主妇的家庭则是例外情况了:如我早先说明的,70%的儿童生活在父母双亲都工作或一方工作的单亲家庭中。[45] 包括大约94%的父亲和70%的母亲抚育着18周岁以下的子女。[46] 此外,有大约15%的工人大量从事照顾子女和老年家庭成员或朋友的工作。[47] 大部分照顾子女和老年人

---

〔44〕 Janet C. Gornick and Marcia K. Meyers, *Families That Work: Policies for Reconciling Parenthood and Employment* (New York: Russell Sage Foundation, 2003), 30.

〔45〕 参见“引言”注释12及正文。

〔46〕 这包括62%的母亲养育有6周岁以下的子女,77%的母亲养育有子女年龄为6周岁到17周岁(Bureau of Labor Statistics, “Rise in Mother's Labor Force Includes those with Infants,” [2005], available at http://www.bls.gov/opub/mlr/1986/02/rpt2full.pdf [accessed June 20, 2009])。

〔47〕 National Alliance for Caregiving, “The MetLife Study of Sons at Work: Balancing Employment and Eldercare,” available at http://www.caregiving.org/data/sonsatwork.pdf (accessed June 20, 2009).

的工作由妇女无报酬地提供。然而，随着母亲进入劳动力市场，美国很少有制度上的改变以使家庭能够照顾子女和年老者。事实上，在对 173 个国家（地区）的政策进行比较后发现，在涉及劳动力市场的父母假方面，美国排名最后，只有三个国家与其并列：利比里亚、巴布亚新几内亚和斯威士兰。[48]

在牵涉工作中的保护职责时，为何美国法律如此难以保护家庭？因为在政治理论中的预设存在的问题同样体现在美国的法律中。这些预设，即个体自由和平等，是法律合理认可的美德；依赖关系不是法律需要认可的状况；国家应当在家庭问题上保持中立；国家不应当搅和家庭内部事务，这些均阻止了有效地支持家庭政策的发展。

28 在工作和家庭职责冲突的情况下，就业者通常会根据两部法律寻求保护：美国 1964 年《民权法案》第七章（Title Ⅶ of the Civil

---

〔48〕 2007 年的《工作、家庭和平等指数》发现，169 个国家保证有带薪产假，其中，半数以上的国家提供 14 周或更长时间的带薪产假。与此形成鲜明对比的是，美国是仅有的 4 个国家之一，这些国家不为任何与生育有关的劳动力部门的母亲提供带薪休假。在接受调查的国家中，近 1/3 的国家还确保父亲能享受带薪产假或陪产假，而美国并不要求。此外，至少 107 个国家要求母乳喂养间歇时间，其中几乎所有国家每天提供一小时或更长时间；至少在 73 个国家，这些母乳喂养间歇时间是有报酬的。直到这本书出版时，国会通过了医疗改革法案，美国才为母乳喂养的员工提供保护，尽管事实证明母乳喂养可以降低婴儿死亡率（Jody Heymann，Alison Earle，Jeffrey Hayes，"Project on Global Working Families，The Work，Family，and Equity Index：How Does the United States Measure Up？［2007］，" available at http://www.mcgill.ca/files/ihsp/WFEI2007.pdf［accessed June 20，2009］）。然而，《病人保护和平价医疗法案》（Patient Protection and Affordable Care Act）第 4207 条要求，雇主为哺乳的员工提供"合理的休息时间"，并为她们提供一个私人的、非卫生间的地方，让她们在工作日里哺乳，直到孩子一岁生日。

Rights Act of 1964)[49] 及 1993 年《家庭与医疗休假法》(the Family and Medical Leave Act, FMLA)。[50] 表面上,这两部法差别很大。《民权法案》第七章是关于消除就业市场就业歧视方面的规定,而《家庭与医疗休假法》对就业者要求请假以满足家庭重大需求方面提供保护。但两部法在关于什么是家庭的紧急需求以及国家在涉及就业者的家庭职责方面都进行了狭义的解释。

《民权法案》第七章规定的工作与家庭保护

《家庭与医疗休假法》是唯一明确保护美国就业者不受基于家庭照顾职责的不利就业行为侵害的联邦法律。由于《家庭与医疗休假法》对不受歧视的范围进行了限定,就业者寻求履行家庭义务时的保护往往需要根据《民权法案》第七章提起请求。根据《民权法案》第七章的规定,雇主"未能录用或拒绝录用或解雇任何人,或……因性别歧视任何人"的行为违法。[51] 因此,当就业者履行照顾职责而根据《民权法案》第七章寻求保护时,必须表明因照顾而产生的不利行为在某种程度上与性别歧视有关。

由于法院已经解释了《民权法案》第七章禁止基于照顾工作的性别歧视,当就业者因为照顾职责而工作被终止时,通常必须表明不同性别的就业者在类似情况下被差别对待。因此,《民权法案》第七章

---

〔49〕 42 U. S. C. 2000e – 2000e17(2009).

〔50〕 42 U. S. C. 2000e(2009).

〔51〕 29 U. S. C. 2601 – 2654(2009).

对那些愿意满足工作条件，但因为履行照顾职责被错误定性为不愿意或漠不关心工作的人最有帮助。而对那些很多工作方式不适合照顾责任的就业者寻求适应他们的工作要求以便履行照顾责任的人的帮助会更少。因此，在“凯诉世纪集团案”（Chi v. Age Group）[52]中，法院认为，原告宣称她被解雇是因为照顾子女而拒绝加班，但原告未能陈述被告的行为违反《民权法案》第七章的规定。法院未支持原告的主张，因为她未将其被解雇与性别歧视联系起来，例如，通过证明在类似情况下男性拒绝加班而并未被开除。根据法院的意思，原告因为拒绝加班以便她能照顾子女而被开除，不仅此主张的法律事实不充分，而且她拒绝加班表明她不能胜任这项工作，因此，她不具备根据《民权法案》第七章获得救济的条件。[53] 同样，法院在“古格里

---

〔52〕 Chi v. Age Group, Ltd., 1996 Westlaw 627580 (S. D. N. Y. Oct. 29, 1996).

〔53〕 法院根据两种不同的分析框架来分析《民权法案》第七章所面临的挑战：差别待遇原则，它禁止出于歧视意图的行为；具有差别影响原则，它禁止表面上中立但实际上具有歧视效果的雇佣行为。（International Bhd. of Teamsters v. United States, 431 U. S. 324, 335, 36, n. 15 [1977].）因为女性与男性工作情况相似，但与男性差别对待这一问题上，法院对差别对待分析的情况有限。差别对待原则一般不适用于男女平等适用的政策，但由于养育子女的责任更重而使职业母亲处于不利地位。（See, for example, EEOC v. Sears, Roebuck & Co., 628 F. Supp. 1264 [N. D. Ill. 1986], affirmed, 839 F. 2d 302 [7th Cir. 1988]; Record v. Mill Neck Manor Lutheran Sch. for the Deaf, 611 F. Supp. 905 [E. D. N. Y. 1985]; Barnes v. Hewlett-Packard Co., 846 F. Supp. 442 [D. Md. 1994].）差别影响原则禁止对妇女具有歧视性影响的就业做法，这在理论上可能会挑战工作要求，即根据工作父母对妇女造成的不利影响而使其处于不利地位。然而，在实践中，法院一再拒绝对这类工作要求提出质疑（See, for example, Ilhardt v. Sara Lee Corp., 118 F. 3d 1151, 1156 [7th Cir. 1997] [认为不同影响分析适用于原告的索赔不适当，即在减少劳动力的过程中解雇兼职工人使在职母亲处于不利地位；原告未能证明减员是“第七章所指的特殊雇佣行为”，而不是“孤立事件”];

塔诉梅瑞狄斯公司案”（Guglietta v. Meredith Corporation）中认为，〔54〕因为雇主将原告的工作时间调整到早上遭到了原告的拒绝，而在这个时间段她并不需要照顾孩子，因此，原告缺乏合理的请求。在驳回该案的时候，法院认为，雇主没有义务主动适应（affirmative 29
accommodation）原告照顾子女的需求，而只能是被动适应。

尽管有强有力的证据表明女性不公平地承担照顾职责是性别平等的最大的持续性障碍，〔55〕但《民权法案》第七章明确规定对生育和养育子女进行保护的是《怀孕歧视法》（Pregnancy Discrimination Act，PDA）。该法是对《民权法案》第七章的修订，旨在禁止雇主基于怀孕或生育子女歧视女性。《怀孕歧视法》规定：“在所有与就业有关的目的方面，受怀孕、生育或医疗条件影响的女性应当与其他在不

Barrash v. Bowen，846 F. 2d 927，932 [4th Cir. 1988] [认为尽管政策否认妇女产假去母乳喂养儿童“会有负面影响，在年轻的母亲希望照顾宝宝6个月……这并不是一种完全不同的影响会使这一规则失效，因为它对妇女的待遇并不比对男子差”]；See also Wallace v. Pyro Mining Co.，789 F. Supp. 867 [W. D. Ky. 1990] [similar]；Maganuco v. Leyden Community High Sch. Dist. 212，939 F. 2d 440，444 [7th Cir. 1991] [由于原告没有提供足够的统计支持，主张差异影响原则不适用于产假政策]；Armstrong v. Flowers Hosp.，812 F. Supp. 1183，1191，92 [M. D. Ala. 1993] [认为医院政策要求孕妇和非孕妇护理人员治疗艾滋病患者并不违反差别影响原则，尽管孕妇治疗艾滋病的风险更高]；EEOC v. Sears，Roebuck & Co.，628 F. Supp. 1264，1285 [N. D. Ill. 1986]，affirmed，839 F. 2d 302 [7th Cir. 1988] [持差别影响原则不适用，因为原告未能确定使妇女处于不利地位的具体、表面上中立的政策]；Chi v. Age Group，1996 Westlaw 627 580 [S. D. N. Y. Oct. 29，1996] [驳回原告的要求员工加班对女性的影响的主张，“因为这个年龄段的人要求生产负责人能够并且愿意加班，这与这个职位是有正当关系的”。]).

〔54〕 Guglietta v. Meredith Corporation，301 F. Supp. 2d 209，215（D. Ct. 2004）.

〔55〕 参见“引言”注释21～24及正文。

受这些因素影响时她们能从事或不能从事相关工作的能力相类似的情况下的人同等对待。”[56]为了得到《怀孕歧视法》的支持，女性需要表明她们事实上与能胜任或不能胜任某工作的相似的其他人相比被差别对待了。但是，受怀孕、分娩或相关医疗状况影响的妇女，在所有与就业有关的目的方面，这些女性应与其他能胜任或不能胜任某工作类似状况但就业未受影响的人享有同等待遇。但是，如果其他人在类似情况下并不因此受到影响，能满足单位的就业需求，而那些女性因怀孕或生育其就业能力确确实实受到限制，她们就不能受到《怀孕歧视法》的保护。[57] 根据《民权法案》第七章规定的通常情况，《怀孕歧视法》是在怀孕妇女能工作但被错误地认为不能工作这种情况下对妇女最有帮助，而这种情况很少存在。但是若怀孕女性对业已确定的工作要求难以胜任，则她们通常不能得到保护。

在“美国汽车工人联合会诉约翰逊控股公司案”(International Union, UAW v. Johnson Controls, Inc.)(以下简称“约翰逊控股公司案”)中，[58]美国联邦最高法院表明《民权法案》第七章在构建家庭和工作相互关系中存在问题。在该案中，被告约翰逊控股(Johnson

---

〔56〕 Pregnancy Discrimination Act of 1978, 42 U. S. C. § 2000e(k)(2006).

〔57〕 正如美国联邦最高法院所说：“国家不能因怀孕为不利的对待，但也不是不得不对此提供优惠待遇。”(Wimberly v. Labor and Industrial Relations Commission, 479 U. S. 511, 518 [1987]); See also Stout v. Baxter Healthcare Corp., 282 F. 3d 856(5th Cir. 2002). (“[PDA]不保护怀孕雇员因缺勤而被解聘，即使她的缺勤是由于怀孕或并发症怀孕，除非其他非妊娠的雇员不因缺勤而解雇。”)

〔58〕 International Union, UAW v. Johnson Controls, 499 U. S. 187(1991).

Controls)公司——一家电池制造商,其员工对公司规定提出了挑战,该规定禁止所有女性从事事实上或有可能被暴露于含有铅元素的工作环境中,除非这些女性持有医学证明她们不育。公司作出该规定是为了规避由于铅暴露使胎儿遭受危害。原告主张该规定违背了《民权法案》第七章禁止基于性别的歧视行为的要求。雇主回应争辩到,虽然这一除外规定将女性区别于男性对待,但该规定是合法的,因为其符合第七章规定的善意的职业资格(bona fide occupational qualification)这一例外规定。该例外规定允许这样带有性别歧视的就业实践,只要这些规定"在该特定商业或企业常规操作中是合理且必要的"。[59]

在针对原告的判决中,美国联邦最高法院宣称善意的职业资格这一例外的规定只能适用于对工人能胜任或不能胜任某工作有疑问的情况,因此,不能考虑铅暴露可能对胎儿所致的损害。根据法院的"怀孕后期的就业通常会对未出生的孩子产生风险……但国会发布指示雇主只是可以考虑女性完成该工作的能力"的观点,[60]"下一代的福利"[61]不能在这样的例外规定框架下得以确认:"任何人都不能漠视对未来的孩子可能的伤害;然而,善意的职业资格不至于宽泛到 30

[59] Title Ⅶ of the Civil Rights Act of 1964,42 U. S. C. § 2000e - 2(e)(1)(2006).

[60] See *Johnson Controls*,499 U. S. at 205.

[61] Ibid. ,206 - 207.

将这样深层次的社会关注问题转移到电池制造的重要方面去。”[62]撇开子女福利及基于法律考虑公众在子女福利中的利益，法院将此问题抛给了父母自治。法院宣布雇主的规定是违法的，因为“关于未来子女的福利必须留给怀孕、生育、供养和抚养子女的人来作决定”。[63]

“约翰逊控股公司案”阐明了《民权法案》第七章框架下在处理工作与家庭这一利益攸关的问题时存在的诸多困难，以及此种框架排除或扭曲了许多重要的美德。在此案中，自治与平等是唯一相关的利益，依赖关系相关问题作为无关事项被抛到脑后，国家对公民的生活选择持中立态度被视为合理。在这些方面，此种反歧视分析与罗尔斯的自由主义有许多共同性，我将逐一分析这些特征。

1. 关注个体正义(以自由和平等为框架)

正如“约翰逊控股公司案”的分析所阐明的，《民权法案》第七章是一部为进一步促进个体正义而构建的反歧视法。像罗尔斯的自由理论一样，其以正义相关的美德问题为分析讨论对象。在此框架下，雇主的自由利益，即按照自己的选择管理自己事务的利益，与受雇者在自由和性别平等中的利益是冲突的。至于当代自由理论，此有限范围之外的主要美德，包括子女和父母的福祉以及政治组织体内未

---

〔62〕 Ibid. ,203 - 204.

〔63〕 Ibid. ,207.

来公民的发展及家庭的幸福,是被排除在外的。[64]

在这样一个社会里,性别平等的价值在某些政治领域引起了诸多焦虑不安,但在家庭的重要性方面,政治共识却相对清晰。但原告请求对家庭中照顾关系的保护的诉求只能通过性别平等来主张,这多少具有讽刺意味。但这的确是《民权法案》第七章这部法律的要求。在此方面,《民权法案》第七章保护劳动者避免因履行家庭职责而遭受不利就业行为的侵害,但此种保护只能是这些不利就业行为与歧视相关。此外,劳动者对家庭的职责既不受保护,也不受鼓励:劳动者的利益只有在其作为劳动者,且她的工作因家庭义务(推定这些义务与性别歧视有关)而受到不利影响时才会受保护。当就业者或作为父母对家庭的义务已经或将会因工作职责而受影响时则不会触动法律。如果所有女性就业者能被说服忽略她们的照顾义务,只顾工作,则《民权法案》第七章的条件就满足了。

此外,在"约翰逊控股公司案"中,法院表明了甚至可以以一种特 31

〔64〕 在"约翰逊控股公司案"(Johnson Controls)中,被反歧视框架排除在外的问题的重要性,是由多数派和少数派意见之间空洞的辩论所驱动的。双方都不否认,法律没有承认作为可能希望生育子女的人的工作人员的伤害,这些人未来生育子女时对子女的伤害,或这些受害儿童将来可能成为社区的一部分时对社区造成的伤害,这些伤害都未得到承认。相反,辩论的中心只在于法律是否承认对代表胎儿时期受到伤害的儿童提起的侵权诉讼中对雇主造成的经济损害。(Johnson Controls, 499 U. S. at 208 - 211)(White J., concurring in part and concurring in the judgment.)法院告诉我们,侵权诉讼对雇主造成的严重经济损害,可以根据《民权法案》第七章予以认定。对胎儿的严重伤害,无论在法律上如何界定,都不能成为此类侵权诉讼的请求基础。

定的、有争论性的方法来认识的美德。法院所构想的就业者的自治与罗尔斯自由理论是一致的，即只要求对父母的选择划定一块不干预的区域，此种构想未能承认父母的意思自治可以受到以下限制：不允许雇主考虑孩子们的福利，这迫使父母们只能完全私下考虑孩子们的福祉问题。因此，父母必须在两种难以接受的结果之间作出选择：一方面，他们可以选择自己的工作，继而选择了子女的经济保障。在这种情况下，他们就可能没有足够的机会履行父母职责（或者在有对胎儿造成伤害的情况下，就没有足够机会生育健康的子女）；另一方面，他们可以选择保证他们的子女得到父母足够养育的时间及保障所生育子女的健康，但可能无钱抚养子女。

而且，在将反歧视调查限制在确保女性与男性享有平等的就业条件方面，在"约翰逊控股公司案"中，法院最终削弱了实质性性别平等的目标。法院只是要求妇女与男子被同等对待，并不要求考虑妇女怀孕和照顾子女的情况。法院只要求妇女在她们的子女或未来子女的福祉与并不考虑子女福祉的工作之间作出选择。因此，"约翰逊控股公司案"虽然在理论上看起来是妇女的一个胜利，[65] 但法院未

〔65〕 事实上，它被许多评论家誉为女性的胜利（See, for example, Amy S. Cleghorn, "Justice Harry A. Blackmun: A Retrospective Consideration of the Justice's Role in the Emancipation of Women," *Seton Hall Law Review*, 25, 1176 [1995]; Sheryl Rosensky Miller, "From the Inception to the Aftermath of International Union, UAW v. Johnson Controls: Achieving its Potential to Advance Women's Employment Rights," *Catholic University Law Review*, 43, 227 [1993]; Renee I. Solomon, "Future Fear: Prenatal Duties Imposed by Private Parties," *American Journal of Law & Medicine*, 17, 411 [1991]）。

能对妇女在平等方面的利益进行界定,最终迫使想要生育子女和养育子女的女性远离职场。

虽然反歧视相关法律所作的探索有限,但这并不是说“约翰逊控股公司案”是一个错误的判决。相反,我们需要一个比《民权法案》第七章的个人正义范式更广泛的框架来调和利益攸关的各种重要之善。在现行范式下,要求雇主允许女性在对胎儿有损害的工作中留下来,只要这些工作对男性开放就行,可以不考虑更大范围的利益。而在更宽泛的框架下,国家可以要求雇主考虑除性别平等之外的其他利益,包括子女及未出生的子女的福祉。这样可能会产生其他解决方案,以更好地容纳更广泛的善,例如,要求雇主对孕妇就业者设置安全的工作结构,或者作为替代方法,为打算要孩子的男性和女性提供同等报酬的安全的工作机会。

2. 未关注人的依赖性

由于其消除工作场所歧视的有限目标,《民权法案》第七章无法把握依赖在人类生活中所处的中心地位。除了承认在怀孕期间出现的不便,该法未能承认人的依赖性,甚至对孕妇就业者的依赖性的认 32
知都是相当有限的。与怀孕相关的依赖状况只限于“因医学照顾或治疗通常或正常情况下会导致工作能力欠缺的情况”。[66] 因此,中

---

〔66〕 Wallace v. Pyro Mining Co. ,789 F. Supp. 867,869(W. D. Ky. 1990). See also Derungs v. Wal-Mart Stores,374 F. 3d,428,439(6th Cir. Ohio 2004)(确定 PDA 需要怀孕相关的条件,只有当无法工作时才作为一种疾病治疗的情况).

等程度的孕妇晨吐未引起医学上的脱水就不包括在内。此外，该法也未对女性抚养子女提供保护，例如，在《怀孕歧视法》中，议院的报告指出："如果一个女性想要留在家庭中照顾子女，其绝不能获取利益，因为这不是医学上承认的与怀孕相关的情况。"〔67〕

在"特鲁普诉五月百货公司案"（Troupe v. May Department Stores）中，〔68〕第七巡回法庭强调了《怀孕歧视法》对怀孕女性的保护。该案中的原告——百货公司销售员怀孕了，她因严重的晨吐反应导致上班反复迟到被安排到试用岗。在既定的享受产假的前一天她被解雇了。第七巡回法庭的波斯纳（Posner）法官驳回了她根据《民权法案》第七章阻止因怀孕而引起迟到终止其工作的请求，理由如下：

> 她的律师极力辩论她不应受到责备——她确实是病了，有医生的请假条等。如果特鲁普（Troupe）辩称《怀孕歧视法》要求雇主对遭受晨吐反应的职员比因其他健康问题同样迟到的员工更友好，这样会更为中肯。而其恰好并未如此主张。如果就业者（如特鲁普）与雇佣单位并未签订因为疾病而不能上班仍旧合乎单位规定的协议，《民权法案》

〔67〕 See H. R. Rep. No. 95 – 948, 5(1978), reprinted in 1978 U. S. C. C. A. N. 4749.
〔68〕 Troupe v. May Department Stores, 20 F. 3d 734(7th Cir. 1994).

第七章就不能要求雇主支付雇员的薪水了。[69]

换句话说,《民权法案》第七章所要求的,就是无视雇员的怀孕事实。该法对怀孕引起的不能胜任工作无确定性要求。波斯纳法官继续宣布,即使百货公司解雇原告是因为其不能确信原告是否会在休完产假后能回来工作,这也是合法的。根据波斯纳法官的观点,原告在休完产假后不能回来工作构成解雇就业者的正当经济理由,而不是《民权法案》第七章所禁止的对怀孕的敌意。对波斯纳法官来说,关键是《民权法案》第七章并没有为怀孕的员工提供实质性的保护,用波斯纳法官的话说就是:

> 尽管有女权主义者的呼吁,《怀孕歧视法》并没有要求雇主为怀孕女性工作提供产假或采取其他更便利的措施——举例来说,提供如同雇主自己的配偶怀孕期间继续工作那样的便利。雇主对待怀孕女性如同对待同样受影响但未怀孕的员工一样糟糕,甚至到了这样的程度:怀孕员工就业利益的获得,是以雇员在怀孕导致的医学上不能胜任工作结束后重返工作作为前提条件。[70]

〔69〕 Ibid. ,737.

〔70〕 Ibid. ,738(internal citations omitted).

33 如此一来，《民权法案》第七章不是保护母亲和胎儿福利的工具，或者甚至不是为性别平等或为女性实质性进入职场提供便利的工具。相反，该法案的功能仅仅是消除在劳动力方面对孕妇的非理性敌意。关于子女的依赖性，《民权法案》第七章也没有为子女照顾和人类发展提供保障。相反，《民权法案》对这些活动的保护程度，与它对妇女相对于男子可能处于不利地位的其他方面的保护程度相同（或反之亦然）。换句话说，在反歧视的框架内，该法并不是根据家庭职责本身的要求对家庭职责提供实质性支持或将照顾工作囊括进家庭职责中去。事实上，由于支持照顾和人类发展对于人的尊严、子女的兴旺、健康的国家组织所处的中心地位，反歧视基本原理容纳不了支持照顾和人类发展的正面理由。

3. 国家中立理论下的立法

在《民权法案》第七章的范式下，国家行为的限度与罗尔斯个人正义框架中所确立的国家行为的合法性模式轨迹是一致的。在《民权法案》第七章的范式下，国家对根据自治和平等界定的公民权利的强制是适当的。但除此之外，因为其他美德，国家的干预则被视为不适当。依此观点，国家只是提供了一种中立的权利框架，此种权利是根据程序公平来界定的，而在这样的权利中，公民可以选择有价值的目的。在此种中立概念中（如同我在第二章讨论的，这实际上根本就不是中立），国家对公民权利的保护是建立在公民的自由和平等这一正当基础上的。国家既未对美好生活图景产生影响，也未赋予一些美好生活图景具有优先于其他一些生活图景的优先权。在政府中立这一概念下，如何安排工作结构以最好地实现美德，如促进员工、其子女及其年迈的父母的福利，则不是公开考虑的问题。

同样，在该中立性框架内，公民可以选择特定的生活方式或者参与特定的活动，但国家并未在此基础上向他们提供额外的资源。相反，自然人个体所作的决定被视为个体选择，是他们自己的私事。依此观点，照顾家人成为家庭的选择，国家可以既不支持也不惩罚。美国联邦最高法院在“约翰逊控股公司案”中对这些问题的讨论为：法院宣称雇主未能考虑未出生的孩子的健康，因为“关于未来子女的福利的决定必须留给怀孕、生育、供养和抚养子女的人”。[71]

4. 坚持公—私划分：家庭拥有原始的内部动力

在《民权法案》第七章的法理里面，公—私领域划分也回应了罗 34
尔斯的设想。在这两种情况下，国家的角色都是置身于私人领域之外，保持其活力不受干扰。依此观点，个体的选择，如同在罗尔斯框架下，必须被视为是完全自愿的，因此国家既不阻止也不支持。因此，在“马加努科诉莱登社区高中 212 区案”（Maganuco v. Leyden

---

〔71〕 *Johnson Controls*, 499 U. S. at 207. See also United States EEOC v. Catholic Healthcare West, 530 F. Supp. 2d 1096, 1106 (C. D. Cal. 2008)（认为医院出于对胎儿安全的考虑，不能禁止怀孕员工在透视实验室工作；女性必须“对自己的身体和命运作出决定”）；Peralta v. Chromium Plating & Polishing Corp., 2000 U. S. Dist. LEXIS 17416 (E. D. N. Y. 2000), Peralta v. Chromium Plating & Polishing Corp., 2000 U. S. Dist. LEXIS 17416 (E. D. N. Y. 2000)（认为雇主不能因担心怀孕雇员流产而禁止其工作；怀孕期间工作的选择权属于每个妇女）.

Community High School District 212)中,[72]法院解释原告的请求为:“不是基于因怀孕及生育子女引起的一段时期的工作不能胜任这一生理事实,而是……基于一个学校的教师选择与新生子女花更多时间而放弃重返工作。”[73]法院运用父母选择解释理论,以原告本可以选择不养育子女来否认法律上对原告的保护。[74]

就公—私二元划分框架下承认人类状况的依赖性而言,国家对这种依赖的关注被视为不适当。相反,依赖关系被限制在家庭中是合理的,在家庭中自治的成年人作为家庭主人应正确地处理依赖关系问题。从此角度产生了一个关于国家职责的概念,即国家应保护个体权利不受侵害而不是支持照顾性工作。这种观点进一步认为,子女是个人选择的结果,社会支持养育子女只是一种托词。因此,这只是成人自治的又一种表达。在此框架下,我们将子女设想为父母个人自治范围内的事情——因而允许父母有权利免遭干预以便按他们认为合适的方式抚养子女,这比起承认国家如何积极行动以支持父母照顾子女困难要少很多。

---

〔72〕 939 F. 2d 440,443 -45(7th Cir. 1991).

〔73〕 Ibid. ,444.

〔74〕 Likewise, in Piantanida v. Wyman Ctr. ,116 F. 3d 340,342(8th Cir. 1997),第八巡回上诉法院的结论是,一个人照顾一个孩子并不是一种“医疗状况”,因此不受《怀孕歧视法》的保护。相反,法院将抚养孩子的决定定性为“是所有决定抚养孩子的新父母所选择的社会角色”。法院随后支持在产假期间将一名雇员降职,理由是雇主基于她作为新父母的身份对她的歧视是性别中立性的,因此没有违反《民权法案》第七章的规定。

公私领域的概念划分支持这样的想法,即国家不应完全关心照顾和人类发展的问题。此种公—私二分法,在就业领域中,在两个显著方面阻碍了对育儿的保护。一方面,相比“私人”领域,工作领域被视为“公共”领域。与公共领域相联系的每一方面的行为就被视为合理地限定在该领域。依此观点,与私人领域相关的儿童保育等活动在公共领域的工作中被排除在考虑范围之外。由此,虽然职场被视为是一些社会政策的适当的场所,这些政策包括通过要求雇主为员工的补偿制度以及失业补偿制度缴费以保护员工的福利,但因怀孕、
生育子女或抚养子女提供休假被法律视为是不合适的“社会工程”。 35
此种思想迫使育儿问题被排除在职场和经济领域之外,使许多全职工作的结构与育儿工作相抵触。在此概念之下,只有在家庭的私人领域中,照顾工作才受到重视。[75]

许多女性主义作者对此种公—私二元划分对女性平等的意义进

〔75〕 See Joan Tronto, Moral Boundaries: A Political Argument for an Ethic of Care (New York: Routledge, 1993), 122(“关爱在我们的社会中几乎没有地位,除非它以情感和私人的形式得到尊重。”). 凯瑟琳·西宝(Katharine Silbaugh)提出了一个相关的观点,即家务与家庭领域的联系以及那个领域被感知到的深情氛围导致家务被认为不是“真正的工作”,因此,没有对其赋予雇佣劳工的福利和保护(Katharine Silbaugh, “Turning Labor into Love: Housework and the Law,” *Northwestern University Law Review*, 91, 1 [1996])。

行了探讨。[76] 她们指出，不仅某些特定活动和品质传统上与私人领域中的女性有关，而且女性本身也倾向于将自己与该领域联系起来。事实上，维持此种二元划分是基于这样的社会性别结构——公共世界可以排除家庭领域，仅仅是因为存在将女性留在私人领域以专注于抚养子女和照顾年迈的家人这样的需要。由于此种划分，那些不参与社会的女性必须按社会定义的“男性”标准作为自由主体去行为，将自己从私有领域分离出来。只要家庭的需求限于家庭领域，女性留在家里才能满足这些需求，将女性从私有领域分离出来这个任务对女性来说通常是不可能的。

另一方面，自由主义的此种公私划分削弱了对在职父母的支持。在此概念之下，虽然与家庭领域相对，职场是一个公共领域，但与政府这一公共领域相比，职场是一个私人领域。公—私二元划分的第一种观点坚持认为，职场不应当包含家庭职责，因为家庭职责属于私人领域。第二种观点认为，如果工作场所的政策没有考虑照顾性工

〔76〕 See, for example, Peggie R. Smith, "Elder Care, Gender, and Work: The Work Family Issue of the 21st Century," *Berkeley Journal of Employment and Labor Law*, 25, 351 (2004); Martha Fineman, "Contract and Care," *Chicago-Kent Law Review*, 76, 1403 (2001); Jill Elaine Hasday, "Contest and Consent: A Legal History of Marital Rape," *California Law Review*, 88, 1373 (2000); Carole Pateman, *The Sexual Contract* (Stanford, CA: Stanford University Press, 1988); Lucinda M. Finley, "Transcending Equality Theory: A Way Out of the Maternity and the Workplace Debate," *Columbia Law Review*, 86 (1986); Frances Olsen, "The Myth of State Intervention in the Family," *Michigan Journal of Law Reform*, 18, 835 (1985); Frances Olsen, "Family and Market: A Study of Ideology and Legal Reform," *Harvard Law Review*, 96, 1497 (1983).

作，那么这些政策就会显得非政治性，而仅仅是雇主个人的私人决定。[77] 因此，在家庭和工作相交的领域，育儿问题首先被归入家庭领域，因为在工作领域干预其是不恰当的，其次被归入完全非政治性的问题，因为其与经济制度交织在一起。关心于个体权利保障的中立性政府，与二者关系不大。

《家庭与医疗休假法》

规范工作和家庭的相互关系，将家庭照顾职责作为其权利进行保护的唯一的联邦法律是《家庭与医疗休假法》。《家庭与医疗休假法》在此方面和其他方面改变了《民权法案》第七章中构建的工作和家庭关系的法律。该法尤其认可了家庭的重要性，并保护照顾工作及其他重要的美德。该法在序言中确认"子女和家庭单元的发展"的重要性及"父亲和母亲能参与早期子女抚养"而不被迫"在工作安全和育儿之间作出选择"；确认国家在保留"家庭完整"方面的利益以 36
及男女平等机会的目标。[78] 此外，该法为积极保护照顾性工作设置了固定的门槛：相关的雇员有权利享受 12 个月累加的年休假，且在年休假结束后应当保障他们的工作。[79] 在《家庭与医疗休假法》适

---

〔77〕 See Nancy Fraser and Linda Gordon, "A Genealogy of 'Dependency': Tracing a Keyword of the U. S. Welfare State," in *Justice Interruptus: Critical Reflections on the "Postsocialist" Condition* (New York: Routledge, 1997), 176; Olsen, "Family and Market," 1501.

〔78〕 Family and Medical Leave Act of 1993, 29 U. S. C. § 2601(2010).

〔79〕 Ibid. 29 U. S. C. § 2612, § 2614(a)(2010).

用的狭窄范围内，毫无疑问，该法发挥着重要的作用。[80]

然而，《家庭与医疗休假法》的作用相较社会对照顾性工作的需求而言事实上是微乎其微的。因为该法只适用于雇用50个或更多员工的公司，且员工必须满足特定的先决条件，[81]只有大约50%的员工满足这些条件。[82] 余下的劳动力——大约6500万名员工并不具备休假的条件。此外，《家庭与医疗休假法》只是保障员工在休假后能重返工作，并不规定他们能获得原工资。[83] 结果是，大量被涵盖在内的员工——据统计，有78%的员工不能获得原工资。[84] 只有三个州通过在家庭医疗紧急情况下向员工提供带薪休假，进一步填

---

〔80〕 See, for example, Schultz v. Advocate Health, 2002 U. S. Dist. LEXIS 9517 (N. D. Ill. 2002)(一名医院的维修人员因照顾年迈的父母请病假而被解雇，被判赔偿金)；Knussman v. Maryland, 272 F. 3d 625 (4th Cir. 2001)(马里兰州一名骑警因请假照顾新生儿被拒绝而根据FMLA判胜诉). See also Diane E. Lewis, "When Dad Needs Time Off: Knussman Win Uncovers Double Standard that Often Lurks Within Leave Policies," Boston Globe, Feb. 7, 1999, G4.

〔81〕 Family and Medical Leave Act of 1993, 29 U. S. C. § 2611(2)(2010).

〔82〕 U. S. Department of Labor, "Family and Medical Leave Act Regulations: A Report on the Department of Labor's Request for Information," 128 (2007), available at http://www.dol.gov/whd/FMLA2007Report/2007FinalReport.pdf (accessed June 20, 2009).

〔83〕 See 29 U. S. C. 2614(a)(1)(2010).

〔84〕 U. S. Department of Labor, David Cantor et al., "Balancing the Needs of Families and Employers: Family and Medical Leave Surveys," viii, x (2001), available at http://www.dol.gov/whd/fmla/foreword.pdf (accessed June 20, 2009).

补了父母保护这一空白。[85] 此外，如我在下文中描述的，《家庭与医疗休假法》仍然保留着家庭—国家关系的推定，而这一推定是有问题的。

1. 只是考虑异常状况下的依赖关系

虽然《家庭与医疗休假法》承认了依赖是人类的生存状态，却都是以非常局限的方式承认。《家庭与医疗休假法》是以排除家庭需要的大部分的照料工作的方式对请假条件进行界定的。只有涉及子女出生或收养子女，或者涉及严重的医疗紧急情况，父母才可以获准请假。在其他情况下需要照料时间的父母则无能为力。[86] 如同在“凯利诉克罗斯菲尔德催化剂公司案”（Kelley v. Crosfield Catalysts）中，区法院有针对性地指出：

> 该法显然并非为每一个家庭提供合格的家庭急救措施。从警察局或从学校打来的电话，因为孩子的小毛病，孩子从学校回到家里，但不能立即获得可用的帮助，或者

〔85〕 加利福尼亚州是第一个这样规定的州，在其新的《失业保险法》中提供了长达6周的带薪假期。{California Unemployment Insurance Code 3301(A)(1)[West 2010].} Two other states have followed California's lead: Washington and New Jersey. (See N. J. Stat. Ann. 43:21-26 [West 2009]; Wash. Rev. Code 49.86.030 [West 2009])

〔86〕 29 C. F. R. 825.113(1997). “如果孩子（在出生后的第一年）不是新生儿，提供‘儿童照顾’的假期通常不符合FMLA假期的条件。” See also S. Rep. No. 103-3(1993,29)（国会试图将“只能持续几天的小病和通常不需要住院、只需要短暂恢复期的外科手术”排除在外）.

> 孩子或父母生活中的个人危机可能引发员工的工作和家庭责任之间造成严重的冲突。这些情形都没有被包含进去。该法的立法史明确说明，该法只在这四种情况适用：对孩子出生、领养或寄养子女的情况提供休假……照顾身患重病的孩子、配偶、父母，或照顾员工自己的严重的健康状况。该法只对这些情况提供了最低限度的保护。[87]

37 《家庭与医疗休假法》的范围还同时排除了老年人需要的大多数照顾性工作这一事实。老年人需要的大部分的帮助涉及的情况相对常见：确保他们在不能奋斗时得到必要的住所；确保他们有足够的食物，为他们烹饪做准备；帮他们从药店取得需要的抗酸药。然而，由于《家庭与医疗休假法》只将请假限于需要医疗处理的严重健康问题，以上这些活动都未被包括在内。

《家庭与医疗休假法》里面的老年人照顾问题在"庞诉比佛利医院案"(Pang v. Beverly Hospital)[88]中阐述得十分清楚。在该案中，

---

〔87〕 Kelley v. Crosfield Catalysts, 962 F. Supp. 1047, 1048 (N. D. Ill. 1997), *reversed on other grounds*, 135 F. 3d 1202 (7th Cir. 1998); See also Seidle v. Provident Mutual. Life Insurance Co, 871 F. Supp. 238, 246 (E. D. Pa. 1994)（认为孩子的耳朵感染不是一种引发了《家庭与医疗休假法》对母亲的假期的严重的疾病）; *Perry v. Jaguar of Troy*, 353 F. 3d 510 (6th Cir. 2003)（认为照顾一个患有注意力缺陷多动障碍的孩子不符合《家庭与医疗休假法》休假的条件）.

〔88〕 Pang v. Beverly Hospital, 94 Cal. Rptr. 2d 643, 647 (2000).

原告控告她的前雇主根据该法案终止她休假以帮助她母亲搬家。此次搬家是由庞(Pang)的母亲的年龄和医疗问题而引发,其中包括高血压、关节炎、循环系统问题和心脏状况。其母亲还在几年前患有中风,这使她留有平衡方面的后遗症,另外,她还有一只手背不能活动。这些状况导致她无法居住在二楼。因为原告母亲无法独自收拾好自己的物品,所以原告需要帮助母亲搬家。当原告通知她的雇主自己要请假时,却被告知因停止工作而被解雇了。

加利福尼亚上诉法院维持了法院基于原告对其母亲的帮助不属于法律包含的范围而驳回原告的请求的判决。根据法院的观点:“庞明确承认,她不是直接,或者甚至是间接地为其母亲提供照顾或参加其母亲的医疗照顾。相反,她只是在那里帮助母亲收拾随身携带的物品。”[89]法院进一步表明:

> 我们同情庞的说法,她的母亲是为了适应各种医疗情况才搬家。即使如此,她不是被安置在养老院,她的搬迁并不改变她的照顾……因住在二楼的家,其楼梯和庭院,使其母亲只是太难处理而促使她搬到一套公寓。这并不涉及医学护理的变化。相反,这一搬迁是为了使庞的母亲可以继

---

〔89〕 Ibid. ,648.

续生活在一个不需要照顾和治理的生活环境中。[90]

2. 家庭自主繁荣的预设

与《家庭与医疗休假法》勉强承认依赖性关系保持一致，该法在很大程度上仍然以家庭自治模型为前提。在限制因生育或收养子女或家属患有严重疾病而休假的条件方面，以及在将休假时间限制在12 周这些方面，《家庭与医疗休假法》假定社会大多数依赖需求，在家庭中能得到适当满足而无须国家的支持。《家庭与医疗休假法》没有考虑这样的事实，即养育子女或照顾年迈的父母远远不止需要 12 周的时间。

且在此期间，大多数父母及成年子女将会上班，大多数的照料工作将不会在《家庭与医疗休假法》所引发的医疗需求条件下完成。这
38 告诉我们，在正常情况，除了重大生活事件和紧急情况，国家没有必要发挥支持家庭的功能。依此观点，国家对家庭的支持是补充性的，这只会在家庭合理地穷尽其自己的资源后在少有的情况下发生。

《家庭与医疗休假法》的理论基础，即家庭应当合理自治这一假设，被一系列思想所强化，这些思想在公共话语中获得的吸引力比在学术理论中更强。这股思想将合理自治的家庭和依赖威胁对立起

〔90〕 Ibid. ,650; See also Peggie Smith, "Elder Care, Gender, and Work: The Work-Family Issue of the 21st Century," *Berkeley Journal of Employment & Labor Law*, 25, 351, particularly 387 – 389(2004).

来，这种依赖威胁是根据家庭接受各种公共支持而设想出来的。[91]此种依赖威胁论证明，只有当被认为是"正常"的家庭自治状态已经崩溃，且只有当家庭获得支持此种危机才可能被克服的情况下，公共支持这一必要的"恶行"才是正当的。此种自治和依赖（从公共支持来看）将国家对家庭的支持限定在家庭紧急和崩溃的情况。因此，此种划分阻止了为国家支持父母子女日常生活过程中的照顾性工作寻求理由。

家庭在没有国家支持的情况下能充分发挥其应当具备的功能这

---

〔91〕 有关福利改革的辩论就是一个恰当的例子。See, for example, "The 1998 Campaign," *New York Times*, Oct. 17, 1998, B4［在对时任纽约州州长乔治·帕塔基（George Pataki）的采访中，他声称福利改革"改变了人们的生活，用一个需要承担责任的制度取代了一个鼓励依赖的制度"］; David Brooks, "More Than Money," *New York Times*, March 2, 2004, A23［"约翰·爱德华兹（John Edwards）认为，如果我们能从富人和特殊利益集团那里拿钱，就会有更多的钱给弱势群体……另一方面，保守派认为自由主义者把钱拿回来了。如果人们生活在一个培养勤奋、清醒、忠诚、守时和可靠的环境中，他们就会茁壮成长。"］; David Brooks, "No U-Turns," *New York Times*, Mar. 29, 2007, A5（"在 20 世纪 70 年代……'自由与权力'的范例深深印在人们的脑海中，'大政府意味着更少的个人自由'的观念已经被'安全通向自由'的范例所取代。拥有安全基础的人更有自由去冒险，探索他们世界的可能性。"）; John Vliet Spitzer, *New York Post*, June 6, 2007, 30（"在这里和其他地方，几代人的福利依赖仍然存在，但它不再被视为一种权利。这对穷人和纳税人来说都是件好事"）; Mike Dorning, "Will Poverty Make a Political Comeback?", *Chicago Tribune*, June 3, 2007, C4［"约翰·爱德华兹（John Edwards）去年在全国新闻俱乐部（National Press Club）的一次演讲中说，美国对 3700 万贫困人口的回应充分体现了美国的性格。但是，共和党和保守派经常认为，影响深远的福利计划会滋生依赖性，从长远来看会损害穷人的利益，让人们摆脱贫困的最佳途径是提供就业和机会的经济"］。然而，应该指出的是，对中产阶级和富人的支持，包括房主抵押贷款利息减免、社会保障、富裕地主的农业补贴，以及对特定行业的支持，在大众心目中都是以不增加依赖风险的方式定义的。See Nancy Fraser and Linda Gordon, "*A Genealogy of 'Dependency': Tracing a Keyword of the U. S. Welfare State*," 121.

一理论假设，加上依赖关系威胁理论，限制了《家庭与医疗休假法》对在家庭危机状况下的照顾工作提供救助。对政府在支持照顾工作中的作用的认可如此勉强，以至于政府的支持只在家庭的边缘出现，在确凿的、实际的需求能得到健康医疗专业人员确认的情况下才出现。根据这些标准，与国家的行为应限于非凡事件一致，更多的照顾子女的平凡需求——喂养子女、监督他们、陪他们玩，与作为照顾老人的家庭成员的需要一样，都是被视而不见的。

总之，在家庭—国家关系更广泛的切身利益方面，《家庭与医疗休假法》是朝着认可这种切身利益的方向迈进的标志，特别是当该法与罗尔斯理论及《民权法案》第七章相比的时候。在对依赖事实的认可方面，照顾工作的重要性及照顾工作和家庭的关系上，《家庭与医疗休假法》的效果显著。但是，其对罗尔斯理论的摒弃仍然相当有限，其提供的保护也如此。

现有法律框架的结果

总之，《民权法案》第七章和《家庭与医疗休假法》共同体现了，
39 诸多自由政治理论原则阻碍了对工作—家庭关系的保护。个体正义框架的主导地位将相关善限定在自治及平等方面，并确保只是在极少数情况下考虑其他的善，更不要说对其他善的认可。个体正义理论框架限于自治和平等相关的美德，并确保阻止考虑在很少的情形下对其他美德的认可。对依赖关系的边缘化，阻碍了对照顾工作和人类发展的支持。此外，这些规定认为国家应该保持适度超然的态

度而不是进行权利保护，加上家庭应当自治这一信仰，对照顾家庭工作的任何支持都只能保证在特殊情况下发生。

这些原则的结果是有关工作与家庭的法律对需要保护的家庭只提供了微乎其微的保护。现行法未能协调家庭和工作之间的冲突的后果是，只能由家庭私下去处理这些问题。面对不适应照顾的工作结构，以及未能针对照顾工作提供援助的法律，美国家庭以各种方式处理这些问题。在许多家庭，父母双方都深陷需要长时间工作的劳动力市场，因而只能将子女送到有偿育儿场所。在其他情况下，父母一方，通常是女方，不能完全参与劳动力市场。在另一些情况下，父母都从事非标准时间工作，以确保孩子在家中得到照顾。然而，每一种替代照顾子女的方法，对家庭和重要的公共美德的成本而言都是巨大的。

1. 在职父母的处境

在大多数抚育子女的美国家庭中，所有的父母——双亲家庭中的父母双方或单亲家庭中的唯一父母均从事全职工作。〔92〕许多家庭毫无疑问被激励选择全职工作是因为兼职工作的工资和利益大大

---

〔92〕 Press Release, Bureau of Labor Statistics, U. S. Department of Labor, "Employment Characteristics of Families in 2008," 2 (May 27, 2009), available at http://www.bls.gov/news.release/famee.nr0.htm (accessed Feb. 28, 2010).

减少。[93] 如此一来，比起其他富裕的工业化国家，美国家庭在劳动力市场需要花更长的工作时间。在20世纪的大部分时间里，在平均总工作时间方面，美国大致处于其他富有的工业化国家的中间位置。[94] 在过去30年里，虽然其他各国通过工作周监管或强有力的劳动工会，通过大幅缩短工作时间来提高生产率，但相比之下，美国的工作时间仍然很长。[95] 美国工人每年工作达1966小时，比瑞典工人大约多工作10周(1552小时)，比法国(1656小时)、德国(1560小时)、加拿大(1732小时)和英国(1731小时)要多得多。这意味着，即使在工作时间较长的国家，如加拿大和英国，全职员工每年的工作时间大约比美国同行少6个星期。[96]

在美国，缺乏对工作场所的工作时间的规范，意味着父母的工作
40 时间比其他国家的父母长得多。在父母双收入的美国家庭，父母每周平均共同工作时间为80小时，而父母双收入的英国家庭为71小时，瑞典每周为69小时。[97] 特别值得注意的是，长时间工作的夫妇

---

〔93〕 兼职工人通常被排除在医疗保险和退休金福利之外，即使人力资本的基本差异受到控制，他们的收入大约是全职工作人员每小时工资的79%(Gornick and Meyers, *Families That Work*, 62 – 63, 149 – 50)。

〔94〕 See Lawrence Mishel, Jared Bernstein, Heidi Shierholz, *The State of Working America* 2008/2009 (Ithaca, NY: Cornell University Press, 2009), 365. *Families That Work*, 59.

〔95〕 Ibid.

〔96〕 Gornick and Meyers, *Families That Work*, 59.

〔97〕 Ibid., 60 – 61.

的高占比，在美国，几乎2/3养育子女的双收入夫妇报告称其共同工作时间为每周80小时或以上。[98] 一项由珍妮特·戈尼克（Janet Gornick）和玛西娅·迈尔斯（Marcia Meyers）主持的对美国与11个其他相类似的国家的比较研究表明，除了加拿大，不超过1/3的其他国家的夫妇在工作场所花了如此多的时间。[99] 此外，在美国，13%养育子女的双收入夫妇每周工作时间超过100小时。[100] 工作时间较长的情况更常见于职业的上层阶层，但绝不仅限于这些人员。根据杰瑞·雅各布（Jerry Jacobs）和珍妮特·格森（Janet Gerson）展开的一项研究，拥有大学文凭的男性工人平均每周工作46小时；但那些拥有高中学历的人员每周工作时间只是略有减少，为43小时。[101]

要求员工长时间工作，意味着很多工人常常将他们的孩子长时间放在某种形式的有酬照顾场所，以处理工作和家庭之间的冲突。在目前上班的家庭中，超过3/4的学龄前儿童由其他人而不是他们的父母照顾；在这些儿童中，约有一半在非父母照顾的照护场所受照

---

〔98〕 Ibid.

〔99〕 Ibid.，61. 比较的国家包括比利时、加拿大、丹麦、芬兰、法国、德国、卢森堡、荷兰、挪威、瑞典和英国。

〔100〕 Ibid.，3｛citing Jerry Jacobs and Janet Gerson，"Hours of Paid Work in Dual-Earner Couples：The United States in Cross-National Perspective，" *Sociological Focus*，35（2），169［2001］｝.

〔101〕 Ibid.

顾的时间每周超过35小时。[102] 即使是幼儿，情况也是如此：在母亲工作的情况下，有2/3的1周岁以下的儿童在家庭外被照顾；有3/4的2周岁和3周岁的儿童的情况也是如此。[103] 在母亲工作的情况下，6周岁至12周岁的学龄儿童，在上学时间外几乎有一半时间待在非父母照顾的照护场所，平均每周时间为12.5小时。[104] 此外，在他们的父母都工作时，有5%的6周岁至9周岁的儿童每周是没有父母在家而被反锁在家的。这种情况在10周岁到11周岁的儿童中占23%，12周岁以上的儿童中几乎占50%。[105]

大多数儿童照护安排不能为这些儿童提供优质的照顾服务。虽然参加优质日托机构的儿童一般都会受到父母般的照顾，但美国大

---

〔102〕 Jeffrey Capizzano and Gina Adams, "The Hours That Children Under Five Spend in Child Care: Variation Across States," (Washington, D. C.: Urban Institute [2000]), available at http://www.urban.org/UploadedPDF/anf_b8.pdf (accessed Feb. 28, 2010).

〔103〕 Ibid. (citing Jennifer Ehrle, Gina Adams, and Kathryn Tout, "Who's Caring for Our Youngest Children? Child Care Patterns of Infants and Toddlers," [Washington, D. C.: Urban Institute (2001)], available at http://www.urban.org/url.cfm? ID = 310029 [accessed Sept. 15, 2009]).

〔104〕 Ibid. (citing Capizzano, Tout, and Adams, Child Care Patterns of School-Age Children with Employed Mothers, 6 tbl. 1.)

〔105〕 Ibid.

多数日间照护场所管理松懈，质量不高。[106] 超过一半的日托机构提供的照护是介于差到一般之间。只为大约1/7的儿童提供了被认为对发育有益的照护。[107] 这种糟糕的照护，与无力或不愿支付聘用合格专业人员的费用来填补各个岗位有关。正如珍妮特·戈尼克(Janet Gornick)和玛西娅·迈尔斯(Marcia Meyers)所说："儿童照顾中心工人的平均收入大致与家庭子女照顾服务提供者的平均收入相当，几乎只是停车场服务员所赚取工资的一半。"他们还指出，此种制度除对儿童造成的伤害之外，还造成了一大批美国工人的贫困。[108] 此制度也未能为年龄较大的儿童提供良好的服务，因为他们经常在

---

〔106〕 Eunice Kennedy Shriver National Institute of Child Health and Human Development, National Institute of Health, Department of Health and Human Services, "The NICHD Study of Early Child Care and Youth Development(SECCYD): Findings for Children up to Age 4 1/2 Years(2006)," available at http://www.nichd.nih.gov/publications/pubs/upload/seccyd_051206.pdf(accessed June 20, 2009). 国家儿童健康和人类发展研究所(National Institute of Child Health and Development, NICHD)的研究是对这一问题最全面的纵向研究。研究发现，那些完全由母亲照顾的孩子和那些同样由他人照顾的孩子并没有什么不同。相比之下，那些经历过高质量照护的儿童在他们生命的前三年表现出略好的认知和发展技能。研究表明，接受高质量日托的孩子(与接受低质量日托的孩子相比)在4岁时更容易上学，在标准化读写和数字技能测试中表现更好。

〔107〕 Suzanne Helburn et al., "Cost, Quality, and Child Outcomes in Child Care Centers: Public Report," (Denver: University of Colorado, 1995), 319, available at http://www.eric.ed.gov/ERICDocs/data/ericdocs2sql/content_storage_01/0000019b/80/14/22/e6.pdf [accessed Sept. 30, 2009]. 稍晚的研究得出一个更乐观的结论。(Edward F. Zigler, Katherine Marsland, and Heather Lord, National Institute of Child Health and Development [NICHD], Characteristics and Quality of Child Care for Toddlers and Preschoolers, Applied Developmental Science, 4[3] 116 [2000] [研究发现，28%的婴儿和22%的初学走路的孩子在照顾中心的照顾中经历过积极的照料经历。])

〔108〕 Gornick and Meyers, *Families That Work*, 53 - 54.

41 下午没有监督的情况下离开家。研究表明,青少年犯罪、毒品、性行为和其他危险行为在无人监督的下午时间急剧增加。[109]

此制度也使许多幼儿的家庭财产状况变得不稳定。父母之外的人对子女的照顾安排大多是基于市场的。在2000年,所有抚养子女的家庭,儿童照顾的平均费用是每月286美元,占整个家庭收入的9%;就低收入家庭而言,这一比例明显高得多。[110] 鉴于大多数有幼童的家庭,其户主在成年开始工作之前很少有积蓄,这些都是难以承担的。在儿童照顾方面缺乏补助导致了美国儿童的高贫困率。

2. 部分或完全从劳动力市场分离

面对不适合照顾子女的工作,许多育有子女的父母离开职业道路,离开有薪工作场所,或因照顾子女而选择不作强制性要求的工作,放弃有提升机会的工作以便她们有更多的时间照顾孩子。虽然这可能是为他们的家庭提供的选择中最好的决定,但是对于重要的公共美德,这种策略有几个严重的缺点。这些美德之一是性别平等。一般来说,在我们的性别结构中,由于一系列复杂原因,从完全参与劳动力市场中退下来的往往是女性。此外,哪怕从全面参与劳动力市场中退下来的程度很小,但这对妇女的经济平等产生的影响却是

---

〔109〕 Ibid.,56(citing Mary B. Larner, Lorraine Zippiroli, Richard E. Behrman, "When School Is Out," *Future of Children*,9,4 [1999]).

〔110〕 Ibid.,53(citing Linda Giannarelli and James Barsimantov, "Child Care Expenses of America's Families," [Washington, D. C.:Urban Institute(2000)], available at http://www.urban.org/url.cfm? ID=310028 [accessed Sept. 15,2009]).

巨大的。[111] 许多妇女不是简单地转向低要求的全职工作，而是从全职转到兼职工作，这样通常只会获得远远低于全职工作的薪酬或福利。[112]

照顾工作与大多数全职工作所需的长时间，二者结合产生的困难对单亲家庭造成了特别沉重的负担。因为他们没有另一方父母在家分担挣钱养家和照顾责任，这些家庭的户主，通常是单亲母亲，必须选择能充分支撑其家庭和保证其孩子得到充分照顾的工作。单亲父母作为主要照顾者在从事全职工作时的困难，导致相当多的单身母亲只能从事缺少提升机会而有更多时间照顾孩子的工作。这些工作的工资较低，加上美国缺乏儿童保育津贴，员工子女出生时没有带薪假，加上托儿费用高，不仅长期存在性别不平等，而且也损害了儿童的利益，造成了美国21.9%的儿童贫困率。[113] 这一比率远高于其他许多欧洲国家。例如，北欧国家中有2%～4%的贫困儿童

〔111〕 参见“引言”注释21～24及正文。安·克里滕登（Ann Crittenden）的一项研究指出，密歇根大学法学院的女性毕业生，工作之外的时间平均只有3.3个月，相比之下，男性几乎没有时间休假，他们平均用10.1个月的时间做兼职工作。在都是全日制工作中，女性工作时间比男同事平均少10%。用克里滕登（Crittenden）的话来说就是：“对于男女工作模式之间的细微差别，惩罚之严厉令人吃惊。毕业15年后，女性的平均收入并没有比男性低10%，甚至20%，而是比男性低了近40%。”（Ann Crittenden，The Price of Motherhood [New York：Metropolitan Books，2001] 96.）

〔112〕 See note 93.

〔113〕 参见“引言”注释9及其正文。

42 比例。[114] 儿童的慢性贫困不仅仅危害他们目前的福利，而且也影响了他们的未来前景。这导致儿童处于较低的认知发展、学校成绩不佳和早期生育的风险中。[115]

3. 参与非标准工作时间的工作

一些双亲家庭通过让一方父母转向到非标准时间的工作来处理工作与家庭的冲突，以便在常规工作时间可以照顾孩子。根据哈里特·普雷瑟（Harriet Presser）的调查，在35%养育有年龄在5周岁以下子女的双收入父母，以及31%养育有14周岁以下子女的夫妇中，至少有一方父母是在非标准时间或周末工作的。虽然许多父母说他们这样做是因为服务行业经济的工作需要，但仍有35%的非标准时间工作的父母表示他们这样做主要是因为照顾子女；另有9%的人说他们这样做是为了照顾其他家庭成员。[116]

然而，这种“父母分工轮班”或“双人组合团队”养育子女（“split-shift” or“tag-team”parenting）的模式对这些家庭造成了相当大的影响。非标准时间工作与一些医疗风险相关，并且显著增加了婚姻解

---

〔114〕 Sylvia Allegretto, Economic Policy Institute, “U. S. Government Does Relatively Little to Lessen Child Poverty Rates,” available at http://www.epi.org/content.cfm/webfeatures_snapshots_20060719 (accessed Aug. 10, 2009).

〔115〕 Gornick and Meyers, *Families That Work*, 73 – 78.

〔116〕 Harriet Presser, *Working in a 24/7 Economy: Challenges for American Families* (New York: Russell Sage Foundation Publications, 2005).

体的风险。[117] 在晚上工作的已婚男性比在工作日工作者离婚的可能性高6倍;晚间工作的已婚妇女比白天工作的同行离婚的可能性高3倍。此外,越来越多的证据表明,父母在非标准时间工作的儿童在学校的成绩较差,在学校更有可能受到惩罚。[118]

家庭选择的代价

我们拥有的制度是,美国家庭必须私下处理劳动力市场的问题,这种市场结构不适合照顾工作。根据该制度,负有照顾责任的员工必须在一系列替代方案中作出选择,而这些方案无一例外地对重要的美德存在缺陷:他们可能接受时间要求高的工作,但往往以牺牲子女利益这一高成本为代价,将照料子女的任务"外包"给管理松懈的有偿的照顾者;他们可能接受兼职或较低薪酬的工作,这些工作适合照顾子女,但以对家庭的经济福利和性别平等造成巨大损害为代价;或者他们可以接受非标准时间的工作,这可以避免需要有偿的托儿服务,但是儿童和婚姻需承担高昂的代价。结果是,此种制度,使养育子女的家庭在经济上处于不稳定的状态,对子女及其父母都产生不利影响,并且在性别平等方面付出了沉重的代价。

---

〔117〕 这些疾病包括冠状动脉疾病、睡眠障碍、胃肠疾病和慢性疾病;轮班工作也增加了发生工作场所事故的可能性{Gornick and Meyers, *Families That Work*, 51 – 52 [citing International Labour Association, "Conditions of Work Digest: Working Time Around the World, International Labor Office" (1995)]; Harriet Presser, "Shift Work Among American Women and Child Care," *Journal of Marriage and the Family*, 48 [3], 551 [1986]}.

〔118〕 Jody Heymann, *The Widening Gap: Why America's Working Families Are in Jeopardy—and What Can Be Done About It* (New York: Basic Books, 2000).

然而，牺牲重要的公共美德的成本，并不会随着列举的这些代价而结束。目前的制度牺牲的另一个重要的公共美德是公民的社会参
43 与。正如罗伯特·帕特南（Robert Putnam）所指出的那样，生机勃勃的国家依赖一个由参与社区活动的公民组成的蓬勃发展的社会。[119]这种参与创设了公民之间的联系纽带，增加了公民间的社会信任和互惠规范，这对运作良好的民主至关重要。然而，目前的制度危害公民的社会参与及公民关系的健康程度。

随着母亲进入工作场所和美国家庭工作的总时数增加，父母努力确保在他们不上班的养育时间与他们的孩子在一起。[120] 时间安排表中牺牲的时间，是公民过去花在公民交往及与朋友社交上的时间。[121] 因公民之间的联系纽带对于创造民主所需的公民之间信任的重要性，这些调查结果令人对国家的未来不安。这些替代性选择

---

〔119〕 Robert Putnam, *Bowling Alone: The Collapse and Revival of American Community* (New York: Simon & Schuster, 2001).

〔120〕 苏珊·比安奇（Suzanne Bianchi）和她的同事们最近的作品对父母的每周工作时间（parents' weekly hours）的研究得出了一个出人意料的发现：自1965年以来，当时60%的孩子生活在有养家糊口的父亲和全职妈妈的家庭中，而现在只有30%的孩子生活在这样的家庭中。对于已婚母亲来说，她们每周花在照看孩子上的时间从1965年的10.6小时增加到2000年的平均12.9小时。对于已婚父亲来说，这一时间增加了一倍多，从每周2.6小时增加到6.5小时。单身母亲的育儿时间也有所增加，从1965年的每周7.5小时增加到11.8小时（Suzanne Bianchi, John P. Robinson, and Melissa A. Milkie, *Changing Rhythms of American Family Life* [New York: Russell Sage Foundation Publication, 2007], 1－2, 13, 16, 115－117, 137, 169－170, 175－178）。See also Robert Pear, "Married and Single Parents Spending More Time with Children, Study Finds," *New York Times* (Oct. 17, 2006), A12.

〔121〕 参见"引言"注释26～27及正文。

产生的沉重的代价不是不可避免的。大多数欧洲国家已经发展了公共和私人责任共担的制度，以改善这些善之间的冲突，并帮助保护家庭不必作出这种悲惨的选择。相比之下，美国几乎没有建立起这种体制结构。

结　语

体现在当代自由主义理论和美国法律中的具体政治原则，向家庭投入了扭曲之光，并使家庭—国家关系出现狭窄、局促的图景。国家应当适当地关注个人的公正、自由和平等而排除其他的善；公民应当被构想为不存在依赖需求；国家应当对公民的选择保持中立，这些原则都模糊了对家庭的重视。其他原则，即国家应允许家庭在私人领域中原始地运作，以及家庭的适当自治，使即使考虑家庭，也阻止了对家庭—国家关系形成正确的概念。对家庭—国家关系的不当理解导致我们牺牲了社会应该关心的一些美德，包括儿童的福利、性别平等及公民参与。鉴于家庭在公民生活中以及在蓬勃发展的国家组织中发挥的重要作用，迫切需要自由主义理论和美国公共政策解决存在的这些问题。接下来我就转向对这些问题的讨论。

第二章　支持性国家的理论证成

45 约翰·罗尔斯的著作是自由主义政治理论的一部分,自由主义政治理论始于3个多世纪前。罗尔斯的著作很少关注家庭问题,但罗尔斯的作品并非个例。除非家庭作为陪衬以对照发展政治领域的原则(这些原则被认为不包括家庭),传统上很少注意家庭。[1] 一些解释认为,自由主义理论中的家庭缺失是自由主义理论本身的固有性所致。自由主义之前的中世纪政治思想与自由传统之间的界线体现在两个方面:一方面,是个人主义的方法论在自由主义中的采纳。

---

〔1〕 洛克反对此种观点,即认为国王对他的臣民拥有自然权利,而这些权利是从亚当的父权对其子女传下来的。在反对此观点时,洛克认为:"行政长官对臣民的权力可能与父亲对其子女的权力,主人对仆人的权利,[和]丈夫对妻子的权力有所区别。"(John Locke, *Second Treatise of Government*, C. B. Macpherson, [Ed.] [Indianapolis: Hackett Publishing Company, 1980], 7 [emphasis omitted].)

此种个人主义的方法论体现了个人,而非社会或家庭构成政治理论的相关单元;另一方面,就自由主义理论而言,与个人相关的不再是他们在社会网络中的地位,包括他们的家庭地位。相反,自由理论之个人都拥有自己不可侵犯的人格尊严,享有诸如自由与平等的权利。〔2〕

自由主义强调个人是独立的个体并非想要忽略个人与社会和家庭的联系,但其至少将注意力分散到了别的地方。而且,既然家庭被视为国家不应涉足的一块私人领域,自由主义者试图为公民的个人自由开辟的这块领域,也将人们的注意力从家庭中分散开来。因此,在此传统意义上的理论家将政治理论的主体描绘成自治的成年人,脱离其家庭,尽管该观念并非必然,但也并非完全是偶然。

正如保守主义评论家托马斯·霍布斯(Thomas Hobbes)在100年前所言:"在我看来,他将人谈论成如同人们生于土地之上,像种子一样向上生长,与他人没有任何联系……(人在本质上是)作为非常

〔2〕 在1647年10月29日举行的普特尼辩论时,英国统治者约翰·威尔曼(John Wildman)是这种个人主义的先驱者,他宣称:"英格兰的每个人都有明确的权利选举他的代表作为英国最伟大的人物。"(A. S. P. Woodhouse [Ed.], *Puritanism and Liberty*: *Being the Army Debates*(1647 - 9) *from The Clarke Manuscripts* [London: J. M. Denton and Sons Limited, 1992], 66.)

无助的孩子被委托给他的父母,并顺从其父母。"[3]

但自由主义本身并不是固有地排除对家庭进行适当的理论构建。事实上,早期自由主义者发展起来的古典自由主义理论就包含了一些特征,比起当代自由主义者这些特征允许更周全地考虑家庭。46 首先,这些古典自由主义理论比起罗尔斯的自由主义,更体现出道德的复杂性。虽然古典自由主义主要关注的是保护权利和自由,但其中公民道德和人类发展仍然起着至关重要的作用。[4] 早期的自由主义者将人类的制度理解为能够培育公民的道德的工具,但也允许关注家庭在此过程中可能发挥的作用。虽然比起从卢梭到马克思这

---

〔3〕 Joyce Appleby, *Capitalism and a New Social Order: The Republican Vision of the 1790s* (New York: New York University Press, 1984), 20 (quoting William Lucy, *Observations, Censures, and Confutation of Notorious Errours in Mr. Hobbes His Leviathan* [London: 1663]). See also Robert Filmer, "*Observations Concerning the Originall of Government*," in Peter Laslett (Ed.), *Patriarcha and Other Political Works* (Oxford: B. Blackwell, 1949), 241 (批评霍布斯"想象在一开始一群人一起创造了所有人,而无须任何依赖,或者像蘑菇……他们突然间从地球冒出来而彼此间没有任何义务"); Susan Moller Okin, "Humanist Liberalism," in Nancy L. Rosenblum (Ed.), *Liberalism and the Moral Life* (Cambridge, MA: Harvard University Press, 1989), 39, 41 (说自由主义"很少关注我们如何成为构成政治理论主体的成年人").

〔4〕 因此,虽然《联邦党人文集》(*Federalist Papers*)的作者最常被认为是依靠制度上的制约来防止暴政和不公正,但其作者强调这些制约不能代替美德,他们认为,美德是新共和成功的一个组成部分。用麦迪逊(Madison)的话来说:因为制作中存在一定程度的堕落,这需要一定程度的谨慎和不信任:所以人性中还有其他品质,这证明了某种程度的尊重和信心。共和党政府预先假定这些品质的存在程度高于任何其他形式。如果这些是出于政治嫉妒而抽象出来的,由此的推断是,人类性格的忠实相似之处就在于,人类没有足够的美德可以自我控制,而专制的枷锁可以阻止他们相互摧毁和吞噬。(James Madison, "The Federalist No. 55," in Alexander Hamilton, James Madison, and John Jay, *The Federalist Papers* [New York: Bantam Classic, 1982], 342.)

样的欧洲大陆理论主义者，古典自由主义者认为人类更难具有可塑造性，但比起当代自由主义者，他们更可能将人类制度视为有助于塑造公民。而当代自由主义者倾向将人类制度仅仅看作分配商品和权益的工具。例如，洛克仅仅将法律看作进行个人间权利公断的工具："对于法律，其真正的概念，与其说是限制，不如说是自由和聪明的代理人对其正当利益的指导，是根据法律的普遍之善而作出的规定。"[5]这里的法律，不仅仅是划分个人自由的区域，它还试图积极地将公民推向繁荣的社会共同体。

约翰·斯图亚特·密尔（John Stuart Mill）的作品陈述了自由理论中可能存在家庭以及国家—家庭关系的丰富理论。尽管密尔在自由主义传统中保留了对自由最持久的捍卫，但他仍然认识到健全的公民和良好的政治之间重要的关联性。"如果我们扪心自问，是什么原因和条件造就了一个良好的政府，从庸政到政绩显赫的盛世，我们都发现，其中最重要的是政府所统治的社会的人的品质。"[6]他同时认识到，善良的公民不会像蘑菇一样迅速长成。事实上，密尔对代议制政府的考虑本质上是一场关于政治制度如何被用来促进作为公民的人类发展的长篇论述。[7] 认识到繁荣的公民与繁荣的社会之间

---

〔5〕 John Locke, *Second Treatise of Government*, 32 (emphasis omitted).

〔6〕 John Stuart Mill, "Considerations on Representative Government," in John Gray (Ed.), *On Liberty and Other Essays* (New York: Oxford University Press, 1991), 225.

〔7〕 Ibid.

的联系引起密尔对社会利益与公民的发展之间的联系的重视。

> 这代人掌控着对后代的训练及后代生活的全部环境。由于这代人本身如此可怜地缺乏善良和智慧，其不能使他们的后代完全明智和善良。在个别情况下，其作出的最大努力并不总是最成功的；但他们完全有能力使后代成为上升的一代，整体而言，可以使后代人与这代人生活得一样好，并能比这代人生活得更好。如果社会让相当数量的成员长大后成为巨婴，对远期的动机不能以理性考虑，社会本身就应对此后果负责。[8]

密尔在此认识到，处于依赖关系中的儿童只有受到正确的抚养
47 才能成为好公民。此观点，结合他对公民之间必然存在相互依赖这一事实的关注，体现了他在子女抚养社会责任方面的担当。这不是简单地保证人类的基本生存：他说，相互依赖作用如此巨大，社会的目标必须转向培育“善良和智慧”。

密尔在这里的讨论与共和理论家或现代社群主义者有很多共同的认同：强调德性，关注机构培养德性的方式。然而，密尔也认识到

---

[8] John Stuart Mill, "On Liberty," in John Gray (Ed.), *On Liberty and Other Essays*, 91.

了德性的局限性：他并不是依靠德性来确立公民对下一代的责任；相反，社会的集体利益依赖于对下一代良好的养育。与此同时，密尔承认社会相互依赖并没有削弱他对个人自由和责任的重视，他期望父母会承担起养育子女的主要责任，但是，他也承认社会和国家也要承担一定的责任。

更重要的是，密尔认识到自由、平等在家庭、国家及社会责任中的重要性。[9] 密尔将自由主义理论运用到性别时，用批判的视角分析了家庭制度，而当时和如今的其他自由派理论家，都对此避而不谈。具体而言，因为家庭是民主公民的培训基地，密尔认为，家庭必须反映建立在平等和正义之上的民主原则。因此，他谴责现有家庭结构中妇女的不平等现象抑制了儿童民主性的发展。[10]

综上所述，尽管自由主义理论的某些特征在理论上为家庭在政治秩序中的地位的理论化之路上设置了"绊脚石"，但自由主义本身

---

〔9〕 关于密尔对女性和女权主义观点的明确讨论，请参见 Susan Moller Okin，"John Stuart Mill：Liberal Feminist，" in *Women In Western Liberal Thought*（Princeton，NJ：Princeton University Press，1977），197－232。

〔10〕 用密尔的话来说：家庭是专制主义的学校，在这个学校里，专制主义的优点以及它的缺点都得到了很大的滋养。在自由国家，公民身份在一定程度上是一种平等的社会学校；但是，公民身份在现代生活中只占很小的一部分，与日常生活习惯和内心情感相去甚远。公正地建立起来的家庭将成为自由美德的真正学校。这肯定是其他所有项中的一个充分项。……所需要的是，它应该是一个平等的意气相投的学校，在爱中共同生活，一方面，不存在权力；另一方面，不存在服从。……人类的道德训练永远不可能适应其他一切人类进步都为之做准备的生活条件，除非他们在家庭中实行与人类社会正常结构相适应的同样的道德规则……（John Stuart Mill，"The Subjection of Women，" in *John Gray* [Ed.]，*On Liberty and Other Essays*，518－519.）

并不阻碍家庭在政治秩序中的地位的确立。事实上,从后来的理论中淡出的古典自由主义的某些特征已经为家庭—国家关系的理论构建提供了肥沃的土壤。其中,除包括自由和平等以外,古典自由主义还关注大量的美德,至少在某些方面更加清楚地认识到了人的依赖性,更加重视个人与社会之间的相互依赖关系。此外,早期的自由主义承认好的政府需要特殊的美德,为考虑家庭在培养这些特质方面的作用敞开了大门。一种能够把握家庭在政治秩序中的地位的新的自由主义必须恢复这些特点。

一、反思当代自由理论的基本原则

能干而自治的成年人成为自由主义的主体,往好处说,这是对自
48 由主义的主体不完整的描述。如果我们认识到,人类在其不同的生
命周期中必然存在不同程度的依赖,那么自由主义理论的主体就会发生实质性的变化。政治理论所提出的核心问题也必须加以修正:仅仅质问什么是公民之间社会财富的公平分配,或者我们如何最好地组织社会以保护公民的权利已经不够。我们还必须问询,我们如何能够产生、关心和发展健全的公民的能力和美德?

换句话说,自由主义传统是建立在以有能力、自治的成年人为前

提的人类尊严观之上的。[11] 要保护这样的公民的尊严，保护他们的自由和与他人平等的权利是正当的。为了确保这些权利，自由主义制度的核心就是创设人民主权、有限国家以及保障公民的安全。这些核心制度是基于托马斯·潘恩(Thomas Paine)主张的个人权利和不受父权约束的自由状况下的“人的自然尊严”的概念。[12] 然而，一旦我们调整公民形象以解释人类生命周期中的依赖性，尊重人的尊严就不仅需要保护公民的个人权利：家庭中的照顾和人的发展，同保障公民的自由和安全一样，对人的尊严同样重要。这反过来说明，作为自由的核心制度的家庭成为关注的焦点。然而，这种焦点的转变需要修正自由主义理论的基本原则。

重新认识政治理论的主体，认识依赖关系的事实性

关于家庭—国家关系，合理的政治理论必须首先认识到公民生

---

〔11〕 要证明自由主义的道德吸引力至少在很大程度上来自它对人类尊严价值的基础，这超出了本书的范围。然而，我注意到，对包括美国宪法在内的自由权利和自由制度的许多最有力的辩护，最终都是以人的尊严为基础的。例如，在公共广播电视公司(Public Broadcasting Service，PBS)的《寻找宪法》(*in Search of the Constitution*)系列节目中，比尔·莫耶斯(Bill Moyers)接受采访时，大法官威廉·布伦南(William Brennan)和罗纳德·德沃金(Ronald Dworkin)教授都坚称，构成《宪法》，尤其是《人权法案》(Bill of Rights)的基础价值是人的尊严。See “Introduction,” in Michael J. Meyer and W. A. Parent, *The Constitution of Rights* (Ithaca: Cornell University Press, 1992), 3 (citing In Search of the Constitution “Mr. Justice Brennan” and “Ronald Dworkin: The Changing Store,” Public Affairs Television, Inc., New York, 1987).

〔12〕 Thomas Paine, *The Rights of Man* (New York: Anchor, 1973), 320, 329 – 330.

活中依赖境况的必然性。[13] 正确看待人与人之间的依赖性需要转变认识，即转变对作为自由主义理论主体的个体的认识。必须将自由主义理论传统中的能干且自治的成年人置于这样的背景中：这种对能干且自治的成年人的描述仅限于公民的部分生活，即使如此，这也是一种理想化的描述。

一种更好的理论将公民的概念定义为，存在于完全自治和完全依赖之间，他们的确切位置随着人类生命周期的转变而发生变化，取决于个体情况。这一认识源于依赖是人类生活中不可避免的境况。该理论并不否认人类可能拥有自主的生活方式，但明确表明这种自治永远不会是完全的自治，并不像自由主义政治理论有时坚持的观点。该理论还关注这样一个事实，即人类不会生而具有才能、个性和欲望。相反，他们的身份在群体世界中发展，在他们成长的制度群中
49 发展。这反过来又要求我们对政治理论提出的问题进行扩张，以便将社会如何能够最好地形成、关心和发展健全的公民的才能包括进政治理论中去。

重新认识重要的社会美德：在自由与平等基础上增加照顾性工作和促进人的发展

重新定义自由主义理论以认识到依赖性这一事实清楚地表明，

---

〔13〕 See Martha Albertson Fineman, *The Autonomy Myth: A Theory of Dependency* (New York: New Press, 2004), 36; Eva Feder Kittay, *Love's Labor: Essays on Women, Equality and Dependency* (New York: Routledge, 1999), 27.

当代自由主义理论所承认的自由和平等的标准美德不足以支撑人的尊严。人类状况中固有的依赖性需求,应当将人类的照顾和促进人的发展添加到该美德中。[14] 这种对自由主义理论的重新认识,不仅要求自由和平等与这些新的自由主义者共享重要的自由主义价值观,还必须重新界定如何构思这两种迄今为止占主导地位的自由主义价值观。这种认识要求摒弃完全自由的观念,完全自由是不可能并不可接受的目标,同时,在任何致力于保护公民尊严的人类社会中,依赖永远是生命的一部分。[15]

当然,自由观念不需要完全抛弃,而是仍然应该坚持自由的信念,更准确地说是坚持“自治”,这是自由主义思想的核心,是相信人类应该能够安排并追求自己的人生道路。[16] 然而,承认人类生活中的依赖性,以及对人类生命周期的依赖性的关注清楚地表明,自治不是国家简单地以捍卫个人自由不受干涉的方式行事及个人自由受到尊重的一种状态。相反,这是只有通过复杂的培养系统才能实现的。缺乏对人的照顾和个人能力的充分发展,个人就不能(或在很大程度

〔14〕 琼·特隆托(Joan Tronto)是第一个在她的优秀著作《道德边界:照顾伦理的政治论证》中提出政治理论需要包括照顾伦理的持续论点的人。(New York: Routledge, 1993.)

〔15〕 See Fineman, *The Autonomy Myth*, 36.

〔16〕 如托马斯·斯普拉根斯(Thomas Spragens)所观察到的:“我们正确的目标是,在一种政治秩序下,所有公民都能够沿着自己既定的航线航行,在自己的生活中,不能成为屈从的船员,也不能在没有舵和帆(with no rudders and luffings)的船上随波逐流。”(Thomas Spragens, *Civic Liberalism* [Lanham, MD: Rowman & Littlefield, 1999], 122.)

上不能)成为其个人抉择受到尊重的自治的公民。

认识到人的境况存在依赖性对平等思想同样产生重大影响,在我们的自由主义思想传统中,平等思想通常排名第二序列。人的依赖性所需的照护工作对社会性别平等、经济平等和种族平等具有深远的影响。政治理论中未能将依赖性视为其不可分割的整体,导致了对依赖性关系中从事照顾工作的人的剥削及其不平等。[17] 因此,正确看待理论中的依赖性关系需要思考社会如何分配照顾工作,以及如何分配照顾工作的福利及义务。

在自由民主理想中加入照顾性工作及人的发展,不仅实现了自由主义理论的转型,当然,遗憾的是,它也必然会使自由主义理论复杂化。由于自由主义者与激进主义者之间的冲突,当代自由主义已
50 经体现了自由与平等之间不稳定的内部张力。在自由主义中添加家庭中的照顾和促进人类的发展的相关内容,就是增加了在任何特定情况下国家需要对相关善发生的冲突进行平衡的可能性。情况变得更加复杂,因为正如公民自由主义者所正确论证的那样,公民美德和社区的善也必须被一并考虑。然而,一种适宜的自由民主理论别无选择,只能包容更多的善,因为这些善都是健康政治组织的根本。一种不能包含这些善以产生决定性结果的理论,其预测力的获得是以

[17] See Kittay, *Love's Labor*, x – xi, 40 – 42; See also Introduction, note 8.

牺牲规范的准确性和说服力为代价的。[18] 不是人为地对利益攸关的善进行限制，需要的是更细微的理论和更细致的公共政策来仔细估量这些善，并尽可能改善它们之间的紧张关系。[19] 若通过精心制定的政策无法解决这种紧张局势，则必须在扩张的一系列善中进行艰难的抉择。至少修正后的家庭—国家关系图景可以明确且周全地解决这种紧张关系，而不是不考虑重要之善的存在。

扩大自由民主的期望与近年来的自由批判主义者、公民自由主义者和女权主义理论家对自由主义理论的批判一致。这些批判者指出了罗尔斯自由主义理论中有价值的善的缺位。女权主义者认为，当代自由主义理论对自由的强调主要建立在以下的性别观之上：社会的生存和繁荣，仅仅是因为女性在更重要的层面上致力于照护与人的发展相关的工作，而非基于女性的自由选择观念和自由地追求

〔18〕 正如以赛亚·伯林(Isaiah Berlin)雄辩地承认的："我们在日常经验中所遇到的是这样的世界，我们面临着同样终极的目标和同样绝对的要求之间的选择，其中一些目标的实现必然会牺牲其他目标"(Isaiah Berlin, "Two Concepts of Liberty," in *Four Essays on Liberty*, [1969], 118, 168)。各种不同善之间的折中做法在一定程度上是自由社会如此强调个人自由选择权的原因。然而，有些社会之善不能在个人层面上得到充分实现。在这种情况下，再次用柏林的话说就是："一个人或一个民族选择按自己的意愿生活的自由程度，必须与许多其他价值主张相权衡，其中平等、正义、幸福、安全或公共秩序，这些价值也许是最明显的例子。"(Ibid., 168, 170.)

〔19〕 Thomas Spragens, *Civic Liberalism*, xv.

目标。[20] 如同苏珊·莫勒·奥金指出的那样，对自由主体之自由的强调，是建立在“妇女无偿生育及无偿性家务劳动，她们在家庭内部的依赖和从属关系，以及她们被排除在大多数生活领域之外”这一观念之上的。[21] 与此相关，社群主义者和公民自由主义者正确地指出，自由主义理论对自由的关注使发展公民美德和社区意识的必要性模糊不清，而这恰好是政府集体自治所必需的。相应地，这也是维持公民自由所必需的。[22]

但是，就女权主义和社群主义的批评者而言，他们试图诋毁主流自由主义对正义和自由的价值观，而不是将它们与其他重要的善放在一起看待，他们“把婴儿和洗澡水一起倒掉了”，失去了自由民主中宝贵的东西。在“桑伯格诉美国妇产科学院案”（Thornburgh v.

---

〔20〕 See Nancy J. Hirschmann, “Rethinking Obligation for Feminism,” in Nancy J. Hirschmann and Christine Di Stefano（Eds.）, *Revisioning the Political: Feminist Reconstructions of Traditional Conceptions in Western Political Theory*（Boulder, CO: Westview Press, 1996）, 157, 162; Nancy J. Hirschmann, “Freedom, Recognition, and Obligation: A Feminist Approach to Political Theory,” *American Political Science Review*, 83, 1227, 1229（1989）; Virginia Held, “Mothering Versus Contract,” in Jayne Mansbridge（Ed.）, Beyond Self Interest,（Chicago: The University of Chicago Press, 1990）, 287; Susan Moller Okin, “Humanist Liberalism,” 41.

〔21〕 Susan Moller Okin, “Humanist Liberalism,” 41.

〔22〕 See Stephen Macedo, *Diversity and Distrust: Civic Education in a Multicultural Democracy*（Cambridge: Harvard University Press, 2003）; Thomas Spragens, *Civic Liberalism*; Michael Sandel, *Democracy's Discontent: America in Search of a Public Philosophy*（Cambridge: Harvard University Press, 1996）. 用桑德尔（Sandel）的话来说就是，“尽管自由的愿景很有吸引力，但它缺乏维持自治的公共资源。这一缺陷使它无法解决困扰我们公共生活的权力的剥夺感。我们赖以生存的公共哲学不能保证其所承诺的自由，因为它不能激发自由所需要的社区意识和公民参与意识”（Ibid., 6）。

American College of Obstetricians & Gynecologists)[23]中，迈克尔·桑德尔（Michael Sandel）批判联邦最高法院支持堕胎作为一项基本权利就是这种情形。在该案中，法院为妇女堕胎权辩护，理由是“与妇女的决定相比……是否结束怀孕，是私人的事情更恰当，或更是其基本的个人尊严和自主权。女性自由选择的权利是至关重要的”。[24] 51
桑德尔认为，这一理由证明了联邦最高法院的一个观点，即在人们选择自己的生活和人际关系这个意义上，人的自主生活能力才是符合人之本性的。[25] 该观点是有问题的。然而，在这样做时，桑德尔错误地将联邦最高法院确实提出的个人有权决定自己未来这一合法规范性主张，与法院没有断言个人根本不受其关系和承诺的束缚这一不准确的本体论混为了一谈。[26] 将这两个主张混为一谈，导致桑德尔试图抛弃其中一个自由主义最有价值的信条——应当认真对待个体如何生活的主张。

关于正义与照顾工作之间的关系，女权主义者之间的对话同样如此。那些女权主义者批评自由主义只关注正义，却排斥照顾性工作，她们当然有正当理由对此不满。然而，女权主义者批判最大的价

---

〔23〕 Thornburgh v. American College of Obstetricians and Gynecologists, 476 U. S. 747 (1986) (overruled by Planned Parenthood of Southeastern Pennsylvania v. Casey, 505 U. S. 833 [1992]).

〔24〕 Ibid., 772.

〔25〕 See Michael Sandel, *Democracy's Discontent*, 102.

〔26〕 See Thomas Spragens, *Civic Liberalism*, 65.

值在于认识到所要求的不是完全拒绝与正义相关的善，而是发展一种政治伦理，使其与诸如此类的善——如照护——相协调。[27]只关注对人的照顾价值而忽略正义，会产生风险，让女性沦为他人的帮助者的角色而不能独立主张女性本身就是权利的主体。[28]

总之，在认识到个人自由和平等价值的同时，修正的自由主义也必须承认其限度。修正的自由主义必须考虑个体永远不会完全自治这一事实；即便是个体在自主意义上是自治的，但也不是与生俱来的；自由民主社会蓬勃发展，其公民需要得到照料，且必须具备特定的能力和美德。这要求自由民主理论比现有的其他主张更具有包容性，更细致，并且进一步寻求的善的内容更多。善的内容清单应该扩大到不仅包括社群主义者和公民自由主义者所寻求的公民美德和社会意识，还包括对人的照顾和人的发展。

重新思考国家的职能：从中立性国家到支持照顾工作和人的发展

罗尔斯对国家在自由主义理论中的作用的看法，是国家应当对不同的生活方式保持中立。正如罗纳德·德沃金（Ronald Dworkin）所表达的那样：国家“必须对……美好生活的问题[和]政治决定尽可能中立，尽可能独立于任何关于美好生活的特定构想，或什么赋予

---

〔27〕 See Tronto, *Moral Boundaries*; Kittay, *Love's Labor*; Susan Moller Okin, "Humanist Liberalism."

〔28〕 Martha Nussbaum, "The Future of Feminist Liberalism" in Eva Feder Kittay and Ellen K. Feder (Eds.), *The Subject of Care: Feminist Perspectives on Dependency* (Lanham, MD: Rowman & Littlefield Publishers, 2002), 186, 190.

生命价值这样的构想”。〔29〕 威廉·加尔斯顿(William Galston)恰当地总结了这一观点。自由主义国家“仁慈地对待[不同的生活方式],只介入冲突的解决,防止以任何特定的生活方式粗暴地侵害其他情况,并确保所有人都遵守构成社会基本结构的规则”。〔30〕 52

社群主义者和女权主义者都证明,罗尔斯式的这些自由主义理论家所持的中立态度,实际上体现了一种以自治和个人选择为前提的美好生活的特定概念。〔31〕 调整自由主义理论以认可公民的依赖需求,这进一步指出了罗尔斯关于国家的功能的观点存在的重重困难。如果我们认为,公民是有能力的自治的成年人,那么国家最好通过建立一个禁止国家行为的私人领域以维护他们的尊严,并限制国

---

〔29〕 Ronald Dworkin, *A Matter of Principle* (Cambridge: Harvard University Press, 1985), 191.

〔30〕 William Galston, *Liberal Purposes: Goods, Virtues, and Diversity in the Liberal State* (New York: Cambridge University Press, 1991), 80.

〔31〕 For communitarians, see Robert N. Bellah et al., *Habits of the Heart: Individualism and Commitment in American Life* (Berkeley: University of California Press, 1985); Alasdair MacIntyre, *After Virtue: A Study in Moral Theory* (Notre Dame: University of Notre Dame Press, 1981); Michael Sandel, *Liberalism & the Limits of Justice* (New York: Cambridge University Press, 1982); Sandel, *Democracy's Discontent*; Charles Taylor, "Liberal Politics and the Public Sphere," in Amitai Etzioni (Ed.), *New Communitarian Thinking* (Charlottesville, VA: University of Virginia Press 1995); Walzer, *Spheres of Justice: A Defense of Pluralism and Equality* (New York: Basic Books, 1990). For feminists, see Deborah Rhode, *Justice and Gender* (Cambridge: Harvard University Press, 1989); Carol Smart, *Feminism and the Power of Law* (London: Routledge, 1989); Iris M. Young, *Justice and the Politics of Difference* (Princeton: Princeton University Press, 1990); Martha Minow, *Making All the Difference, Inclusion, Exclusion, and American Law* (Ithaca: Cornell University Press, 1990); Hirschmann, "Rethinking Obligation for Feminism," 157.

家在强化个人权利方面的作用。然而,将依赖性纳入我们对人际关系的理解中,改变了自由主义对下列关注点的认识:尊重人的尊严现在要求的不仅是保护个人权利和自由。还要求国家积极支持个人接受照顾和人的发展,为他们成为有责任心的、自主的公民创造必要条件。国家支持照顾和人的发展的此种责任,与建立足够的警察部队以保障公民的个人权利之类的责任同样至关重要。

国家角色从个人权利的中立性保护者这一观念转向对照顾性工作及人的发展的积极支持者,这并不意味着国家应该完全放弃中立角色,但必须转变中立性这一承诺。正如罗尔斯在后来的著作中所表明的,他早先关于国家对公民美好生活的尊重保持中立的承诺有些过于局限:当然,自由主义国家必须能够在良好的公民与变态人格者之间进行区分。因此,他在后来的著作中断言,自由国家只需要在不那么严格的意义上保持中立,即它不能仅仅基于某些公民的对错的个人哲学(罗尔斯称之为“全面的”世界观),将任何特定的观点强加给其公民。在这种对国家正当角色的更宽松的观点中,国家行为必须保持中立,但这只有在能够被具有广阔世界观的公民接受的方式证明其合理性这个意义上而言的——罗尔斯称之为“公共理性”中才能成立。[32] 公共理性的要求假设,只有建立在一套公共理想和原

---

[32] John Rawls, *Political Liberalism* (New York: Columbia University Press, 1993), 218,223.

则之上,国家行为才可以得到支持——一种公共道德。[33] 虽然“圣经告诉我这样”可以解释一个人以特定方式抚养孩子的动机,但在尊重多元化并致力于个体广泛自治的国度,这不是国家行为的充足理由。在公共理性标准下,国家对照顾工作和人的发展的支持是非常合情合理的。承认个体间的依赖性,是人类生活中不可避免的特征,以及这种依赖与尊重人的尊严的相互作用,为国家采取行动支持这些善提供了强有力的公开的理由。尊重人的尊严对自由主义至关重要。

总之,关注人类的依赖性会使在自由主义政治组织下的国家角 53
色变得复杂。国家不再仅被要求简单保护个人的权利。相反,国家有责任支持特定的善,包括对照顾工作和人的发展之善的支持。关注如何支持这些善不可避免地会考虑家庭与国家的关系。

二、重新思考国家与家庭的关系:支持性国家

当代主流自由主义理论很少关注家庭制度,因为公民被视为自治的能者。在自由主义理论看来,存在于私人领域的家庭,只在其影响自由及平等方面以非常有限的方式进入公共讨论。一旦我们考虑

---

〔33〕 See also Macedo, *Diversity and Distrust*, 169.

到依赖事实,并且我们在人类生命周期的过程中关注公民,家庭在人的照顾及其发展中的功能就成为政治理论的核心主题了。在接下来的讨论中,我将考虑在修正的自由主义理论中家庭如何被理论化,然后我将转而考虑应该如何建构家庭和国家之间的关系。

家庭理论的构建

虽然罗尔斯主义的自由主义理论很少关注家庭,及家庭设法培养自由主义理论主体的公民,但修正后的自由主义理论在这方面一定做得更好。修正后的自由主义理论必须关注家庭的组织方式,家庭的运作方式以及家庭对社会及其家庭成员的风险。具体而言,修正后的理论应该包含三个原则。

1. 什么是"家庭"的问题是一个政治问题

什么是家庭的问题,不是一个可以根据科学或自然本性确定的超越政治的问题,而是大量地依赖于法律和政治决定的问题。[34] 但在此问题上,尽管一些保守派,如前参议员里克·桑托勒姆(Rick Santorum)认为,存在一种"天然的家庭",[35] 在这种家庭中抚养子女

---

〔34〕 玛莎·米诺(Martha Minow)和玛莎·努斯鲍姆(Martha Nussbaum)都率先指出了这一点。See Martha Minow, "All in the Family and In All Families: Membership, Loving, and Owing," in David Estlund and Martha Nussbaum (Eds.), *Sex, Preference, and Family: Essays on Law and Nature* (New York: Oxford University Press, 1997), 250; Martha Nussbaum, "The Future of Feminist Liberalism," 199; Martha Nussbaum, *Women and Human Development: The Capabilities Approach* (New York: Cambridge University Press, 1999), 261 – 264.

〔35〕 Rick Santorum, *It Takes a Family: Conservativism and the Common Good* (Wilmington, DE: Intercollegiate Studies Institute, 2005), 28 – 29.

并完成其他照顾性工作,这些工作随着时间和地点的变化而变化。 54
但罗尔斯说得对:他早期在《正义论》中就认识到了家庭是一种政治制度,而不是一个自然的实体,家庭的存在及其形式受到政治权威的制约。人类学家和社会历史学家的大量工作表明,在我们的文化中似乎存在天然的家庭——由男女共同统领的异性恋核心家庭单元,他们实行一夫一妻制,住在他们自己的私人住宅中,并且在情感上忠实于自己及他们的孩子们 。“但在新教改革之后,在西欧和北美之外几乎不存在‘天然的’家庭。”[36]

在最基本的层面,对某特定的公民共同体是否构成家庭最能起决定作用的是国家行为。用玛莎·努斯鲍姆(Martha Nussbaum)的话来说就是:

> 人们以多种方式交往,共同生活,彼此相爱,生儿育女。这些人群中谁将得到“家庭”的称谓是一个法律和政治问题,而从来不是单纯由当事人自己决定的事情。国家通过其法律组建家庭,界定哪些群体可以算作家庭,确定家庭成员的特权和权利,界定什么是结婚和离婚,什么关系是被法

---

[36] Martha Nussbaum, “The Future of Feminist Liberalism,” 31. See also Sherry B. Ortner and Harriet Whitehead, *Sexual Meanings: The Cultural Construction of Gender and Sexuality* (New York: Cambridge University Press, 1991); Jane Collier and Sylvia Yanagisako, *Gender and Kinship: Essays Toward a Unified Analysis* (Stanford, CA: Stanford University Press, 1990).

> 律认可的及父母责任是什么等。这种差异与其他组织有所不同：国家从一开始就存在于家庭中，其方式与宗教团体或大学的情况不太一样。宣称这个组织体是什么，并对如何成为其中的成员进行控制的是国家。[37]

如果没有国家对这种组织体的地位予以承认和批准，不仅不会基于该特定关系而产生法定特权和保护，它们也不会以同样的方式被理解为“家庭”。在关于国家如何认可同性关系的争论中，近年来有大量的阐述。对于许多同性恋权利倡导者来说，国家承认同性关系是一种民事结合，是在平等道路上迈出了宝贵而重要的一步。民事结合的地位与官方对这些关系以及婚姻伴随而来的权利义务的认可是相符的。话虽如此，虽然这些民事结合的理由对一些同性婚姻反对者来说也是可以接受的，但许多同性权利倡导者认为，民事结合对这种结合保护不足，是因为国家在这种结合中贴上了与“婚姻”不同的标签赋予其不同的寓意。虽然民事结合制度赋予同性伴侣与婚姻伴侣以相同的法律权利，但同性伴侣的地位本身，却被注入了与婚姻地位截然不同的社会意义。

当然，家庭是一种政治实体的观念很容易被归结为荒谬。即使在没有国家批准的情况下，人们仍会参与到涉及感情和照顾的关系

---

〔37〕 Martha Nussbaum, “The Future of Feminist Liberalism”, 199.

中。然而,正如亨德里克·哈茨佐格(Hendrik Hartzog)在19世纪讨论婚姻的背景下指出的那样,这种关系是法律构建的结果:

> 婚姻既是法律构建的,也是私人间的。法律不是婚姻 55
> 的全部。爱、欲望、仇恨、责任、友谊、尊重、亲情、遗弃、忠实、贪婪及自我牺牲,所有构成19世纪婚姻的那些感情和做法,主要不是法律构建的。但法律也始终存在。当婚姻开始时,有法律在;当婚姻结束时也有法律在。在结婚与离婚之间:当丈夫和妻子在他们之间的权力(power)条款上奋争或谈判时,法律也存在;当一对已婚夫妇与其他人——包括孩子、父母和第三人中的债权人建立或重建关系时,存在法律;当丈夫或妻子以丈夫或妻子身份考虑时,存在法律;当这些丈夫或妻子否认或压制他们作为丈夫或妻子的身份时,也存在法律。[38]

2. 家庭功能的履行方式不能脱离政治、经济及社会背景

正如没有自然的、超越政治的家庭一样,家庭功能的履行方式也不能以自然的、超越政治的方式进行。在当今复杂的社会中,家庭运

---

〔38〕 Hendrik Hartzog, *Man and Wife in America: A History* (Cambridge: Harvard University Press, 2000), 24.

作的方式总是与政府政策密切相关。[39] 国家不仅参与决定什么构成家庭，而且当家庭关系解体时，它也直接或间接地以多种其他方式参与其中。例如，如果儿童不服从父母，国家会通过以下方式增强父母对子女的权力(parents' authority)：让儿童接受法庭监督；阻止其他成年人照顾子女(父母监护优先)；允许父母拥有相当大的权力，决定是否因精神健康原因而将某个子女送往精神病院治疗；根据童工劳动法限制儿童独立生活的权力。正如弗朗西斯·奥尔森(Frances Olsen)所指出的那样，这些政策之所以没有被家庭隐私倡导者们意识到是干涉家庭隐私，只是因为这些政策被广泛接受，被认为是不可避免的。[40]

还有很多国家监管和公共政策以其他方式影响家庭生活。其中一些方式更为明显：例如，离婚法的宽松会影响家庭成员是否生活在一起，以及哪些家庭成员居住在一起。其他一些则不那么明显：例如，国家对家庭以外的其他机构的监管深刻地影响着家庭的生活。国家通过提供强制教育规范且继续规范着儿童的生活，并影响父母对他们的管控。妇女的平等就业立法鼓励妇女离开家庭并进入劳动力市场。[41] 平等就业法也可能导致离婚人数增加，因为处于不幸婚

---

〔39〕 Frances Olsen, "The Myth of State Intervention in the Family," The University of Michigan Journal of Law Reform, 18, 835, 836(1985).

〔40〕 Ibid.

〔41〕 See William J. Carrington, Kristin McCue, and Brooks Pierce, "Using Establishment Size to Measure the Impact of Title Ⅶ and Affirmative Action," *Journal of Human Resources*, 35, 503(2000).

姻中的妇女开始有更多的经济能力与其丈夫离婚。[42] 规范雇员家 56
庭成员健康保险的法律,也影响哪些家庭成员参与工作。[43] 正如艾丽丝·凯斯勒－哈里斯(Alice Kessler-Harris)所表明的,美国的福利政策故意构建一个使工作和家庭陷入难以调和的冲突模式,对家庭的运作方式产生了重大影响。[44]

出于同样的原因,孩子们从父母那里得到的照顾与国家政策密不可分。父母照顾既有约束也有权利,这些约束和权利影响做父母的能力和做父母的机会。最低工资法的存在与否,工会谈判的权利及加班的规定会影响父母满足子女经济需求的能力。[45] 福利改革

---

〔42〕 See Paula Mergenhagen DeWitt, " Breaking Up Is Hard to Do," *American Demographics*, 14,53(1992).

〔43〕 Sunhwa Lee, Institute for Women's Policy Research, "Keeping Moms on the Job: The Impacts of Health Insurance and Child Care on Job Retention and Mobility among LowIncome Mothers," 34 (2007), available at http://www. iwpr. org/pdf/C360Keeping Moms. pdf(accessed June 20,2009)(结论是,获得雇主提供的医疗保险大大降低了离职率。在其他所有特征相同的情况下,雇主以自己的名义为低收入母亲提供医疗保险,与其他类型的医疗保险相比,前者留在工作岗位的可能性高出近三倍). See also Jonathan Gruber and Brigitte Madrian, "Health Insurance, Labor Supply, and Job Mobility: A Critical Review of the Literature," National Bureau of Economic Research NBER Working Paper No. W8817, (2002), available at http://www. nber. org/papers/w8817. pdf (accessed June 20, 2009); Brigitte Madrian, National Bureau of Economic Research, "The U. S. Health Care System and Labor Markets," Working Paper 11980, 13(2006), available at http://www. nber. org/papers/w11980(accessed June 20,2009).

〔44〕 Alice Kessler-Harris, *In Pursuit of Equity: Women, Men, and the Quest for Economic Citizenship in Twentieth-Century America*(New York: Oxford University Press,2001).

〔45〕 See, e. g., Ronald B. Mincy, " Raising the Minimum Wage: Effects on Family Poverty," *Monthly Labor Review*, 113, 18(1990)(讨论提高最低工资对家庭贫困的影响,以及家庭满足孩子需求的能力).

法要求受助者参与工作以获得福利补贴,这样的法律影响父母与孩子留在家里的能力。[46] 家庭休假法的适用范围,影响父母与子女待在家里的机会。[47] 父母工作的稳定性和安全性则会影响家庭的压力水平,也影响养育子女的质量。国家对毒品治疗方案的支持与补贴,使父母处理毒品上瘾问题更容易或更难,进而也可能影响他们照顾孩子的能力。

在这些方面,家庭运作的方式与经济和社会条件错综复杂地交织在一起,且受到公共政策的影响。弗里德里希·恩格斯(Friedrich Engels)在1844年对英国曼彻斯特工厂生活的叙述中,对工人阶级家庭的描述充分地说明了这一原则。在该叙述中,工作场所的苛刻要求使家庭丧失了他们的养育功能,因为男人、女人和儿童从清晨到深夜都需要工作。在这个社会,婴儿整天被孤立在他们父母的没有暖气的公寓里。孩子们在成年之前从未被社会化。简言之,经济上的

---

〔46〕 MDRC,Lisa A. Gennetian et al.,"Making Child Care Choices:How Welfare and Work Policies Influence Parents' Decisions,"(2002),available at http://www.mdrc.org/publications/182/policybrief.html(accessed Mar. 8,2010)(发现当就业状况或收入发生变化时,与托儿补贴相关的工作要求会影响托儿安排的稳定性).

〔47〕 Institute for Women's Policy Research,"Fact Sheet:Maternity Leave in the United States," 2(2007),available at http://www.iwpr.org/pdf/parentalleaveA131.pdf(accessed March 8,2010)(说明"有某种形式带薪假的妇女在生育后平均休假10.5周,而没有任何带薪假的妇女休假6.6周").

压力抑制了爱情和亲情，破坏了对家庭的照顾，导致了家庭的破裂。[48]“弱势家庭中的婚姻障碍”(Barriers to Marriage among Fragile Families)研究所阐明了一个更现代的并非如此严重的例子。该研究发现，未婚父亲的就业前景不佳降低了未婚父母之间结婚的可能性，因为婚姻不太可能改善家庭的经济地位，男女双方都认为“父亲有稳定的工作”是婚姻稳定的重要因素。[49] 当代研究也证明了家庭暴力与周围经济和社会之间的联系。[50] 这些例子表明，家庭

---

〔48〕 Frederich Engels, "The Condition of the Working-Class in England," in *Karl Marx & Frederick Engels: Collected Works*, Vol. Ⅳ (New York: International Publishers, 1975), 424 - 25. 一些批评人士认为，恩格斯对曼彻斯特的描述夸大了家庭关系受到侵蚀的程度，因为他低估了家庭积极抵制资本主义侵蚀的程度。See Jane Humphries, "The Persistence of the Working Class Family: A Marxist Perspective," in Jean Bethke Elshtain (Ed.), *The Family in Political Thought*, (Amherst: University of Massachusetts Press, 1982), 197 - 222.

〔49〕 See Bendheim-Thoman Center for Research on Child Wellbeing, "Fragile Families Research Brief: Barriers to Marriage Among Fragile Families," available at http://www.fragilefamilies.princeton.edu/briefs/ResearchBrief16.pdf (accessed June 20, 2009).

〔50〕 See Deborah Weissman, "The Personal Is Political—and Economic," *Brigham Young University Law Review* 387 (2007). 魏斯曼(Weissman)引用了一系列研究，记录了家庭暴力与经济和社会环境之间的联系。These include Rebecca Miles-Doan, "Violence Between Spouses and Intimates: Does Neighborhood Context Matter?" *Social Forces*, 77, 623 (1998) (观察社区在亲密伴侣暴力发生率中的作用); Judy A. Van Wyk et al., "Detangling Individual-, Partner-, and Community-Level Correlates of Partner Violence," *Crime and Delinquency*, 49, 412, 415 (2003) (描述社会孤立如何增加家庭暴力的风险); Michael L. Benson et al., "Neighborhood Disadvantage, Individual Economic Distress, and Violence Against Women in Intimate Relationships," *Journal of Quantitative Criminology*, 19, 207, 210 (2003) (将职业网络崩溃导致的社会隔离与家庭暴力联系起来); Jacquelyn Campbell et al., "Risk Factors for Femicide in Abusive Relationships: Results from a Multi-Site Case Control Study," *American Journal of Public Health*, 93, 1089, 1092 (2003) (由于施虐者的失业导致家庭暴力风险增加4倍).

需要一些先决条件以生育和养育健全、健康的公民。

在这种情况下，家庭功能没有一条“自然”的功能基线可以脱离国家和公共政策，从而像罗尔斯所假设的那样，如果国家要越过该基线进行调和，家庭将会被“玷污”。现代的行政国家也不是处于中立、孤立的地位，可以让家庭自主地处理自己的事务，就像工作与家庭法
57 所表明的那样。问题不在于国家政策是否会对家庭产生影响，而在于它是否会考虑在这种具有不可避免的影响的情况下制定国家政策。关于家庭的运作方式，没有一个家庭是与外界隔绝的岛屿。

3. 家庭总是不完美的，有时甚至非常不完美

即使是最好的家庭，也是不完美的。家庭有时是以对个人不公平的方式运作的。例如，在某些关系中，一方的愿望可能会实现，而另一方的愿望可能会不断被推迟。有时他们会将不自由或不民主的规范传递给下一代，例如，父母将性别歧视或种族主义信仰传给子女。在最糟糕的情况下，家庭处于彻头彻尾的虐待或胁迫中。例如，在 2008 年，美国至少有 653,000 名公民因亲密伴侣的暴力行为而受伤或被杀害。[51] 在此前一年，估计有 794,000 名儿童被社会服务机

〔51〕 See Office of Justice Programs: Bureau of Justice Statistics, “Intimate Partner Violence” (2010), available at http://bjs.ojp.usdoj.gov/index.cfm?ty=tp&tid=971. (accessed Mar. 8, 2010)（注意到在 2008 年，12 岁或 12 岁以上的女性经历了大约 552,000 次亲密伴侣的非致命暴力伤害，而男性经历了 101,000 次非致命暴力伤害；2007 年，亲密伴侣还犯下 14% 的杀人罪，其中亲密伴侣杀人的受害者有 2340 人，其中女性受害者有 1640 人，男性受害者有 700 人。）

构确认为虐待或遗弃的受害者，且估计有1760名儿童因虐待或遗弃而死亡。[52]

任何关于家庭—国家关系的合理的理论都必须应对这些缺陷和风险。正如宪法的制定者试图处理政府中人类不可避免的腐败，以便最大限度地减少人性弱的影响一样，家庭与国家关系理论必须应对家庭可能或确实以各种方式出现的错误。事实上，尤其有理由要特别关注家庭中的权力滥用(misuse of power)，因为家庭往往是弱势群体最易受伤害的地方。

该原则对于建立适当的家庭—国家关系理论的重要性不容小觑。太多的报告戴着玫瑰色的眼镜来看待家庭这个机构，讨论了家庭在一个健全的社会中发挥的重要作用。因此，里克·桑托勒姆(Rick Santorum)在对家庭暴力或家庭暴力的可能性只字未提的情况下，吹捧传统家庭的优点。同样的原因，桑托勒姆除了批评促进女性机会均等理想的“激进女权主义者”，也从未提及异性恋家庭中常见的性别不平等问题。[53]

然而，由于我们没有其他可靠的选择来满足我们社会中存在的大量照顾工作和人类发展需求，因此，家庭的不完美和权力滥用风险

---

〔52〕 See U. S. Department of Health & Human Service：Administration on Children，Youth and Families，“Child Maltreatment 2007，” xii – xiii(2009)，available at http://www.acf.hhs.gov/programs/cb/pubs/cm07/cm07.pdf(accessed Mar. 12，2010).

〔53〕 Rick Santorum，*It Takes a Family*，95.

的事实并不是国家寻求解散家庭的原因。相反,这些事实要求国家
寻求降低家庭可能发生风险的方法。国家应该防范某些风险的一个
重要方法是,对负责人类发展的机构进行补充。这样做可以确保,例
如,如果儿童在家中得不到他们需要的一些帮助,他们可以在其他地
58 方接受帮助(如学校)。国家还应该开发除家庭以外的其他照顾机
构,包括日托中心和老年人照顾计划,以减轻家庭照顾者的压力。此
外,关于家庭—国家关系的合理理论必须设定标准,以确定在预防措
施失败及家庭成员面临重大风险的情况下,何时进行干预以保护家
庭成员。

家庭与国家关系的理论证成

让我们来关注如何理解对家庭和国家这种关系进行理论证成。我已经论及,国家有责任支持家庭中的照顾工作和人类发展。那么,这会在多大程度上对国家与家庭建立关系的方式产生影响呢？在自由民主中,我们希望公民能够做他们可以合理地为自己做的事情。那么,这是否意味着,处理依赖关系的责任应该首先落在家庭成员身上,而且只有当家庭成员不能履行该责任时才由国家承担？罗尔斯的自由主义理论和大量的公共政策均进行了如此的预设。在此类观点中,家庭能合理地自治,在没有国家支持的情况下满足其成员的需

求。[54] 然而，正如我已经提及的，在我们的世界，情况比家庭本应当自治这种预设更复杂。

当然，在确保家人接受照顾时，有充分的理由期望家庭成员承担提供大部分照顾性工作或为此进行协调。就子女和配偶而言，这样做会让公民对其子女及配偶所承担的义务承担责任。养育子女的公民应该对子女照顾的决定负责，应该对子女作出仔细的计划，精打细算，并安排对子女的照顾。让公民承担对子女和配偶以外的家庭成员的责任时，仍然与社会应承认公民间的“储备义务”（nested obligations）这一观点基本一致。正如伊娃·费德·基蒂（Eva Feder Kittay）所解释的那样，对他人的道德义务不仅可以通过当事人之间的合意，而且还可基于更广泛的互惠感来创设，在人与人之间的照顾网络中，一个人对另一个人的照顾赋予另一个人对其他人的照顾义务。因此，我们可能会照顾一位年迈的姑妈（姨妈），因为我们曾经被家人照顾过，且很可能这种照顾会再次发生，我们应该确保对他人的照顾。[55] 期望某些照顾责任应由家庭成员承担，这也符合道德规范，即那些最有能力照顾弱势群体的人应该有责任这样做。[56] 在很

---

〔54〕 玛莎·费恩曼（Martha Fineman）在传播和消除在流行话语中传播的个人和家庭自治的神话方面表现出色（Martha Fineman, *The Autonomy Myth*）。

〔55〕 Eva Feder Kittay, *Love's Labor*, 67－68. As Kittay quotes one caregiver: "W*ell, what goes round comes round*" (Ibid., 68).

〔56〕 See Robert E. Goodin, *Protecting the Vulnerable: A ReAnalysis of Our Social Responsibilities* (Chicago: University of Chicago Press, 1985), 153.

多情况下,家庭成员将处于最适合照顾其他家庭成员的地位,因为其
59 最了解家庭成员的需求,且因为他们的情感联系,其为他们的家庭成员的利益行事最具积极性。

然而,家庭成员应对其他家庭成员负责的观点,并不会免除国家对其公民的依赖需求的责任。事实上,人们对于国家对需要照顾的公民负有一定照顾责任的主张几乎没有争议。例如,很少有人会认为,国家没有义务将在家中遭受严重暴力的受害儿童从家庭中迁离出去。相反,争议的问题不是关于国家是否有责任对家庭成员承担照顾之责,而是国家的责任何时开始。反对国家支持论者认为,国家的职责是"补充性的",在某种意义上,应该是在家庭出现严重失败的情况下才会触发国家的职责。[57] 因此,家庭暴力的例子在国家行为方面是没有争议的,因为父母未能保证他们的孩子安全。现行的儿童福利法和大量的公共政策理论原则上采用了国家补充责任的观点。

补充责任(residual responsibility)涉及一种责任分配,在罗伯特·古丁(Robert Goodin)对弱势群体道德责任划分的图解中,将这

---

〔57〕 例如,玛丽·安妮·凯斯(Mary Anne Case)认为:"只有在那些负有个人责任的人(尤其是父亲们)被迫在经济和其他方面承担起他们的公平份额之后,(儿童福利的)集体援助才能强制。"(Mary Anne Case,"How High the Apple Pie:A Few Troubling Questions About Where,Why,and How the Burden of Care for Children Should Be Shifted," *Chicago-Kent Law Review*,76,1753,1785[2001].)The term "residual responsibility" was coined by Duncan Lindsey(Duncan Lindsey,*The Welfare of Children*[New York:Oxford University Press,1994]).

种责任分配称为“独立责任”(disjunctive responsibility)。独立责任的定义特征是,如果A易受B或C或D的伤害,那么“责任者中的任何一方都可以提供必要的帮助;如果其中任何一方这样做了,其他的都不需要提供帮助了”。[58] 这类责任的典型例子,是在拥挤(但无人看守)的海滩上溺水的儿童:任何一个旁观者都可以实施救援,如果有人这样做了,其他的人就不需要救援了。就独立责任而言,某一特定的人(如离该易受伤害的人最近的成年人)在他人试图救助之前可能在道义上有义务帮助易受伤害的人;然而,这一首要责任并不能让其他所有人都逃脱责任。一旦明确了负有主要责任的人不会采取行动,责任就会转移到其他人身上。这本质上是那些主张国家只发挥辅助作用者倡导的理论:父母应该对孩子的福利负主要责任;只有当父母没有尽到自己的责任时,这种责任才会落到国家头上。

但是,独立责任并不是唯一可能的责任分工。正如古丁所建议的那样,在涉及弱势群体的道德责任分工时,责任也可以用“并列”的方式划分,以便几人——或者在这种情况下,家庭成员和国家,有责任确保共同照顾社会上需要照顾的人员。[59] 共同责任分工(conjunctive division of responsibility)的范例是一个被困在正在焚烧的房子里的人。不仅是帮助他离开窗户的消防员有义务将其救出,

[58] Robert Goodin, *Protecting the Vulnerable*, 134.

[59] Ibid., 136.

在下面持有蹦床的消防员也是如此，提供紧急医疗救助的技术人员
60 也有此义务。为了进一步解决这个问题，消防队员还需要接受其他人的培训，配备充足的设备以便能够很好地完成工作。因此，一个行为人有责任采取行动这一事实并不排除其他人同时承担这一责任。

那么，国家在履行公民对家庭的依赖需求方面，该履行何种责任？是独立责任还是共同责任？正如我早些时候所论述的那样，[60]由于家庭和国家之间错综复杂的联系，在国家介入之前，将家庭行为方式单一化的设想界定是错误的。相反，国家行为总是并且已经影响了家庭处理依赖问题的能力。此外，在处理依赖需求方面，家庭和国家的地位并不相同。家庭更适合为有此类需求的人提供实际照顾以及安排照顾，但不太适合由安排机构来支持照顾工作。相比之下，国家特别适合通过制定相关法律及法规以确保在机构层面满足依赖性需求。在这种情况下，将国家和家庭的责任视为共同责任更有意义。

回到孩子溺水而附近有多个成年旁观者的例子，其清楚地说明了为什么独立责任的模型对受照顾者的责任是不适合的。首先，在家庭和国家关系问题中的行为者——当涉及照顾时，不会像在溺水的例子中那样独立行事。相反，国家直接和间接组织的机构深刻地

〔60〕 参见原著第71～73页。

影响着家庭照顾其成员的能力。因此，孩子获得幸福的最佳机会不是最近的成年人单枪匹马地拯救孩子，而国家则扮演另一个旁观者的角色。相反，如果家庭与国家共同承担责任，将把孩子照顾得更好。换句话说，国家的位置可以比作附近直升机里的飞行员，他可以在挣扎的孩子附近放下一个救生圈，帮助成年人将孩子拖回岸边。由此观之，相关行为者的立场更接近于古丁描述的共同责任，即行动者应该共同努力保护弱势群体。

然而，在儿童溺水的例子中，让国家在儿童和其他受照顾者中承担共同责任，忽略了一些最有力的理由。抚养孩子、照顾家中受照顾者、培养人的活动，这些活动都不能像海洋救援那样在几秒钟或几分钟内完成。相反，这些都是复杂的任务，是通常需要数年时间完成的行为过程的一部分。没有帮助，任何家庭都无法合理地完成所有这些任务。此外，在此期间，受抚养人与家庭以外的许多机构相互作用，这些机构深刻地影响着受抚养人的发展，这些机构包括学校、日托中心、劳动力市场和卫生保健系统。出于同样的原因，照顾者与许多机构相互作用，最突出的一点是劳动力市场深刻地影响着照顾者满足家庭成员依赖性需求的能力。鉴于家庭在控制和驾驭其他机构 61
方面的局限性，以及国家对其他机构施加影响的独特能力，有充分理由将国家责任与父母及其他家庭成员的责任共同进行分配。

对于那些有能力管理自己事务的成年人，国家没有保护他们的福利这样广泛的道德责任，即国家不会为其提供与为弱势的不能独立生活的人所提供的同样的福利。话虽如此,但不仅是儿童和需要照顾的残疾人,其实所有人都需要照顾,即使是一般健康的成年人也如此。而且,由于我们的社会是有组织的,在需要照顾的情况下,成年人需要的大部分照顾,将来自与我们有共同家庭关系的其他成年人。因此,自由主义国家对忠于人类尊严的维护也为关注成人之间稳定的照顾关系提供了充足的理由。

确定国家和家庭共同负责满足依赖性需求并不意味着,国家的角色应当与家庭的角色相同。相反,国家和家庭都应当各自在其更有能力的领域承担责任。这意味着,家庭应负责日常照顾(或安排照顾)儿童和其他有依赖需要的人。同时,国家应承担机构建设的责任,以帮助家庭满足其照顾需求,进而支持人类发展。这包括确保家庭能安全地选择并负担得起子女的不同照顾以促进儿童和其他受抚养者的发展和福祉,并构建其他社会机构,如学校和社区。这种责任分工承认了制度结构的可塑性及改变的可能性。在国家与家庭的共同责任之下,并未人为地将国家行为与家庭领域分开,或者甚至假设可以在它们之间划出完全清晰的界限,但它确实假设两者之间存在某些权力范围。我称此种国家角色的愿景是"支持性国家"。

在以这种方式划分家庭与国家的责任时,支持性国家模式尊重公民的自主权,将他们视为对自己的选择和与他人的关系负责任的公民。在此观点中,自由主义国家提供了一个公民可以建立自己生活的"脚手架",但国家并没有为公民规划自己的生活,也没有免除公民精心规划及合理地进行经济预算以实现他们的目标的义务。然而,此种责任划分论者坚持认为,这些家庭成员履行的依赖性需求义务应该在促进照顾和人类发展的体制结构内完成,国家有责任确保这种体制结构。此种方法认识到了依赖的事实性,家庭培养其成员的能力不会在事实上存在,也不是自发产生的,相反,这是公民和国家共同追求的结果。

此种共同责任并不意味着,国家应该以废除家庭自治这一理想 62
作为目标,但与个人自治一样,必须对家庭自治的概念进行重大修正。这一修正将承认依赖的事实性以及因依赖性产生的家庭应该满足家庭成员的照顾和人类发展的需求,同时也会认识到当代家庭成员满足照顾和人类发展的能力与社会机构密切相关。这一修正还认识到了有能力作出决定,设定自己的目标,满足其成员基本依赖需求的强大的家庭的重要性。正如我主张的,个人有时需要政府行为以尽可能变得自治,对于家庭来说也是如此。在此观点中,能够满足成员依赖需求的有能力的家庭是家庭和国家共同追求的目标,而不是必然会出现的结果。因此,国家支持不应被看作对家庭自治不利,而应被视为在培养家庭能力时对家庭的帮助。

三、支持性国家与家庭隐私

我已经提出，家庭与国家关系的理论，应该以家庭与国家这两种组织体比人们普遍认可的关系更紧密为前提。在作如此理解时，我反对这样一种观点，即自由民主制中的理想家庭是自治的家庭，因为他们不需要任何形式的国家支持。然而，自由思想的另一个原则与家庭应该是自治的观点密切相关，即对家庭隐私的信仰。在此原则下，在某些生活领域，特别是那些与家庭、个人关系和家庭成员有关的领域，应该不受国家干预和控制。此种观念是自由民主思想和法理学的核心，尤其是在美国。肯尼迪（Kennedy）大法官在“劳伦斯诉得克萨斯州案”（Lawrence v. Texas）中也表达了这一观点：[61]

> 在我们的传统中，国家并非在家中无处不在。在家庭之外，在我们的生活和存在的其他领域，国家也不应该成为主导存在。自由超越了空间界限。自由主义假设自我自治，包括思想、信仰、表达以及某些亲密行为的自治。

〔61〕 Lawrence v. Texas,539 U.S.558(2003).

实际上，自由主义的特征之一，是它在各个领域之间划定了一些“概念墙”，限制了国家行为的合法范围。[62] 在修正版的自由主义中，我们应该如何思考家庭与国家的界限？换句话说，鉴于支持性国家明显地削弱和修正了家庭自治的概念，这是否也限制甚至抛弃了 63
家庭隐私的宗旨？

家庭隐私的重构

正如我所说的，在公共世界和私有家庭领域之间，可以而且应当存在一条牢不可破的界限这一观念只是一个神话。在当代社会中，根本不可能建立一个完全没有国家干涉的区域，没有一种完全脱离国家行为的所谓“正常”的家庭运作。在家庭的形成和功能方面，国家无处不在。正如弗朗西斯·奥尔森（Frances Olsen）所指责的那样，国家干预家庭的概念本身就是矛盾的。[63] 国家对家庭的作用可能或多或少具有明显性或强制性。而在当代社会的家庭中国家总会起作用。

即使公私领域之间完全分离的理想是可以实现的，但这在规范上也是有问题的。女权主义理论家已经证明了将公共领域和私人领域之间的严格划分作为国家行为的边界，会使妇女在家庭和社会中

〔62〕 Michael Walzer, "Liberalism and the Art of Separation," *Political Theory*, 12, 315 (1984).

〔63〕 Frances Olsen, "The Family and the Market: A Study of Ideology and Legal Reform," *Harvard Law Review*, 96, 1497, 1510 (1983).

的不平等永久化。[64] 这些理论家指出,自由主义理论将家庭与家庭的不平等联系起来。国家,以对他人的压制为代价保留了一些人的自由。[65] 自由主义试图使国家脱离公民的私生活,正是基于这样一种观点,即在没有国家行为的情况下,公民在该领域中能够拥有相当大的自由。然而,在该领域普遍存在不平等和其他限制因素的情况下,让国家远离家庭只会使这些不平等和约束一成不变。[66] 因此,用凯瑟琳·麦金农的话来说,家庭隐私原则的作用非常类似于"男人'不受干涉'地压迫女人的权利"。[67]

尽管存在这些本体论和规范性问题,但家庭隐私概念的核心仍然有一个值得继续尊重的重要话题,这又回到了自由主义的核心,即自治概念。就生命历程中作出重要的决定而言,人的尊严要求个体具备自我指导能力,这一观点是为隐私辩护的核心。正如布伦南

---

〔64〕 凯瑟琳·麦金农(Catharine MacKinnon)雄辩地描述了这一边界划分的缺陷:虽然私人空间是一些人的避难所,但同时也是另一些人的地狱。从性别的角度来看,法律上的隐私是一个神圣孤立的、有罪不罚和不负责任的领域。在该领域每个人都是平等的。如果女性需要的东西——如平等——来让这些假设成为现实,隐私法对她毫无帮助。(Catharine MacKinnon, "Reflections on Sex Equality Under Law," *Yale Law Journal*, 100, 1281, 1311 [1991].) See also Carole Pateman, "Feminist Critiques of the Public-Private Dichotomy," in A. Phillips (Ed.), *Feminism and Equality* (New York: New York University Press, 1987); Olsen, *The Family and the Market*, 1510.

〔65〕 Catharine MacKinnon, "Reflections on Sex Equality Under Law", 1311.

〔66〕 Reva Siegel, "The Rule of Love: Wife Beating as Prerogative and Privacy," *Yale Law Journal*, 25, 2117, 2170 (1996).

〔67〕 Catharine MacKinnon, *Toward a Feminist Theory of the State* (Cambridge, MA: Harvard University Press, 1991), 53.

(Brennan)大法官在制定宪法隐私原则时所言:“隐私权意味着,个人,无论已婚或单身,有权利在诸如从根本上影响一个人决定是否生孩子这样的基本问题上免于政府的无理侵入。”[68]这种自我决定方面的自治必须继续得到支持性国家的保护。

虽然最近的自由主义理论一般认为,自我决定方面的自治在于个人,但也有充分的理由将这种自治赋予家庭。这样做与推动自由 64
主义的具体历史关切相符。早期的自由主义者寻求的制度改革更多的是放宽一系列社会企业的活动——开展商业活动,参与礼拜和宗教生活,参与科学探究,教育公民——以从政府和精英控制中解放出来,而不是确保公民个人的自由。[69] 将决定自治权归于家庭和其他组织,承认了家庭和其他组织在自由民主社会结构中发挥的重要作用。公民并不是像简单的社会契约推理所表明的那样,过着原子似的生活,从零开始建立制度,行使个人自主权。相反,公民生活在社会机构中,这些机构组织公民的生活并赋予他们的生活以意义,他们依靠这些机构生活。正因如此,“一种具体的自由,不仅仅是抽象和假设的自由,而是能在民事企业(civic enterprises)中在更大程度上实

---

〔68〕 Eisenstadt v. Baird,405 U. S. 438,453(1972).

〔69〕 See Thomas Spragens, *Civic Liberalism*,137 – 139. 用斯普拉格斯(Spragens)教授的话来说:“当自由主义理论家和政治领袖赞颂自由时,他们考虑的与其说是将个人从普遍的社会控制中解放出来,不如说是将这些重要的社会企业从政治权威和社会精英的控制中解放出来。” See also Walzer, *Spheres of Justice*,23.

现繁荣的，制度化和广泛自治的功能”。[70] 正是由于这些原因，托克维尔（Tocqueville）认为：一方面，民间团体是对国家权力这一危险的重要抗衡；另一方面，则是对弥漫在美国社会中的个人主义的抗衡。[71]

将当前的家庭隐私概念转变为家庭决策自治的保护区，改变了国家的角色。国家从家庭生活领域完全退出不再是国家适当的行为（已经是一个不可能的目标）；相反，国家的适当行为是确保家庭在自己作出重要决定时拥有收入和资金。就像旧的家庭隐私学说一样，对国家的要求就是国家在指导家庭决策方面保持克制力。根据这一修正后的观点，个体家庭的运作方式通常应由家庭自己决定。在没有令人信服的理由的情况，国家应当不能就家庭中发生的事情的决定作出指示。然而，如果家庭中的结果事关国家重大利益，国家可能会寻求使用更温和的手段来说服家庭。例如，虽然夹心饼可能不是儿童健康饮食的一部分，特别是考虑肥胖流行，在未有事实证明，只是偶尔给孩子们提供甜点都会对孩子的健康构成严重威胁的情况下，国家就不要禁止父母为这样的儿童提供甜点服务，因为国家行为与父母的行为毫不相干。然而，国家可能仍然会对夹心饼征税，让父母不愿购买甜点并提供给孩子们吃。

---

〔70〕 See Thomas Spragens, *Civic Liberalism*, 140.

〔71〕 Alexis de Tocqueville, *Democracy in America*, *Richard D. Heffner* (Ed.) (New York: Penguin Group, 2001), 199.

然而,对家庭自治的支持需要的不仅仅是国家在强制家庭作出决定方面保持克制力。国家还必须设法确保家庭通过一定的途径来行使这种自治权。这不仅意味着,国家在确保家庭有能力作出重要决定方面提供帮助,还意味着,家庭有合理的财富来实现他们的决定。虽然早期的自由主义者认为家庭自治的威胁来自国家,但现在对家庭自治决策的威胁大部分来自市场。危险并不在于市场会强制 65
或禁止某些类型的家庭存在或家庭作出决策,就像国家可能会禁止家庭成员使用节育措施,或禁止人们决定让处于植物人状态的家庭成员离开生命支持系统一样。相反,来自市场的威胁是这样一种风险,即家庭受到市场太多的摆布,以至于他们无法在如何完成诸如照顾工作等重要活动方面作出有意义的选择。对卢梭的警告我们应该牢记在心,国家必须如此:"在财富方面,任何公民都不应该有足够的财富购买另一个公民,也没有一个人穷到卖掉自己"。[72] 他的警告应该是不仅禁止将字面上的销售变成奴隶制,而且还禁止这样一种状况:禁止出售除睡觉之外的大部分时间,禁止牺牲大部分在家庭的时间,以便将食物端到桌子上,为家庭成员提供一个遮风挡雨的地方,家庭成员生病则为他们提供医疗服务。

因此,经修正的隐私原则应侧重于限制来自市场的强迫,且创设

〔72〕 Jean Jacques Rousseau, "The Social Contract," in *Discourse on Political Economy and the Social Contract*, Christopher Betts (Trans.) (New York: Oxford University Press, 1994), 87.

资源和空间以确保家庭的决策自主权。采取强制性措施，例如，规定工作时间上限、允许员工带薪休假、禁止育有幼儿的父母因拒绝加班而被解雇，并使工人能够灵活上班，这些是国家可以采取的一些防止来自市场的强迫的措施。〔73〕 这些措施为家庭能够在没有完全受市场影响的情况下作出重要决策并完成重要任务留下了制度性空间。

虽然家庭隐私的基本原理，长期以来被用来证明国家未能解决家庭内部的压迫的正当性，但修正的学说可以而且必须更好地协调家庭自治与家庭成员的自治利益之间的关系。在某些情况下，这些利益会一致。因此，20 世纪 60 年代母亲对福利的要求，即要求国家停止午夜在家中搜查家庭中的男人，这表明个人和家庭在决策自治中的利益是一致的。〔74〕 同样，当妇女举起隐私权的大旗以支持她们保持堕胎合法化的要求时，个人隐私和家庭隐私利益二者通常也并行不悖。

但是，在其他情况下，家庭隐私可能会与个别家庭成员的自治利益相冲突。例如，某个家庭成员可能寻求国家干预以保护自己，或解决成员之间的分歧。如果家庭成员之间存在胁迫或其中一名成员的安全受到威胁，或者家庭成员之间存在刑事或侵权行为，则家庭隐私

〔73〕 See Janet C. Gornick and Marcia K. Meyers, *Families That Work: Policies for Reconciling Parenthood and Employment* (New York: Russell Sage Foundation Publications, 2003), 27 – 28.

〔74〕 See generally Charles A. Reich, "Midnight Welfare Searches and the Social Security Act," *Yale Law Journal*, 72, 1347 (1962).

原则必须让步:支持性国家重视家庭隐私,但也不是绝对的。因此,当家庭成员的身体或精神健康受到威胁时,隐私必须屈服。出于同样的原因,家庭隐私不能成为家庭成员基本权利受到威胁的理由。因此,国家可能不会根据家庭隐私要求孕妇获得丈夫同意才能进行 66 堕胎,因为这样做会严重侵犯妇女自己的基本隐私权。更重要的是,在丈夫试图阻止妻子终止怀孕的情况下,在妻子寻求堕胎帮助时,不能以家庭隐私来证明国家未能进行协调是正当的。〔75〕

然而,在这些情况下,修正后的家庭隐私原则需要采用更细致入微的方法。国家的一般假设应该是,在完整家庭中,成年人将在没有国家干预的情况下自己作出决定。〔76〕 这种假设符合美国家庭隐私的传统以及对司法经济和司法管辖范围的关切:法院通常不应该将资源扩张到就这些问题作出裁决,法院并不像家庭成员那样有决定权。即使家庭成员就某些重要事项不能达成一致意见,通常的规则是他们应该思考如何自己解决这些争议。例如,当一对夫妇就孩子报读哪所学校存有分歧时,他们应该私下解决此争议。如果父母间的关系变得十分僵持以至于他们决定结束他们的婚姻关系,假设父母被判决行使法律上的共同监护权,在这种情况下由法院解决子女

〔75〕 我在第五章中谈到国家应如何对待寻求堕胎的未成年人的困难处境这一复杂问题。

〔76〕 我在第二章讨论了国家应如何对待成年家庭成员对某种行为达成合意,但这种行为对性别平等有影响的情况。

就读学校的争议才是合适的。

但是，只有当成年家庭成员在决策中拥有相对平等的发言权时，国家在家庭作出这些决定时才不会介入。这反过来要求家庭成员在关系中拥有相对平等的权力（power），且有足够的机会如愿退出这种关系。为了确保所有成年的家庭成员有足够的机会退出家庭关系，支持性国家必须确保在男女两性间关系破裂情况下的成本得到公平分担，包括公平分担生活水平降低的成本。虽然无过错离婚作为法律问题，使寻求离婚的当事人更容易获得离婚，但离婚仍有大量成本，而这些成本并非同等地强加于离婚夫妻之间。在美国，离婚赡养费和离婚财产公平分割法的适用标准对家庭中的主要养家者，而非另一方配偶更为有利。因此，经济方面的考虑使配偶中作为主要照顾者的一方（通常是女性）因经济上的限制而离开婚姻的难度要大得多。〔77〕 此外，这些制度对那些在婚姻期间一直作为家庭主妇的妇女重返工作岗位更为不利，因为她们将自己的人力资本投入到了她们的家庭中，而非投入到工作场所中被视为具有市场价值的技能上。这些不同的退出成本可能影响关系中的权力平衡，因为更容易退出的一方可以利用这一优势为他们的关系设定条件。因此，国家必须改变这些关系终止时的退出条款，以确保家庭隐私原则不会剥夺一

---

〔77〕 对赡养费和公平分配法如何对母亲不利进行富有洞察力的讨论，参见 Ann Crittenden, "Who Really Owns the Family Wage?" in *The Price of Motherhood* (New York: Henry Holt, 2001)。

方对此种关系的发言权。

然而,国家不能仅仅依靠平等退出婚姻关系的机会,以确保此种 67
关系中的成员有足够的自主权来运用家庭隐私原则。即使退出婚姻关系的条件是公平的,事实上也存在许多退出婚姻关系的非法律上的障碍。与婚姻相关的深刻而普遍的文化和宗教规范,对退出这种婚姻关系也有限制。[78] 此外,爱情和情感的纽带可能会阻碍夫妻双方从此关系中退出,因为这可能与此关系中的儿童福利有关。因此,支持性国家确保夫妻公平退出婚姻的条件是必要的,但仅仅如此并不足以支持家庭隐私正常地得到允许,国家还必须谋求在现存的家庭关系中支持平等。

目前,与照顾者和养家者角色相关的不平等现象不仅适用于夫妻离婚的情况,在婚姻期间也存在。根据大多数州的普通法财产规则,在婚姻期间,一方配偶无法得到另一方配偶所获得的财产。[79] 在这种制度下,婚姻期间获得工资薪水的人是这些资金的所有者,其拥有控制这些资金的专有权。这意味着,家庭的主要养家者比主要从事照顾工作者更有权决定经济问题,并且基于在照顾方面普遍存

---

〔78〕 See Elizabeth Scott, "Marriage, Cohabitation, and Collective Responsibility for Dependency," *University of Chicago Legal Forum*, 225 (2004). See also Joseph Veroff, Lynne Sutherland, Letha Chadiha, and Robert M. Ortega, "Predicting Marital Quality with Narrative Assessments of Marital Experience," *Journal of Marriage and Family*, 55 (2), 326 – 337 (1993).

〔79〕 See Ira Ellman, Paul Kurtz, Elizabeth Scott, Lois Weithorn, and Brian Bix, *Family Law: Cases, Text, Problems*, 4*th ed.* (Charlottesville, VA: Lexis Law Publishing, 2004), 162.

在的性别差异，男性在婚姻关系中的经济权力(power)仍然高于女性。[80]

家庭隐私与个人自治之间存在的问题，在1953年"麦奎尔诉麦奎尔案"(McGuire v. McGuire)[81]的判决中得到了很好的体现，该案确立的规则今天仍然是良法。在这种情况下，内布拉斯加州最高法院驳回了该案中妻子的请求，在正在进行的婚姻中，妻子试图让国家强制其丈夫履行其法定义务，充分支持家庭。多年来，虽然妻子已经履行了婚姻义务维护家庭。但她的丈夫，一个很好的农夫，拒绝向家里提供浴室、厕所和厨房水槽等基本生活用品，并且在过去几年里，除食物之外，他不允许老年的妻子买衣服或家居用品。在裁定司法干预并不合适的情况下，法院指出："一个家庭的生活水平是一个家庭所关心的问题，而不是由法院来决定的。即使是丈夫对妻子的态度如此，根据丈夫的财富和所处的状况，对丈夫来说也没有什么好说的。"[82]然而，以此理由作出判决，法院忽视了这样一个事实，即"家庭"的决定实际上只能由丈夫作出，在实行普通法财产制的州，丈夫作为养家的人控制着家庭的钱袋子。

---

〔80〕 在一项针对380对已婚夫妇的调查中，近75%的受访丈夫表示"在重大经济决策中承担全部或大部分责任"。(Nancy Burns et al., "The Public Consequence of Private Inequality: Family Life and Citizen Participation," *American Political Science Review*, 91, 373, 376－78 [1997].)

〔81〕 McGuire v. McGuire, 59 N. W. 2d 336 (Neb. 1953).

〔82〕 Ibid., 238.

相反,支持性国家应该拒绝家庭成员请求干预基于家庭隐私的现存关系,只要此种家庭隐私的帷幕能确保促进这种现存关系中的权力的均等化。[83] 这意味着,国家应该走向废除普通法财产规则, 68
转向目前适用于共同财产制的州的财产制规则。前者的这些规则赋予配偶仅对自己赚取的财产享有利益,而后者中的共同财产制规则认为,婚姻中当事人共同拥有其中任何一方在婚姻期间所获得的财产。[84] 虽然夫妻可以选择不遵守这些默认的"背景规则"(background rules)来行使他们的自主权,但默认的规则应该有利于权力平等。[85]

支持性国家与家务劳动的性别分工

在许多异性恋关系中仍然存在的性别分工,这对自由民主来说是一个棘手的问题,因为一方面,这破坏了家庭隐私和夫妻自治;另一方面,这同时违背了国家对性别平等的承诺。传统的自由主义观点认为,前两种价值观在这样的情况具有重要性:国家无权干涉家庭中发生的以性别为基础的劳动分工结构。[86] 这种观点认为,如果有

---

〔83〕 Lee Teitelbaum, "*The Family as a System*: *A Preliminary Sketch*," *Utah Law Review* 537(1996).

〔84〕 目前有三个共同财产制的州要求夫妻之间的财产公平进行分割:California (California Family Code §2250 [West, 2009]); Louisiana (Louisiana Revised Statutes Annotated §9:2801[4] [b] [West 2009]); and New Mexico(Ruggles v. Ruggles, 860 P. 2d 182, 188 [N. M. 1993]).

〔85〕 The term is Lee Teitelbaum's(Teitelbaum, "*The Family as a System*," 559).

〔86〕 参见我对约翰·罗尔斯的讨论,第一章,原著第 29~30 页。

能力的成年人选择以特定的方式生活，则无论这种方式是否符合特定的公共规范，他们的选择都与国家无关。

然而，国家与夫妻之间如何安排私生活完全无关的观点，通过我们对以下几方面的认识而变得复杂。首先，这种性别分工，通常被认为是发生在私人领域这一简单事实，并不意味着它对妇女在社会中的地位不会产生更广泛的影响。大量证据表明，妇女承担比男性更多的照顾义务是其经济平等的最大障碍。[87] 经济领域中的这种不平等随之又会转入私人领域，进一步加剧了妇女在家庭中的不平等。[88]

为了便于论证，我甚至可以假设，国家对家庭内的性别分工不予干预，不是国家对家庭内的性别分工毫不相干，而是家庭中的不平等并不影响女性在家庭之外的地位。平等是自由民主在公共领域之外珍视的一种美德。即使非洲裔美国人与白人一样有平等的工作和平等的政治权利，如果他们经常被拒绝进入一系列社交俱乐部，即使拒绝他们进入社交俱乐部并没有转化为财富或公共权力方面的不平

---

〔87〕 举一个例子，简・瓦尔德弗格尔（Jane Waldfogel）在一项评估女性生育孩子的机会成本的研究中发现，20 世纪 70 年代，无论女性有没有孩子，男性和女性的薪酬差异大致相同。然而到了 1991 年，没有孩子的 30 岁美国女性的收入是男性的 90%；有孩子的女性相比男性只占男性收入的 70%。（Jane Waldfogel，"Understanding the 'Family Gap' in Pay for Women with Children，" *Journal of Economic Perspectives*，12，137 – 156 [1998].）

〔88〕 研究表明，赚钱能力更强的一方通常控制着经济决策权，即便是在夫妻财产共享的情况下也是如此。例如，"当妻子的收入不到丈夫收入的 30% 时，有 31% 的时间里妻子控制着家庭的经济。当妻子的收入超过她丈夫的 30% 时，她有 64% 的时间可以控制家庭的经济"。（Jan Pahl，*Money and Marriage* [Basingstoke，UK：Macmillan，1989].）

等,国家也应该关心此问题。对女性也应如此。家庭内基于生物学和性别的制度即使不会影响公共领域,在自由民主中也应该是有问题的。

其次,家庭中的性别分工是公民自治愿望的体现,这一观点也过分简化了导致基于性别分工承担的照顾性工作产生的复杂的文化和经济因素。该观点未能考虑女性生育子女并承担抚养孩子的大部分责任的文化压力,以及对男性作为养家者的压力。该观点还忽略了 69
一个事实,即劳动力市场的构建并未考虑父母的养育责任。在劳动力市场中,由于大多数工作的构建都没有考虑家庭中的依赖性工作,一旦夫妇一方进入养家的角色,其就不再有足够的时间承担重大的家庭责任,这导致夫妇中的另一方将承担更多家庭责任,从而减少了对劳动力市场的依恋。面对这些复杂的限制因素,家庭中基于性别的分工安排,到底在多大程度上是完全自愿的,这必须得以证明。

此外,还有一个强有力的论据,即这些角色的持续存在最终会限制女性(和男性)的自主权。女性(仍然包括男性)自由选择多种生活方式的程度取决于家庭中性别角色的宽松或限制程度。自由主义国家与公民广泛的选择权存在利害关系。

这留给我们的思考是什么呢?一方面,因个人和家庭自治,夫妻有权进行选择且该权利也应受到尊重,即使必须承认行使自治权受到前面讨论的警告的限制。正如玛莎·努斯鲍姆(Martha Nussbaum)所指出的那样,在一个高度重视自由的自由主义体系中,

“国家指示人们如何做菜是对自由不可容忍的侵犯行为”。[89] 然而，国家减少基于性别的分工自由仍然有重要意义，因为国家在性别平等方面利益攸关。面对这些亟须解决的相互冲突的事务，虽然国家的强制措施显然是不恰当的，但国家应采取更温和的措施，以减少基于性别的分工。

支持性国家可以通过多种方式寻求让家庭朝着平等方面发展，而不必采取强制性干预措施。[90] 国家可以通过鼓励平等分配照顾子女义务的方式来影响这种基于性别的分工，比如，通过法律规定父母双方的育儿假，这种育儿假不是累加的，而是如果配偶双方都没有请假，就会失去家庭育儿假。[91] 由于当前的工作安排设置与履行照顾责任不相符，还可以要求雇主重新设置当前的工作。强制要求雇主调整这种工作结构将会鼓励家庭责任的重新分配，尽管如果父母愿意的话，他们仍然可能保留传统的角色分工。最后，国家可以利用公共教育运动来说服成人和子女停止这些性别分工模式。[92]

---

〔89〕 Martha Nussbaum，*Women and Human Development*，280.

〔90〕 See Linda McClain，*The Place of Families*（Cambridge：Harvard University Press，2006），4.

〔91〕 三个北欧国家，瑞典、挪威和丹麦，已经成功地采用了这种“不使用即作废”的政策（Gornick and Meyers，*Families that Work*，134）。

〔92〕 20 世纪 90 年代，瑞典政府开展了这样一场运动，说服雇主和工会相信，父亲休育儿假的好处；因此，育儿假的数量明显增加（Ibid.，137）。最近一次关于瑞典增加使用育儿假运动成功的讨论，参见 Katrin Bennhold，“In Sweden，Men Can Have It All，” *New York Times*（June 10，2010），A6（从时尚的斯德哥尔摩市中心到这个位于北极圈南部崎岖森林中的村庄，85% 的瑞典父亲都休产假。那些人没有面对来自家人、朋友和同事的问题）。

结　论

对政治理论进行修正以考虑依赖关系在公民生活中发挥的重要
作用,是通过重要的方式对其进行了改造。这改变了政治理论提出 70
的中心问题,即由仅考虑资源应如何在公民之间公平分配,转向如何最好地支持和培养健康的公民。修正后的理论还扩大了国家必须考虑的善,包括照顾家人和人类发展之善。此外,修正后的政治理论还从根本上改变了国家的角色。

国家不再只是保护公民的个人权利免受他人的侵犯;相反,国家必须通过建立促进照顾和人类发展的机构,积极支持扩大的自由主义之善。其结果是一个更复杂的自由主义形式,必须平衡更广泛的善,但是它比现有的自由主义形式更能支持人类的尊严和繁荣的政治组织。支持性国家应如何处理涉及亲子关系和其他照顾者与受照顾者间的复杂之善的关系,则是下一章的主题。

第三章　支持性国家与照顾者—被照顾者（纵向）关系

71 接受国家有义务组建机构以帮助满足公民的依赖性需求这一前提，仍然存在如何界定国家与家庭关系的诸多问题。满足依赖性需求的家庭关系通常可以分为两种不同的类别。第一类，我称为"纵向"关系，即一个人依赖另一个人以满足被照顾和人类发展的基本需求。尽管亲子关系是此种关系的范例，但其他关系，包括成年子女与其年迈的父母之间的关系，也属此类。此种类型的关系与普通能干的成年人之间的横向关系形成对比，后者是家庭中的两个人相互依赖彼此完成照顾任务。在本章中，我通过专门解决纵向关系，来充实我在上一章介绍的支持性国家理论。接下来，我将继续考虑成年人之间的横向关系。

对受照顾者及其照顾者的国家责任问题是我们生活的社会一些最具争议的公共政策争辩的基础,这些争辩包括有关福利改革、寄养制度、工作与家庭关系立法,甚至社会保障制度。然而,在受照顾者及其照顾者关系中国家责任的理论前提却未得到充分研究。在本章,我试图纠正这种疏忽。

在第一部分,我将审视儿童依赖需求中国家责任的现有观点。我的看法是,其中某些观点中国家的责任太轻,父母负担过重;而另一些观点对父母期望过低,对国家期望过高。我表明,支持性国家理论提供了一种更好的方法来构建家庭和国家职责的轮廓。该理论认为,国家在支持家庭方面发挥着不可或缺的作用,这种作用的发挥不仅是在家庭破裂之后,也包括在正常的家庭生活过程中。在此观念下,国家有责任建立机构来支持儿童的福利和发展,这是一种与父母自己对子女的责任并存的责任。然而,国家的功能是有限的,它提供 72
了支持性照顾的体制架构,同时也期望家庭成员满足家庭中的照顾需求。

在第二部分,我进一步充实了支持性国家对纵向关系的责任细节。正如我所阐述的,支持性国家有责任安排社会机构,使家庭成员能够满足受抚养人的身体、心理和情感方面的基本需求,而不会使家庭致贫或耗尽他们的经济资源。虽然国家为实现这些目的可以通过多种方式去建立机构,但最好的方式是将性别平等的重要之善与照顾性工作和人类发展相结合。

在本章的最后一节，在处理家庭成员与其老年亲属之间的关系时，我描述了国家应如何调整纵向关系的国家与家庭模式。正如我所讨论的，根据这些关系的重要特征，国家应该制定一些不同的照顾模式，以满足老年人的需求。具体而言，国家应该寻求鼓励多样性的照顾选择，以尽可能保持老年人的自给自足。在这种模式下，国家鼓励和支持家庭成员之间的照顾，但不能在法律上有所强制。

一、父母子女关系中国家责任的现有观念

国家应当对儿童的依赖需求负有什么责任？占主导地位的自由主义理论和公共政策的观点是自治性家庭。这种观点将育儿责任推给父母，认为只有在父母不能履行该义务的情况下才应赋予国家补充责任。而在代替国家补充责任的观点中，最广为人知的是将儿童视为公共之善，并主张在满足依赖性需求方面国家承担广泛的责任。然而，正如我在此表明的，这两种方法都没有充分界定国家的作用。

自治家庭与国家补充责任

芝加哥大学法学院教授玛丽·安妮·凯斯（Mary Anne Case）在女权主义法律理论会议上引起了轰动，她反对国家和雇主应该支持

雇员履行责任的观点。[1] 凯斯辩称,女权主义者呼吁国家应通过补 73
贴照顾和强制保护身为父母上班的工作场所以缓解母亲的照顾负担,此种做法正在将负担转嫁给错误的人。她争辩道,应该介入家庭以减轻母亲负担的人不是雇主,不是其他雇员或国家,而是孩子们的父亲,因为这些父亲,与他们的伴侣一样选择了生育和抚养孩子。她认为,如果不这样做,对于那些决定不生孩子的人来说是不公平的,这些不生孩子的人就不必承担这些责任。事实上,凯斯断言,支持父母的照顾性工作而不支持雇员试图从事的其他活动的政策相当于父母的“特殊权利”。[2]

根据凯斯的说法,应在“只有那些负有个人责任的人,特别是父亲,在经济上和其他方面分担其公平份额之后”,才产生国家对儿童的责任。[3] 凯斯将此情况比作环境污染者对所造成的环境危害负主要清理责任,而国家承担次要责任。只有在污染者没有充分完成

---

〔1〕 凯斯(Case)的评论首次发表参见“How High the Apple Pie? A Few Troubling Questions About Where, Why, and How the Burden of Care for Children Should Be Shifted,” *Chicago-Kent Law Review* 76,1753(2001)。然而,最初的对话发生在1999年11月20日玛莎·费曼(Martha Fineman)在康奈尔法学院(Cornell Law School)举办的研讨会上发表的《儿童话题:公共利益还是个人责任》(*conversation on Children: Public Good or Individual Responsibility*)。正如凯斯后来描述她的处境时所说:“我是被那些听过我在谈话中表达这些想法的人不情愿地拖进那场谈话的;但甚至其中一些人也承认,我的角色将是‘酒碗里的大便’”{Ibid.,1786,n.5[引用凯瑟琳·艾布拉姆斯(Kathryn Abrams)的话,在研讨会开始的小组讨论中陈述凯斯的立场]}。

〔2〕 Ibid.,1789.

〔3〕 Ibid.,1785.

清理的情况下，国家才有义务采取行动。虽然凯斯反对支持父母的育儿工作，但她同时表示，她“倾向于国家在儿童身上或者对孩子有益的事情上以可监管及可控制的方式花钱。这种支出不会被设置为对父母的回报，而是对孩子的直接利益”。[4]

类似凯斯所主张的国家对依赖关系负有补充责任的观点在美国的公共政策中占据主导地位。他们的基本前提是，父母才是真正对孩子负责的人，只有父母已经尽其所能的情况，国家才应该作为最后的手段介入。这些前提都来自古典自由主义理论：公民可以而且应该规划自己的行为和自己的生活并对此承担责任，是自由主义尊重个人自治并强调有限国家的前提。

但是，当应用于人的依赖性和家庭问题时，国家补充责任观念存在诸多问题，其中一些问题已在上一章讨论过。只有在家庭自我责任失败之后，国家才应介入家庭的观念没有充分认识家庭与国家之间复杂的相互联系；没有中立的立场，只有在家庭自我责任失败之后，国家才可以找到自己的位置。[5] 此外，凯斯反对照顾性工作的理由，是建立在狭隘地看待自由民主的宗旨及其指导原则基础上的。虽然她口头承认照顾工作可以作为一种合法的公共价值存在，但凯斯一再认为，国家行为优先考虑的原则是平等待遇，但这是一种狭义

〔4〕 “How High the Apple Pie? A Few Troubling Questions About Where, Why, and How the Burden of Care for Children Should Be Shifted,” *Chicago-Kent Law Review* 76, 1784.

〔5〕 参见第二章，原著第55～57页。

界定的平等待遇,是一种国家对待所有人,无论他们是否养育子女或进行其他选择的行为都一视同仁地对待的平等。[6] 而事实是,虽然在很多情况下平等待遇原则都值得推荐,但如果自由民主政治组织 74
要蓬勃发展,平等待遇不应该也不能成为唯一的决定分配权利和特殊利益的原则。有时候,国家应该合理地支持照顾性工作,因为相比其他活动,照顾性工作在人类尊严、人类繁荣和健康的政治组织方面发挥着重要作用。然而,这些政策的受益者不应该像凯斯陈述的那样严格限于母亲:依赖性是一种不仅是儿童经历的状况,还包括人类在生命时间点经历疾病及残疾的情况,因此,对照顾的保护应该广泛扩展开来,让大多数公民在一生中受益。然而,当国家对照顾工作进行规定时,仍然应注意凯斯关于个体雇主或雇员负担过重的警告。要做到这一点,国家应该设法通过公共资金来公正分摊支持的费用,并设法确保休假期间的工作得到公平分配。但正如我们从公正分配

---

〔6〕 Mary Anne Case,"How High the Apple Pie? A Few Troubling Questions about Where, Why, and How the Burden of Care for Children Should Be Shifted,"1767.("我所经历的困难不只是给予某些种类的家庭特权而不给予其他家庭特权,而是更广泛地延伸到给予雇员家庭事务的特权优先于其他生活上的关心。")Ibid.,1768 - 1769.["如果必须对父母身份进行歧视立法,我同意埃莉诺·伯基特(Elinor Burkett)对其范围的看法。(据)伯基特说,'上次我查了一下,反歧视法通常是有利有弊的。'我们不禁止对妇女的歧视;我们禁止基于性别的歧视;等等。那么,为什么要把父母单独挑出来呢?为什么不禁止基于家庭地位的歧视呢?为什么推定非父母者可以在夜间自由轮班或非父母者比为人父母者更有能力在圣诞节上班未规定为非法呢?"];Ibid.,1769.("我注意到,人们抱怨的很多问题并不是针对父母歧视的技术问题,而是未能对针对父母有利的反歧视立法。考虑一个经常被引用的案例:一位母亲因为照顾孩子的责任无法加班而被解雇。没有证据表明,一个有着不同原因的员工会保住自己的工作。代表这些家长所寻求的,实际上更像是'特殊权利'……")

法所知，“公正”（equitably）一词并不总是意味着同等，就照顾责任而言，国家有充分理由将这些责任置于其他责任之上。

此外，凯斯偏好对儿童承担私人责任的公共政策忽略了家庭面临的结构性障碍。事实上，与儿童照顾有关的重要体制问题超出了大多数父母私下谈判的能力。例如，在美国，许多工作的组织方式都是阻止员工为儿童从事重要照顾工作的。[7] 对于致力于好好抚养孩子的夫妇来说，结果通常是夫妻一方将被迫脱离劳动力市场。因此，这些工作结构导致的家庭模式就是其中一方成为养家糊口者而另一方成为照顾者，即使这些夫妇本来会选择更平等的照顾角色分配。在这些工作结构发生变化之前，许多寻求回应凯斯呼吁承担责任的在职父亲将会因此而受到阻碍。

另外，虽然凯斯对国家直接向儿童提供福利以及国家为儿童的父母提供福利进行了区分，她支持国家直接向儿童提供福利作为进一步改善儿童的福利措施，而以对未生育子女者的公平为由反对国家为儿童的父母提供福利，但这两项政策对儿童福利的影响不能被完全划分开。儿童及其他受照顾者需要的不仅仅是经济补贴，他们需要的是得到照顾以成为健康的成年人。因此，儿童的利益永远不会像凯斯所提出的那样完全从父母那里分离出来。因此，凯斯反对对劳动力市场作出调整以支持照顾性工作的观点，因为这不仅会给

〔7〕 参见第一章，原著第38～42页。

父母带来负担,而且还会不可避免地对儿童造成损害。

凯斯反对国家支持照顾工作的最后一个论点也值得一提。她和哥伦比亚大学法学院教授凯瑟琳·弗兰克(Katherine Franke)均以性别平等为由反对照顾性工作的公共支持。[8] 两人都认为,国家对照 75
顾工作的支持,最终将通过赋予照顾工作和母性以特权,让女性的其他生活选择让位于照顾性工作和母性,这样会损害女性的利益。她们还主张,这种支持强化了女性承担母亲角色这一假设的天然性和必然性。这些学者断言,女性主义者不应该鼓励女性生育,而是应该把重点放在打破女性与照顾角色、母亲身份之间天然的联系上,并谋求促进女性的其他生活方式。

凯斯和弗兰克提出了重要的观点,她们认为,将女性与母亲身份系统地画等号一直持续存在,且该观点是有问题的,她们还指出,还有其他一些活动与生育和抚养孩子一样对公众利益有贡献。然而,我们长期以来一直在进行一项实验,拒绝国家对养育子女的支持,这也是凯斯和弗兰克所主张的,但这一直是性别平等一个令人沮丧的失败。大约80%的女性在人生的某个阶段成为母亲,[9] 她们面临着在承担照顾子女责任时在经济和社会上处于严重的不利地位。[10]

---

〔8〕 Ibid. ,1781 – 1782; Katherine Franke, "Theorizing Yes: An Essay on Feminism, Law, and Desire," *Columbia Law Review*, 101, 181, 192 – 195 (2001).

〔9〕 See Crittenden, *The Price of Motherhood*, 107.

〔10〕 Ibid. ,87 – 131.

如果巨大的经济和社会代价事实上阻止妇女生育，人类将面临灭绝的威胁。[11] 国家毫无疑问应采取措施，提高妇女对生育的社会压力的认知和承受能力，并确保向妇女开放其他生活途径。如果不采纳对妇女的照顾责任进行协调的公共政策措施，会损害而不是有助于妇女平等事业。

子女是公共之善

与凯斯和其他反对政府支持育儿的人不同，另一种观点认为，政府应该支持父母，因为在抚养孩子的过程中，正是他们创造了公共之善的过程。埃默里大学法学院（Emory Law School）玛莎·费恩曼（Martha Fineman）教授对这一观点进行了详尽的解释。[12] 费恩曼是研究依赖关系国家责任问题的先驱理论家之一，她从一个恰当的起点开始了她的理论研究：认识到所有人在生命的不同阶段都具有依赖性。她接着指出，这种依赖产生了国家支持照顾工作的义务：

---

〔11〕 这些主张与反对福利者的主张非常相似，后者认为，增加对儿童的补贴将鼓励享受福利的母亲生更多的孩子。在实证方面，对这一命题也没有太多的支持。研究人员发现，福利和生育之间最多只有很小的正相关关系，而且仅限于没有高中学历的特定女性群体。See, for example, Philip Robins and Paul Fronstin, "Welfare Benefits and Birth Decisions of Never-Married Women," *Population Research and Policy Review*, 15, 21 (1996). 然而，甚至这种相关性的存在也引起了激烈的争论，因为很难将混杂的因素分离出来。See, for example, Robert Fairlie and Rebecca London, "The Effect of Incremental Benefit Levels on Births to AFDC Recipients," *Journal of Policy & Analysis Management*, 16(4), 575(1997).

〔12〕 Martha Fineman, *The Autonomy Myth: A Theory of Dependency* (New York: The New Press, 2005).

> 我们作为个人若要生存,就必须满足个人的依赖需求;我们的社会若要生存和永续发展,就必须满足我们的集体或集体的依赖需求。因此,国家(集体社会)对依赖作出反应的任务不是利他主义或同情心的问题(个人的反应往往导致慈善),而是一个首要和根本的问题,因为这种反应从根本上来说是社会的保护。[13]

费恩曼认为,家庭应该被看作一个充满活力的公共机构,它的任 76
务是照顾整个社会的利益。[14] 虽然家庭无偿承担了照顾家人的绝大部分负担,"为公民、工人、选民、消费者、学生等提供了生活在社会及其机构中的人提供照顾性劳动"。[15] 因此,根据费恩曼的说法,目前,国家和市场对家庭劳动力的"搭便车",将抚养未来公民和工人的工作委任给家庭,而不对他们的努力进行补偿。这一事实造成了社会对照顾者的集体负债,用费恩曼的话说就是:"必须通过政策和法律来承认并清偿这些债务,为照顾者提供经济补偿和结构性调整来承认并清偿这些债务。"[16] 与凯斯不同的是,通过坚持让国家考虑抚养问题,费恩曼把照顾放在了社会的适当中心位置,而且这样做不会牺

〔13〕 Ibid. ,48.
〔14〕 Ibid. ,xviii.
〔15〕 Ibid. ,xvii.
〔16〕 Ibid.

牲其他重要的善,如性别平等。然而,费恩曼认为父母应该得到补偿,因为国家从父母的照顾工作中获利了。该主张经常被那些声称孩子是“公共之善”的人重复提及,但该观点存在概念上的困难。公民在很多情况下为社会创造利益,却没有获得任何法律或道义上的补偿权利。例如,如果一个小提琴手在一个城镇的广场上演奏一首优美的独奏曲,我们当中很少有人会认为这个城镇有义务报答他为市民创造的快乐。即使音乐能把人们吸引到周围的咖啡馆,给这个地区带来巨大的经济利益,我们也很可能会得出同样的结论。有些人可能会被打动而给小提琴手小费,但这并不会让咖啡馆的老板或整个城市欠下一笔债。[17] 为何抚养孩子应该被区别对待,这令人费解。

缺乏照顾性工作社会就会破败,这一简单的事实并不足以使国家对家庭所提供的照顾负责。正如政治学家试图通过实证来证明的那样,当社会缺乏产生“社会资本”的公民之间的联系或个人之间的善意时,社会就会陷入破败状态,民主就会变得难以管理。[18] 国家

〔17〕 即使就什么情况是一方因另一方的行为而获得不公正的利益没有具体的合同协议,法院也会认为是“隐含的”合同。然而,要使这一原则适用,在没有协议的情况下,一方必须有合理的理由提供此类服务并期望得到报酬。这可能是这样的情况,例如,一个外科医生对一个昏迷的病人实施紧急服务。父母决定抚养孩子的情况不太可能受到同样的质疑。See generally John Edward Murray, *Murray on Contracts* (4th ed.) (New York: Lexis Publishing, 2001), § 51(B).

〔18〕 See, for example, Robert Putnam, *Making Democracy Work: Civic Traditions in Modern Italy* (Princeton, N. J.: Princeton University Press, 1994); Bowling Alone: *The Collapse and Revival of American Community* (New York: Simon & Schuster, 2000).

鼓励这种加强公民之间的联系的协会成为一项很好的政策。然而，这当然不能让那些参加此类协会的人，包括现在颇具典范意义的保龄球联盟，得到政府的补偿。

费恩曼认为，政府和雇主都对父母的照顾工作的支持“欠债”，因为他们都依赖父母育儿所产生的照顾性的劳动，该观点也产生了几个棘手的问题。首先，它表明照顾者应该得到补贴，因为儿童将给社会带来净利益。然而，即使我们接受费恩曼的论点，即儿童对社会的贡献应归功于他们的父母，儿童对社会的净利益这一结论也不一定成立。反对国家支持的人可能会说，过度拥挤带来的生态、社会和心 77
理代价超过了儿童带来的好处。其次，如果以利益为基础进行补偿，那么父母从抚养子女中获得的享受会在多大程度上减少国家的补偿？父母生孩子有很多原因，但其中很少涉及对社会的利他主义。

此外，将公众的支持建立在儿童是社会未来“净资产”的主张之上，会产生一些令人不快的结果。例如，它为公众支持的批评者打开了一扇门，批评者认为，如果我们引进移民而不是抚养儿童，我们可以用更少的钱获得同样的好处。[19] 此外，如果向父母提供公共支持的理由是希望儿童长大后成为有生产力的公民，那么我们是否可以拒绝向那些子女患有囊性纤维化等疾病的父母提供支持？因为这些

---

〔19〕 See, for example, Mary Anne Case, “How High the Apple Pie? A Few Troubling Questions About Where, Why, and How the Burden of Care for Children Should Be Shifted,” 1773.

疾病可能会阻止这些儿童成年并偿还纳税人的投资。我们大多数人会就这一建议感到诧异的原因是,我们认为,公共照顾的责任产生于社会未来获得经济回报的可能性之外的东西。

把父母当作生育和抚养子女的补偿者也回避了一个棘手但重要的问题,即我们应该在多大程度上让父母自己对生育和抚养子女的决定负责。虽然凯斯错误地认为,父母的责任排除了国家对儿童的责任,但父母责任仍然应该是确定国家责任范围的一个重要考虑因素。然而,根据费恩曼的公共之善理论,很难看出国家对儿童的责任又在哪里结束,父母的责任又在哪里开始。

二、父母子女及其他照顾者与被照顾者关系中支持性国家框架

要想更好地理解国家在依赖关系方面的作用,就必须认识到,自由民主理论和以此为基础构建的公共政策,尤其是以美国为代表的公共政策,都是以一种发育不良的人的概念为模型的。正如我们的传统政治理论认为的那样,一旦我们认识到人类不会完全自发成长,而是在社会需要好几年的时间和精力的养育来满足其照顾需求,那么,发展他们的能力与保护公民的个人权利同等重要。将支持照顾工作和人的发展视为国家的责任,这与自由主义深深植根于尊重人

的尊严相一致。[20] 正是因为这种对人的尊严的基本尊重,只有当我们把人构想为有能力指导自己生活的有能力的成年人时,才能使我们重视人的自治。一旦我们承认人的处境中存在依赖性这一事实, 78
尊重人的尊严也同样要求重视照顾性工作和人的发展。因此,国家应该支持这些善,既不是因为家庭在做国家应该做的工作,也不是因为国家把这项工作分配给了家庭,更不是因为国家没有新一代公民就无法生存。相反,国家应该这样做,是因为人道地处理依赖性关系是国家支持其公民尊严这一使命的核心,如同尊重公民自治是这一使命的核心一样。

在自由民主国家,我们希望公民自己做力所能及的事情,但为什么家庭不能自己处理抚养问题呢?然而,正如我在上一章中叙述的,家庭并没有他们“自己的选择”(on-their own)。家庭与国家在当代社会中有着充分的联系,国家的政策,无论是否明确地以家庭为出发点制定,都会对家庭的照顾能力产生深刻的影响。此外,家庭也缺乏与国家类似的能力来处理依赖关系问题,而家庭更适合为需要照顾者提供实际照料和安排照料工作。例如,父母比国家更了解他们的孩子及其需求,因父母子女间的情感纽带,父母通常更有动力促进子女的福利。相反,国家的特殊地位是安排社会机构以确保家庭能够履行其照顾责任。此外,抚养孩子和照顾家庭中的受照顾者是复杂

---

〔20〕 参见第二章,注释 11 ~ 12 及其正文。

而长期的工作。没有一个家庭能够完全独立地完成这些任务。

在支持照顾性工作和人类发展的过程中，政治组织不仅履行了对其弱势公民的义务，而且在确保这些年轻公民有能力在将来某一天承担自治的重任方面，也考虑了自己的利益。[21] 回顾密尔的话就是，“如果社会让相当数量的成员长大后仅仅成为巨婴，无法理性地考虑遥远的动机，那么社会要为其后果承担责任”。[22] 如果不能确保将来将成为公民的儿童有充分的能力实行个人自治和集体自治，那么，一个秩序良好的社会的未来是令人怀疑的。

支持性国家支持照顾性工作和人类发展的职责延伸到什么程度？国家应该如何衡量这些善同自由民主的其他善及其目的？显然，这些问题的答案不能通过一种“道德几何学”来确定，在这种几何学中，一个单一的、正确的答案可以绝对而坚定地一劳永逸地计算出来。[23] 但是，支持性国家至少可以标出这项职责的参数。支持性国
79 家至少应以这样一种方式安排机构，即家庭成员可以通过勤奋而不是艰辛的努力来满足儿童和其他处于依赖需求的人的基本生理、心

---

〔21〕 See Linda McClain, “The Place of Families: The Domain of Civic Virtue in a Good Society: Families, Schools, and Sex Equality,” *Fordham Law Review*, 69, 1617, 1682 - 1695 (2001).

〔22〕 John Stuart Mill, *On Liberty and Other Essays*, John Gray (Ed.) (New York: Oxford University Press, 1998), 91.

〔23〕 该术语是借用托马斯·斯普拉根斯(Thomas Spragens)的用语。(Thomas Spragens Jr., *Civic Liberalism: Reflections on Our Democratic Ideals* [Lanham, MD: Rowman & Littlefield Publishers, 1999], 59, 64.)

理和情感需要,促进人类发展,同时避免贫困或处境悲惨。转换成具体的政府政策,这意味着福利制度的结构必须使那些处于经济阶梯底层、家庭中有需要照顾者的人得到足够的经济援助,以便福利制度能够为他们提供促进基本能力的体面环境。由于国家福利政策要求这些人外出工作,他们还必须有现实的途径来获得高质量、负担得起的日托服务。此外,国家必须规范工作场所,以确保父母有足够的时间陪伴子女,使子女得到良好的教育和监督,而不是因为时间紧迫或时间压力过大而影响对子女的适当的照顾。在这种观点下,当国家强迫父母在工作和保证孩子得到足够的照顾之间作出选择时,国家就逃避了自己的责任。

按照这一标准,里克·桑托勒姆(Rick Santorum)1996 年对福利改革的描述没有考虑国家对家庭的责任是不恰当的。〔24〕 桑托勒姆说,他对让大量单身母亲重返工作岗位的改革尝试感到非常自豪。〔25〕 他指责说,在旧体制下,“AFDC(对有孩子的家庭的援助)只是给有孩子的贫困妇女提供资金。作为对此资助的回报,获得福利的人必须做得很好,此外别无其他”。〔26〕 桑托勒姆忽略了这些父母在自己单独抚养孩子方面所做的努力。此外,他没有注意到,一旦这

〔24〕 Rick Santorum, *It Takes A Family*: *Conservatism and the Common Good* (Wilmington, DE: Intercollegiate Studies Institute, 2006).

〔25〕 Ibid., 46.

〔26〕 Ibid., 69.

些孩子的母亲被要求在有偿劳动力市场工作，孩子们将如何得到照顾。[27] 这一疏漏尤其让人吃惊，因为在随后的论述中，他指责双亲家庭中都上班的父母："双亲都上班的孩子不需要更多的东西。他们需要我们。"[28] 他接着说，"激进的女权主义者"认为女性应当在职场获得成功，但忽略了"女性作为下一代的主要照顾者所做的基本工作"。[29] 一项可接受的福利政策必须像重视其他儿童一样重视贫穷儿童在得到照顾和人的发展方面的需求。

应该指出，国家在建立机构以支持照料和人类发展方面的责任门槛并不高。它只是要求向儿童和其他受抚养人提供体面的条件和充分的照顾，以满足他们的基本抚养需求，并促进人的最低限度的发展。一个相对富裕的国家应该能够做得比简单地通过这一最低门槛好得多。话虽如此，但现在美国仍有数百万名儿童在不符合这一标准的条件下长大。[30]

而在超出国家职责的阈值水平之上，国家支持就不再是一项绝对义务，而是需要与现实的其他重要利益相平衡。虽然照顾工作通常不被认为是一种分配利益，但在许多情况下以分配利益这种方式

---

〔27〕 当国会在1996年实施福利改革时，在更大范围内忽视这种对需要重返工作岗位的贫困母亲如何照顾孩子。See Lucie White, "Despair, Impasse, Improvisation," in Joel Hander and Lucie White (Eds.), *Hard Labor: Women and Work in the Post-Welfare Era* (New York: M. E. Sharpe, 1999).

〔28〕 Rick Santorum, *It Takes a Family*, 94 (emphasis in original).

〔29〕 Ibid., 95.

〔30〕 参见"引言"，原著第5～6页。

发挥作用,因为支持照顾工作的费用开支需要与其他利益进行权衡。在权衡取舍时,国家应考虑性别平等的重要性,因为这与国家对照顾 80 性工作的支持,以及国家未来健全的公民的重要性紧密相关——这两个理由都有说服力,使国家将照顾工作的开支优先于国家资源的其他利用途径之上。尽管如此,根据这一基本原理,虽然对超过国家最低限度的阈值水平的照顾工作的支持对实现自由民主目标很重要,但这既不是国家的绝对义务,也不是必须偿还的债务。

在是否需要对超过这一临界值进行评估时,一个自由主义组织可以在下列两种观点中找到一个常识性的折中点:一方面,是那些只主张对依赖性提供最起码的国家支持的人,如玛丽·安妮·凯斯;另一方面,是那些认为国家应该为其受照顾者提供几乎无限的资金的人。我们可以从上一章引用的约翰·斯图亚特·密尔的话中找到这样一个明智的折中点,他认为现在这代人,即使不能让下一代"完全的智慧和善良……但也完全有能力让正在崛起的下一代人,作为一个整体,和这代人一样优秀,甚至更优秀。"〔31〕为下一代做得更好是一个现实但仍然雄心勃勃的目标,这个目标认识到了照顾家庭中的受照顾者的重要性,但也认识到自由民主还应该追求其他善。

从某种意义上来说,国家支持更高水平的照顾性工作,其意义越来越不及补贴其他的善的意义了。在国家支持限度的顶端,对超出

〔31〕 John Stuart Mill, *On Liberty and Other Essays*, 91.

这一范围更多的照顾性工作进行补助可能实际上对接受照顾者及照顾者都会适得其反，因为这可能会阻碍受照顾者发展在社会中良好运作所需的自治水平，照顾者也可能永远无法追求其他的生活。虽然家庭成员可能仍然会决定为受照顾者提供这种较高水平的照顾，但应当是在没有国家补贴的情况下这样做。

在未超出国家对照顾工作支持的上限范围内容的情况下，因国家与人类尊严的密切联系，国家可能合法地支持照顾性工作优先于公民的其他追求。这并不是说其他的追求没有价值；事实上，鉴于资源所限，许多项目应得到国家的支持而没有得到支持。这只是说，国家支持照顾责任，是有令人信服的理由的。

支持性国家与工作、家庭的相互关系

宣布国家应支持照顾工作和人的发展，只是确定国家应制定何
81 种政策的第一步。指导照顾工作和工作之间关系的社会组织的远景也必须被确定。所有的福利制度都建立在社会组织的隐性规范视野之上。[32] 新政时代的设想主导了三代人以上，在许多政策领域仍然有效。它是建立在这样一个假设之上的，即公民生活在而且应该生活在由养家糊口的人与照顾者结婚并与他们的亲生或领养的子女组成的家庭中。根据这一设想，丈夫的工资养活了家庭，而妻子的照顾

〔32〕 See Nancy Fraser, “After the Family Wage, A Postindustrial Thought Experiment,” in Justice Interruptus: *Critical Reflections on the Postsocialist Condition* (New York: Routledge, 1997), 41 - 43.

满足了家庭的抚养需要。以这一规范性愿景为前提的福利制度,包括为养家糊口者的家庭提供医疗保险,如果该工人失业将支付其家庭基本需要的失业保险,如果他在一段时间内残疾,其获得的补偿将取代工资。

近年来发生的事件至少迫使这种“家庭—工资”(family-wage)模式部分地消亡了,因为面临着离婚率和单亲家庭上升以及母亲进入工作场所的影响,决策者们认识到,这种模式与大多数公民的现实生活与经验不相符。但是,在一些政策领域,“家庭—工资”模式被“普遍挣钱养家”的模式取而代之,“双职工家庭”(universal-breadwinner)模式假定,现在每个成年人都应该成为挣钱养家的人。[33] 该模式是根据“家庭—工资”模式的工作结构发展起来的,这种工作结构并不只是为了照顾工作而设计,而是适用于所有成年公民。当然,问题在于,现在还不清楚,如果每个人都成为挣钱养家的人,照顾工作将如何完成。例如,20 世纪 90 年代的福利改革规定,无论父母/受助者家中是否有年幼的子女,他们都必须工作很长时间。[34] 《工作与家庭法》也假定应保护就业地位,而很少给予养育子女以保护。在采用这种新模式的过程中,现行的福利政策并未向抚养健全的孩子和公民提供必要的支持。

---

〔33〕 This terminology is Nancy Fraser's(Ibid. ,43).

〔34〕 Personal Responsibility and Work Opportunity Reconciliation Act of 1996 (PRWORA),Pub. L. 104 – 193,110 Stat. 2105,enacted Aug. 22,1996.

我们需要一种新的福利国家模式来取代过时的“家庭—工资”模式和有问题的双职工家庭模式，这种新的福利国家模式适应当今家庭的需求，并适当地支持家庭中的照顾工作。这一模式可以建立在两种可能的社会组织愿景之上。第一种设想是，国家可以采取一种规范的愿景，让负有照顾责任的公民离开劳动力市场去完成照顾任务。为了在劳动力市场没有合作伙伴的情况下支持这些照顾者，国家可能会通过向在外工作以挣钱养家的人征税，直接补贴照顾者从事照顾工作。允许父母待在家里照顾孩子的福利金支出，就是符合这种“直接补贴”模式的公共政策的一个例子。在这种方法中，就像在“家庭—工资”方法中一样，不需要调节劳动力市场去
82 适应家庭照顾工作；相反，照料工作仍将主要由家庭成员在私人住宅中进行。旧的“家庭—工资”模式和这种新方法的最大区别在于，现在照顾者的工作将由国家而不是她们的丈夫来补贴。[35] 因此，此种方法可以取消“家庭—工资”模式中假定的由在外挣钱养家者和家庭中的照顾者主导的家庭的画面，而是以国家取代挣钱养家者的地位。

另一种设想是，所有公民都应能够将工作和家庭领域纳入其生活。虽然这一方法同样将国家设想为是支持照顾工作的一个整体伙

---

〔35〕 在家庭工资模式下，福利支付给照顾者的程度被视为一种失常现象，表明家庭已经失败。在直接补贴模式下，直接支助照顾将被认为是家庭正常生活过程中的适当做法。

伴,但它也要求国家建立社会机构,使公民能够协调照料者和挣钱养家者的角色。在这种“政府整合”替代方法中,国家不是对公民离开劳动力市场去处理照顾孩子的问题进行补贴,而是让劳动力市场等社会机构适应照顾受照顾者的需求,将工作从“家庭—工资”模式的结构中转变过来。准予职工带薪休假照顾年幼的孩子,然后重返工作岗位,准许照顾者实行弹性工作时间,限定照顾者(或者其他工人)工作的时间,这三种方法都是与政府整合方法相适应的方法。因此,这一模式可以用夫妻各自都是挣钱养家者这一家庭结构图景,取代“家庭—工资”模式中的挣钱养家者与照顾者结婚的旧图景。

在这两种关于工作与照顾关系的观点中,支持性国家应采取一种支持照顾工作的政府整合模式,其原因是多方面的。第一个原因与履行国家对性别平等的重要承诺有关。社会的进程与社会期望的复杂因素相结合,在我们的社会中,妇女继续承担照顾家庭的大部分责任,这使她们在社会和经济上与男子不平等。〔36〕长期的经验表明,妇女承担的任务使妇女保持着较低的地位,只有男子承担该任务

〔36〕 See Ann Crittenden, *The Price of Motherhood: Why the Most Important Job in the World Is Still the Least Valued* (New York: Macmillan, 2001); Susan Moller Okin, *Justice, Gender, and the Family* (Jackson, TN: Perseus Publishing, 1991); Linda McClain, "The Liberal Future of Relational Feminism: Robin West's 'Caring for Justice,'" *Law & Social Inquiry*, 24, 477 (1999).

才会改变这种状况。[37] 因此,在更多的男性承担起照顾子女的责任之前,照顾子女的责任很可能会继续被视为是地位低下的“女性的工作”。“由于政府整合方法并不要求照顾人员完全放弃他们的工作地位,比起直接补贴的方法,男性更有可能从事照顾工作。”

第二个原因,在政府整合方法下,妇女更有可能缩小与男子在经济上平等的差距。作为一个实际问题,很难想象,即使是一个积极地采用直接补贴模式的国家,也很难将照顾工作补贴到这样一种程度,即从事照顾工作者与挣钱养家者相比,不会受到任何经济上的惩罚。即使是最慷慨的直接补贴提议,通常也只寻求将照顾期间的工资和
83 福利替换为补贴。[38] 然而,正如经济学家指出的那样,离开就业市场的时间,即使在休假期间工资几乎没有减少,但通常也会导致女性余生的经济前景显著下降。[39] 针对这一现实,更重要的是应鼓

---

〔37〕 See Katharine K. Baker, “Taking Care of Our Daughters,” *Cardozo Law Review*, 18, 1495,1521 – 1522(1997); Maxine Eichner, “Getting Women Work That Isn't Women's Work: Challenging Gender Biases in the Workplace Under Title Ⅶ,” *Yale Law Journal*, 97, 1397,1401 – 1402(1988).

〔38〕 即便是按照当代标准补贴探亲假的雄心勃勃的提议,通常也不会寻求补偿照顾者在市场上失去的机会。Anne Alstott's book, *No Exit: What Parents Owe Their Children and What Society Owes Parents*(New York: Oxford University Press,2004). 但有部分例外,奥尔斯托特(Alstott)主张设立一个“照顾者资金账户”,以补偿父母因照顾孩子而失去的机会。奥尔斯托特建议,13 岁以下儿童的照顾者每年可获得 5000 美元的补助,用于儿童照看、教育或退休储蓄。然而,就连她也表明,对照顾者的机会成本进行补偿的水平,也远远低于大多数照顾者的实际机会成本。对这些成本的讨论,参见 Ann Crittenden, *The Price of Motherhood*, 80。

〔39〕 See Ann Crittenden, *The Price of Motherhood*, 40.

励男女平等分担照顾工作的负担,这在政府整合办法下更有可能实现。

政府整合的方法也能更好地应对弥漫在美国文化中的关于照顾工作的消极谬论(the destructive complex of myths)。正如费恩曼所言,我们的社会大肆宣扬自治的神话。但是,此种神话也有一个与之相反的说法,该说法广为流传,虽然听起来不那么响亮,但仍然能听得见。[40] 此说法认为,儿童被描述为社会最大的财富,他们应该也需要得到照顾他们的人的完全关注,以发挥他们的潜能。然而,这种说法与自治性神话有共同之处,即工作不应该为了适应养育子女而进行改革。根据这一观点,女性必须牺牲自己的职业生涯和多年的生活来充分承担母亲的责任。那些不能给予孩子无限的关心和照顾的母亲被认为是自私的,她们的孩子注定要失败一辈子。[41]

---

〔40〕 玛丽·安妮·凯斯和凯瑟琳·弗兰克在从事某职业的规范性的压力时,都提到了这一点,这也为她们的批判提供了吸引力(Mary Anne Case,"How High the Apple Pie? A Few Troubling Questions About Where, Why, and How the Burden of Care for Children Should Be Shifted"; Katherine Franke, "Theorizing Yes," 192 – 195)。See also Sharon Hays, *The Cultural Contradictions of Motherhood*(New Haven, CT: Yale University Press, 1996).

〔41〕 See, for example, Mary Eberstadt, *Home-Alone America: The Hidden Toll of Day Care, Behavioral Drugs, and Other Parent Substitutes* (Honeoye Falls, NY: Sentinel HC, 2004)(反对日托和为上班的母亲身份); Laura Schlessinger, *Parenthood By Proxy: Don't Have Them If You Won't Raise Them*(New York: Harper Collins, 2000)(similar); Robert Shaw, *The Epidemic: The Rot of American Culture, Absentee and Permissive Parenting, and the Resultant Plague of Joyless, Selfish Children*(New York: Harper, 2003)(title speaks for itself); Suzanne Venker, *Seven Myths of Working Mothers: Why Children and(Most) Careers Just Don't Mix* (Dallas: Spence Publishing Company, 2008)(为了变得健康和富有成效,孩子们需要一个全职母亲在家).

任何将性别平等考虑在内的国家对照顾工作的支持模式，都需要解决这些文化信息的复杂性和矛盾性，这些文化信息既要认识到自治神话的主导地位，也要认识到对其他方面的照顾的重视。与直接补贴相比，政府整合方法更适合处理这一问题。政府整合方法认识到了照顾工作的重要性，同时，又不假定妇女必须离开工作岗位以成为好母亲或照顾者，并反对工作和家庭是各自独立的排他性的领域这种意识观念。它确保，只要对劳动力市场和家庭的运作方式作出足够的调整，有偿工作和照顾工作从根本上来说不是不相容的。

政府支持的政府整合方法也确保了儿童的需求得到满足，但不会过分关注儿童的需求。该方法支持的是父母花大量时间与孩子在一起的能力，但不一定是每天每小时都和孩子在一起，也不是排除其他时间和孩子在一起。在这种模式下，孩子们可能会花一些时间在集体照顾安排上，但与父母全职工作相比，这些孩子在集体照顾上得到照顾的时间要少得多。因此，这种方法的优点是认识到父母与子女关系的重要性并支持这些关系，同时也认识到儿童与社区内其他成人和儿童相处的价值。经常在集体看护安排中度过的儿童更有可
84 能与他人建立联系，而不太可能成为被过分重视的儿童综合征的受害者——在这种综合征中，如果缺乏他们一直被给予的大量关注，他

们的行为就会存在困难。[42]

在美国,虽然有助于改善工作和家庭之间的冲突的建议往往像天上掉馅饼一样遥不可及,但事实是,如珍妮特·戈尼克(Janet Gornick)和玛西娅·迈尔斯(Marcia Meyers)的优秀作品《起作用的家庭》(*Families That Work*)里所表明的,许多其他发达国家,尤其是丹麦、芬兰、挪威和瑞典,以及法国、比利时、加拿大,沿着此道路比美国走得更远一步。[43] 正如戈尼克和迈尔斯所总结的那样:“困扰美国家庭的任何问题在其他工业化国家都不那么严重,这些国家有更广泛的公共政策,帮助家庭管理来自家庭和工作场所的冲突性需求,而不牺牲性别平等。”[44]

致力于支持照顾工作的公共角色的社会中,国家采取的政策建议已经在其他地方很好地制定出来,因此,我不会详细讨论这些建议。[45] 这些措施包括带薪产假和为分娩时的妇女保留工作,以

---

〔42〕 See Peter Stearns, *Anxious Parents:A History of Modern Childrearing in America* (New York:New York University Press,2003),1,3(“当代儿童被认为更脆弱,更容易负担过重,需要小心处理,甚至是完全偏袒他们,以免他们摇摇欲坠的自尊受到打击”); Madeline Levine,*The Price of Privilege:How Parental Pressure and Material Advantage Are Creating a Generation of Disconnected and Unhappy Kids*(New York:Harper Paperbacks, 2008)(讨论“在富裕的社会,焦虑、过度保护、过分关心、侵入式的育儿方式已变得司空见惯”).

〔43〕 戈尼克(Gornick)和迈尔斯(Meyers)比较了12个国家,包括比利时、加拿大、丹麦、芬兰、法国、德国、卢森堡、荷兰、挪威、瑞典、英国和美国(Gornick and Meyers,*Families That Work*, 22)。

〔44〕 Ibid. ,5.

〔45〕 See especially ibid.

及在儿童出生后最初几年给予雇员照顾时间和机会的育儿假权利和福利,同时允许她们在之后恢复工作。这些措施还包括给予父母和其他照顾者进一步带薪休假的权利,以应付可能出现的短期照顾需要。所有这些假期都由公共资金支持,以便在全社会公平地分配成本,并将成本降到最低。此外,工作时间政策设定的标准,工作周低于美国目前的标准 40 小时,这将有助于确保全职工作的父母有足够的时间照顾孩子。[46] 适当的弹性工作时间政策,以及提高兼职工作的质量和报酬的规范,将进一步改善照顾者的处境。此外,国家将为那些有抚养需求的人提供另一种替代性照顾安排,其替代性照顾安排的质量应能支持有抚养需求的人的发展。这些安排包括儿童早教和保健公共项目以及公众教育计划的方式与父母的工作时间、课后项目和老年照顾项目相适应,由此产生的费用要么由国家支付,要么按比例由国家和家庭分担。与美国相比,欧洲国家在支持照护方面发挥了更广泛的作用,这些国家

---

〔46〕 尽管这种想法被美国人倾向于嘲笑为不可能,但这类政策在欧洲很常见。正如戈尼克和迈尔斯所写的那样:“在整个欧洲,大约从 2000 年开始,正常的每周全职工作时间被设定在低于美国法律规定的 40 小时的水平——在法国是 35 小时,在其他任何地方都在 37 到 39 小时。”在欧洲,超长工作时间(例如,每周超过 50 小时)的发生率受到全欧盟政策的限制,该政策规定每周最长工作时间为 48 小时(包括加班)(Ibid.,161)。

成功地实施了这些政策的基本部分。[47]

改变老年人的居住方式

虽然对老年公民的赡养与对儿童抚养所产生的问题有些相同，但也有重要的差别。一方面，成年人知道他们会变老，因此，通常有 85
机会为人生的这个阶段作计划和储备。另一方面，我们希望塑造儿童的道德能力，并据此为他们作出决定，但我们通常会发现，即使老年人的智力有所下降，用家长式作风为他们作决定也是不恰当的。[48] 此外，老年人通常会设法独立生活，而小孩不能。[49] 这些差异对于老年人、他们的家庭和国家在照顾老年人的赡养问题上应发

---

〔47〕 尽管美国学者和美国媒体经常表示，这些慷慨的社会项目摧毁了欧洲国家的经济，但学术评估显示，对这一论点的支持微乎其微。例如，麻省理工学院经济学教授奥利弗·布兰查德(Oliver Blanchard)驳斥了“社会保障程度与当前失业率之间存在明显关系”的观点。(Oliver Blanchard, National Bureau of Economics Research Reporter Research Summary [summer 2004], “Explaining European Unemployment,” available at http://www.nber.org/reporter/summer04/blanchard.html [accessed June 20, 2009].)普林斯顿大学经济学家保罗·克鲁格曼总结道：“美国和欧洲经济的面对面比较——尤其是与法国的比较表明，最大的区别在于优先次序，而不是表现。”我们谈论的是两个生产力很高的社会，它们在工作和家庭时间之间作出了不同的权衡。对于法国人的选择，还有很多要说的。克鲁格曼指出，法国的失业率往往比美国高大约 4 个百分点，但更大的不同之处在于，法国人为了能有更多的时间和家人在一起，得到了更少的薪水。(Paul Krugman, “French Family Values”, *New York Times* [July 29, 2005], A23.)

〔48〕 Robert Goodin and Diane Gibson, “The Decasualization of Eldercare,” in Eva Feder Kittay and Ellen Feder (Eds.), *The Subject of Care: Feminist Perspectives on Dependency* (Lanham, MD: Rowman & Littlefield Publishers, 2003), 246.

〔49〕 Ibid.

挥的作用具有重要意义。[50]

随着美国人口老龄化，如何满足老年人的赡养需求正成为一个日益重要的问题。在1900年，超过65岁的美国人有310万。到了2004年，这一数字增加到3630万。即使是这个数字，预计在未来25年后也将翻一番，因为婴儿潮时期出生的7800万人将成为老年人。[51] 这批公民的照顾需求是很大的。在许多方面，年龄增长的过程与儿童时期独立性增强的模式相反——老年人将越来越依赖他人照料。老年人比一般人更容易患严重的慢性病，而且这种可能性随着年龄的增长而增加。[52] 此外，老年人所经历的慢性病更有可能在日常生活中造成实质性的限制，包括开车、走路、穿衣或吃饭。[53] 这

---

〔50〕 伊恩·夏皮罗在《民主正义》（纽黑文：耶鲁大学出版社2001年版）一书中对这一问题的精彩论述，影响了我对国家应该如何对待照顾老年人问题的思考，参见第196～229页。

〔51〕 U. S. Department of Health and Human Services, "Administration on Aging, Profile of Older Americans," (2000), available at http://assets.aarp.org/rgcenter/general/profile_2000.pdf (accessed June 20, 2009); U. S. Census Bureau, "Facts for Features: Older Americans Month Celebrated in May," (2005), available at http://www.census.gov/Press-Release/www/releases/archives/facts_for_features_special_editions/004210.html (accessed June 20, 2009). 这使2000年至2050年65岁以上人口的预期增长率达到147%。相比之下，同期人口整体只增长了49% (Ibid)。

〔52〕 See Agency for Healthcare Research and Quality, "Preventing Disability in the Elderly with Chronic Disease Research In Action, Issue 3," 1 (2002), available at http://www.ahrq.gov/research/elderdis.htm (accessed October 25, 2008); Grace Christ and Sadhna Diwan, "Chronic Illness and Aging," 7 (2009), available at http://depts.washington.edu/geroctr/mac/ResourceReviews/HealthFiles/CI-Sec1Demographics.pdf (accessed Mar. 2, 2010).

〔53〕 "Preventing Disability in the Elderly with Chronic Disease," 1–2.

意味着,许多老年人需要得到大量的照顾,包括在诸如穿衣、洗澡和在家内外走动等活动中得到帮助。[54]

1. 老年人的照顾需求

当涉及国家应该如何组织对老年人的照顾时,乍一看,将这一义务分配给他们的成年子女是有道理的。互惠原则将支持这一义务:这些父母在孩子小的时候满足了他们的抚养需求,现在的孩子也应该为他们的父母做同样的事情。然而,经过进一步考虑,有更好的理由说明,国家不应该把照顾的法律义务全部落在成年子女身上。

如果我们从头开始建设一个社会,我们将以一种使成年子女能够承担大部分父母照顾义务的方式来建立这个社会,这可能很好。[55] 然而,无论如何,这不是我们生活的社会。在我们的生活中,大多数老年人长期与子女分开生活,更喜欢独立生活。在 60 岁及以上的成年人中,有 90% 的人表示,他们喜欢待在家里或社区里,也不

---

〔54〕 U. S. Census Bureau, "We the People: Aging in the United States," 11 (2004), available at http://www. census. gov/prod/2004pubs/censr - 19. pdf (accessed Mar. 12, 2010).

〔55〕 这种类型的老年人照顾在战后的英国是一种惯例,而不是例外。据统计,在伦敦东部贝斯纳尔格林(Bethnal Green)社区,65 岁及以上的老人中,有一半以上和子女住在一起;另外 38% 的人至少有一个子女可以在 5 分钟的步行时间内见面;78% 的老年人至少每天都能看到他们的子女,而 97% 的人每周都能看到他们子女。Peter Townsend, *The Family Life of Older People* (London: Routledge and Kegan Paul, 1957), 44, 49 (cited in Goodin and Gibson, "The Decasualization of Eldercare," 254 - 255).

愿晚年背井离乡。[56] 现在很少有孩子住在离父母很近的地方，事实上，许多人已经搬到其他州或全国各地。此外，从历史上来看，为年长的家庭成员承担大部分照料任务的妇女现在主要在有报酬的工作
86 场所工作，这限制了她们的照料时间。[57] 这也使她们无法在工作时间完成必须完成的照顾任务，如带年迈的父母去看医生。这些成年子女中有许多现在也有了自己的孩子，进一步增加了他们在时间和压力方面的负担。与父母应该照顾未成年子女的强烈社会规范不同，曾经支持照顾年迈父母的规范在某种程度上已经式微。[58]

在这种情况下，虽然国家应支持和鼓励家庭成员照顾老年人，但不应在法律上把这种责任全部分配给家庭成员。相反，国家应该寻求为不依赖通过传递给成年子女的方式，为老年公民建立照顾网络。这些照顾网络的目标应该是，确保以尽可能维护老年人自主权的方式使其获得照顾。依赖，以此看来，不像电灯开关那样，要么是关闭，要么是打开的。相反，依赖需求可以从小到大，可以与老年人对自治

---

〔56〕 See AARP, "Press Release, 9 in 10 Adults Age 60 + Prefer to Stay in Their Home and Community Rather Than Move," (2006), available at http://www.aarp.org/aarp/presscenter/pressrelease/articles/9_in_10_adults_age_60_prefer_to_stay_in_their_home.html (accessed Mar. 12, 2010).

〔57〕 Emily K. Abel, *Who Cares for the Elderly? Public Policy and the Experiences of Adult Daughters* (Philadelphia: Temple University Press, 1991), 4, 128.

〔58〕 See, for example, Winnie Hu, "Ties That Bind, Ties That Break," *The New York Times* (Aug. 2, 1998), 141, available at http://query.nytimes.com/gst/fullpage.html?res=9506EED81F38F931A3575BC0A96E958260 (accessed June 20, 2009)(描述了亚洲移民远离个人对父母的照顾而去美国的行为规范).

利益相匹配。为此,在可能的情况下,应以支持老年人在其社区内独立生活的方式提供照料。目前正在尝试的一些照顾模式正是寻求为有中度依赖的老年居民提供这类援助。[59] 国家应该支持这些模式中最有发展潜力的模式。探索照顾老年人的替代方案,在满足其照料需求的同时让其独立、有尊严地生活,应该是国家使命的核心部分。

随着老年人照顾需求的增加,国家还应设法为他们提供广泛的选择。在这方面,必须承认老年人仍然住在郊区的独户住宅中这种照顾模式存在的局限性,因为这种住宅的建造是为了维护隐私,而不是为了共享和照顾。国家必须为体弱多病的老年人制定这一居住模式的替代方案,以便让他们在更友好的环境中得到更高水平的照顾。这种模式的一个成功例子是新迦南酒店(New Canaan),1981 年由康

---

〔59〕 See, for example, Shari Roan, "Not Leaving Home. Older Americans Want to Live Out Their Days in Familiar Comfort. Increasingly, They Can," *Los Angeles Times*, Mar. 3, 2008, F1[讨论生活(在一个友好的环境中独立生活)项目,开始于 2005 年,旨在提供服务,帮助他们提供年老时的住处]; Frederick Kunkle, "Seniors Reach Beyond Family Ties. Fort Hunt Group Aims to Provide Services That Will Let Elderly Residents Age in Their Homes," *Washington Post* (Dec. 2, 2007), PW9(讨论 Mount Vernon at Home,一个非营利组织,提供服务,帮助老年人在年老时留在自己的家园); Jane Gross, "A Grass-Roots Effort to Grow Old at Home," *New York Times*(Aug. 14, 2007), A1(讨论老年邻居进行资源组合组成一个非营利组织,提供服务,帮助他们在年老时留在自己的家里); Martha T. Moore, "Programs Offer Seniors Option to Age at Home. More Assistance Projects Show Growing Older Doesn't Have to Mean Going Away," *USA Today*(Jan. 17, 2007), 3A[讨论"独立计划"(Project Independence),这是纽约州资助的一个项目,旨在帮助老年人留在自己的家中,这表明联邦基金将产生更大的影响]; Jane Ellen Spiegel, "Food Program Pairs Children and Elderly," *New York Times*(Oct. 14, 2007), WE7(讨论老年人帮助儿童的日托中心).

涅狄格州新迦南的居民创建。[60] 在这家小旅馆里,老年人住在自己的公寓里,但仍能从拥有一个公共客厅和餐厅的共享社区中获益。居民们不仅可以通过旅馆的服务系统地得到他们需要的照顾,而且因为旅馆离市中心很近,他们还可以与镇上的社区保持更紧密的联系。

尽管如此,支持性国家仍应设法鼓励和支持成年子女和其他家庭成员的照料。在很多情况下,子女是最了解父母需求和愿望的人。此外,大多数子女与父母的情感纽带,以及对他们的道德义务,都是
87 他们为父母的最大利益而行动的强大动力。国家可以采取一些措施来促进这种照顾。国家可以加强《家庭与医疗休假法》[61] 等家庭休假规定,将目前的无薪休假转为带薪休假,并将其覆盖范围扩大到医疗保健之外。为照顾老年人提供支持也使国家有充分的理由支持弹性工作时间的工作安排,并要求兼职工作者获得与全职工作者同等的工作时间福利,以便工作的家庭成员有能力照顾他们所爱的人。国家也应该设法降低人们现有的住房模式对家庭照顾的障碍,例如,补贴家庭房屋的装修,以为老龄家庭成员提供房间,以及为那些希望

---

〔60〕 The inn is described in more detail in Delores Hayden's Redesigning the American Dream: Gender, Housing, and Family Life (New York: W. W. Norton & Co., 2002), 216 – 217. See also New Canaan Inn's Website, available at http://www.waveny.org/nci_content.html (accessed June 20, 2009).

〔61〕 The Family and Medical Leave Act of 1993, Pub. L. 103 – 3, 29 U. S. C. § § 2601 – 2654 (2008).

为家庭中的被照顾者或年迈的父母增加一套独立的岳母(婆婆)公寓的人提供分区补贴(zoning variances)。此外,对于那些照顾老年家庭成员的家庭,国家应设法确保为他们提供辅助性照顾,包括训练有素的家庭照顾援助、暂托服务和高质量的老年人日间项目。[62]

2. 老年人的经济依赖

与老年人的其他依赖需求交织在一起的是严重的经济依赖问题。2006 年美国有 360 万名老年人生活在贫困之中。[63] 这代表了 9.4% 的老年人。虽然这是一个庞大的数字,但仍然比过去低得多。例如,1960 年官方公布的老年人贫困率为 35%,是非老年人贫困率的两倍多。[64] 即使存在这个数字,也已比 21 世纪初的贫困率大幅下降。[65] 超过 90% 的美国退休人员享受了社会保障,[66] 这是贫困率下降的一个关键原因。事实上,雪城大学的加里·恩格尔哈特

---

〔62〕 Goodin and Gibson, "The Decasualization of Eldercare".

〔63〕 AARP Public Policy Institute, "Fact Sheet, Income, Poverty, and Health Insurance Coverage in the United States in 2006," (2006) available at http://assets. aarp. org/rgcenter/econ/fs141_income. pdf (accessed June 20, 2009).

〔64〕 See Gary Engelhardt and Jonathan Gruber, "Social Security and the Evolution of Elderly Poverty," in Alan Auerbach, David Card, and John Quigley (Eds.), *Public Policy and the Distribution of Income* (New York: Russell Sage Press, 2006), 259 - 287.

〔65〕 Eugene Smolensky, Sheldon Danziger, and Peter Gottschalk, "The Declining Significance of Age in the United States: Trends in the Well-Being of Children and the Elderly Since 1939," in John L. Palmer, *Timothy Smeeding, and Barbara Boyle Torrey* (Eds.), The Vulnerable (Washington, DC: Urban Institute Press, 1988).

〔66〕 U. S. Social Security Administration, "The Future of Social Security, SSA Publication No. 05 - 10055, ICN 462560" (2008), available at http://www.ssa.gov/pubs/10055.html (accessed June 20, 2009).

(Gary Engelhardt of Syracuse University)和麻省理工学院的乔纳森·格鲁伯(Jonathan Gruber of M. I. T.)对1967年至2000年老年人贫困率的下降进行了调查,得出的结论是,这几年贫困率的整体下降是社会保障福利的产物。[67] 尽管在最近的政治辩论中,社会保障计划的财政不稳定性可能被夸大了,但围绕该计划的政治争议是真实存在的,而且还在持续。[68] 这一争论的理论基础是,国家在多大程度上应该在解决老年人的经济需求方面发挥作用,因此值得单独讨论。

在一个将公民视为有责任选择自己人生道路的自由组织体中,或许最明显的替代性方案是让经济负担直接由老年人自己承担。采取这一方法的理由是,与儿童相反,老年人有机会为他们生命的这一阶段作好计划,他们本应为此储蓄。规划和储蓄的部分责任应由老
88 年人承担,这是毫无疑问的,但将这一责任仅仅视为个人问题仍然存在严重困难。首先,人生最后阶段的许多因素在个人层面上是难以预测的——公民能生存多久,他们能工作多久,他们是否会经历严重

[67] See Engelhardt and Gruber, "Social Security and the Evolution of Elderly Poverty". 恩格尔哈特(Engelhardt)和格鲁伯(Gruber)论文中的发现被加州大学伯克利分校经济系的大卫·卡德(David Card)在一篇论文中作了进一步发展。See David Card, "Comment on Gary V. Engelhardt and Jonathan Gruber 'Social Security and the Evolution of Elderly Poverty'" (2004), available at http://urbanpolicy.berkeley.edu/pdf/Ch6CommCardonGruberEngelhardt.pdf(accessed June 20, 2009).

[68] See David Rosenbaum, "At Heart of Social Security Debate, a Misunderstanding," *New York Times* (Mar. 8, 2008), A19.

的或长期的医疗状况等。[69] 这种不确定性使个人很难知道该存多少钱。此外,即使制订了最周密的计划,也可能因为许多公民无法控制的原因而发生经济变化,包括工人被解雇或过早退休、公司养老金被取消、股市崩盘耗尽了退休储蓄,或者挥之不去的子女经济负担。此外,许多危机可能在没有引起他们注意的情况下耗尽储蓄。面对个人或家庭成员突发疾病的医疗费用,即使是一个精明的计划者也可能会破产,而且往往会破产。[70] 如果老年人不能够独立生活,全国医疗认证的养老院半独立房间(双人房)的年平均费用为 67,525 美元(185 美元/天),这个数字很快就会消耗掉大多数老年人的储蓄。[71] 另外,医学的发展,尤其是昂贵的医疗手段的发展,可能会使公民承担早年难以预料的费用。[72]

至少,往往因超出个人的控制,任何公民能够为自己的退休储蓄的期望都可能相对频繁地事与愿违。如果指望个人为退休做好储蓄只是一种期望,这些公民该怎么办? 一种可能性是,法律应该要求成

---

〔69〕 See Ian Shapiro, *Democratic Justice*, 197.

〔70〕 根据 Melissa Jacoby 和 Elizabeth Warren 的研究,在那些申请破产的人中,46% 的人认为他们申请破产的原因包括医疗原因(出生、死亡、疾病或受伤)(Melissa Jacoby and Elizabeth Warren, "Beyond Hospital Misbehavior: An Alternative Account of Medical-Related Financial Distress," *Northwestern University Law Review*, 100, 535, 548 [2006])。

〔71〕 Genworth Financial, "Executive Summary: Genworth 2010 Cost of Care Survey: Nursing Homes, Assisted Living Facilities and Home Care Provides" (Apr., 2010), available at http://reversepartner.genworth.com/content/etc/medialib/genworth_v2/pdf/ltc_cost_of_care.Par.85518.File.dat/Executive%20Summary_gnw.pdf (accessed June 20, 2010).

〔72〕 Ian Shapiro, *Democratic Justice*, 197.

年子女支持贫困的父母。[73] 但是，同照顾问题一样，有充分的理由避免让成年子女在经济上承担这种资助的责任。尽管有钱的子女也许能够承担这些责任，但是对贫穷和中产阶级的家庭来说，这些费用是一个无法承受的负担，尤其是对那些同时还要努力抚养自己子女的家庭来说。[74] 此外，同样的因素也会使老年人难以为他们的退休生活充分储蓄——难以预测的经济状况、寿命、健康状况等——也会使他们的子女难以为他们做同样的事情。除此之外，成年子女也有自己的不确定因素要应对——例如，意外的裁员或意外的疾病。伊恩·夏皮罗（Ian Shapiro）建议："在过去，为年迈的父母向他们的成年子女附加强制性经济义务会更有意义。在当代，在当今世界，当人们在成年后以个人身份工作、储蓄和保险时，试图在生命即将结束之际将这种方法重新引入家庭经济是毫无意义的。"[75]

对于那些并非由于自己的原因而缺乏足够储蓄的老年人，在缺
89 乏其他财政资助的情况下，毫无疑问，国家应至少向他们提供维持生活的资助。在一个致力于维护人类尊严的自由组织体中，公民的基本需求是否得到满足，不应取决于劳动力市场的变幻莫测，或个人无

〔73〕 目前，28个州仍然有子女孝道法，规定成年子女有责任供养贫困的父母。然而，大多数州不再积极执行这些法规。（Allison E. Ross, "Taking Care of Our Caretakers: Using Filial Responsibility Laws to Support the Elderly Beyond the Government's Assistance," *Elder Law Journal*, 16, 167 [2008].）

〔74〕 Ian Shapiro, *Democratic Justice*, 203.

〔75〕 Ibid., 203, 218 – 219.

法控制的上千个其他因素。即使在某些情况下,导致老年人悲惨的经济状况可能被认为是他们不谨慎的做法导致的,尽管这是一个更密切的原因,但仍然有强有力的理由认为,这些老年人也应该得到一些基本的收入支助。正如我们仍应努力营救溺水的游泳者,尽管这些游泳者是因自己的疏忽而在超出其能力的水域游泳,保护弱势群体的道德指令同样应该要求向那些早年在经济上轻率的人提供至少一些基本的保障,如同我们对人的尊严的承诺。

考虑国家不得不为那些在年轻时没有设法为自己的经济需求储蓄的老年人补贴的风险,国家更明智的做法是按照我们目前的生活保障制度总体思路,建立一个将个人责任预期与国家保障收入支持相结合的制度。在这样的制度下,应该要求有能力的成年人在其工作年限内向退休基金缴款,在以后的岁月里,他们将从退休基金中得到基本的支助。将员工缴纳的退休金集中起来,避免了在生命后期存在的不确定性。此外,强制储蓄的规定还避免了道德风险,即一些公民在其过得不错的生活中没有足够的储蓄,因为他们相信,如果他们缺乏足够的储蓄,国家以后会支持他们。[76] 如果没有国家授权的强制储蓄,国家将有义务补贴没有积累足够储蓄的公民,因此,向基金强制储蓄对个人自主权的侵犯是合理的。

这种个人责任和国家责任的结合,在承认和应对人类自治和

〔76〕 Ibid.

依赖状况的混合体方面，自由民主国家发挥了适当的作用。从要求公民向共同的储蓄基金缴费的规定里应该认识到，成年人在其有价值的岁月里应该为其晚年储蓄。与此同时，也可以认识到，即使这种依靠有许多无法预测的问题，但晚年生活将有依靠是一个共同的事实。因此，国家建立了对这一事实作出现实和人道反应的机构，明确指出处理依赖性是国家及其公民的一项共同责任。

虽然现行社会保障计划的大纲与国家支持理论相一致，但它所提供的最低支持水平并不符合这一理论。社会保障福利应该是渐进式的，这样低收入者的最终福利在他们一生平均收入中所占的比例
90 要比高收入者的福利大。然而，这还不够进步。目前，一些长期从事低工资工作的退休人员领取的福利甚至不足以使他们脱离贫困线。[77] 那些努力工作和谨慎储蓄的人，随着年龄的增长，有权享有体面的生活水平。这需要采取某种形式的适当的最低福利，而社会保障目前缺乏这种福利。

---

〔77〕 See U. S. Social Security Administration, Office of Policy, "Income of the Aged Chartbook," (2004), available at http://www.ssa.gov/policy/docs/chartbooks/income_aged/2004/iac04.html (accessed June 20, 2009) [指出年龄最大的人群(80岁以上)的贫困率最高].

结　语

国家有重要责任确保社会机构的结构能够支持满足公民的抚养需求。在处理因依赖而产生的照顾需求时，国家的这一责任要求对劳动力市场进行根本性的改革，以确保家庭成员有充分的机会照顾家庭中受照顾者。国家甚至不必以最大限度地增加家庭照料机会的方式来建立社会，但它必须在安排机构时至少使家庭成员能够以合理的努力满足受照顾者的基本需求。此外，当涉及老年公民时，国家必须确保在家庭之外提供照顾网络，以满足老年人晚年的照顾需求。国家有责任确保人道性地解决老年人的经济依赖问题，这也要求国家建立机构，以便这些老年人自己和国家共同分担照顾责任。在下一章中，我将考虑在处理一般能干的成年人之间的关系时，国家的责任在多大程度上发生了变化。

第四章 支持性国家和成年人平辈关系

91 几个世纪以来，国家只批准异性婚姻，仅将异性婚姻作为规范性的家庭结构被视为理所当然。然而，在过去的 15 年中，公众在该问题上的共识已经瓦解。取而代之的是国家应该在成人之间的亲密关系或平辈关系方面扮演何种角色的争议。这场辩论肇端于最近州法院推翻同性婚姻禁令的判决[1]，以及对这些决定

---

〔1〕 See Baehr v. Lewin, 852 P. 2d 44 (Haw. 1993); Goodridge v. Department of Public Health, 798 N. E. 2d 941 (Mass. 2003); In re Marriage Cases, 183 P. 3d 384 (Cal. 2008); Kerrigan v. Commissioner of Public Health, 957 A. 2d 407 (Conn. 2008); Varnum v. Brien, 763 N. W. 2d 862 (Iowa 2009). 在夏威夷最高法院在拜尔的裁决中宣布该州的同性婚姻禁令受到夏威夷宪法的质疑后，夏威夷选民在夏威夷最高法院最终就限制同性结婚这一规定的合宪性作出裁决之前修改了州宪法。

的政治反应。[2] 美国人家庭生活方式越来越多样化也推动了该场辩论的进行。[3] 这场新兴的讨论很复杂。有的人赞成保留传统的异性婚姻,[4]而更多人主张要改变此种状况。一些人认为,婚姻权利应该扩大到同性伴侣。[5] 另一些人认为,目前局限于已婚夫妇的权利和特权不仅应扩大到同性伴侣,而且还应扩大到同居伴

---

〔2〕 这种反弹始于对“夏威夷最高法院在贝尔诉勒温案”(Baehr v. Lewin)的判决的反应。在拜尔之后,国会于1996年通过了《婚姻保护法案》,该法案规定,任何州都不能让在另一个州宣告的同性婚姻生效,联邦法律中的“婚姻”一词仅限于一男一女之间的结合。Pub. L. No. 104 – 199(1996),110 Stat. 2419(1996)(codified at 1 U. S. C. § 7 [2001],28 U. S. C. § 1738C [2001]). 此外,截至2008年,有29个州通过了禁止同性婚姻的州宪法修正案,在那些没有通过宪法修正案的州中,有15个州通过了类似于联邦《婚姻保护法案》的法律,该法禁止该州承认在另一个州宣告的同性婚姻。See Human Rights Campaign, Statewide Marriage Laws (2008), available at http://www. hrc. org/documents/marriage_prohibitions. pdf(accessed Mar. 7,2010).

〔3〕 参见“引言”,原著第7~8页。

〔4〕 See, for example, Richard Santorum, *It Takes a Family: Conservatism and the Common Good* (Wilmington, Del.: ISI Books, 2005); David Blankenhorn, *The Future of Marriage* (New York: Encounter Books, 2007); Council on Family Law, *The Future of Family Law: Law and the Marriage Crisis In North America* (New York: Institute for American Values, 2005); George W. Dent, Jr., “The Defense of Traditional Marriage,” *Journal of Law and Politics*, 15, 581 (1999); William C. Duncan, “Domestic Partnership Laws in the United States: A Review and Critique,” *Brigham Young Law Review* 961 (2001); Lynn D. Wardle, “Is Marriage Obsolete?” *Michigan Journal of Gender and Law*, 10, 189, 223 – 224 (2003).

〔5〕 See, e. g, William N. Eskridge, Jr., *The Case for Same-Sex Marriage* (New York: Free Press, 1996); Andrew Koppelman, “The Decline and Fall of the Case against Same-Sex Marriage,” *University of St. Thomas Law Journal* 2,5(2004).

侣,[6]以及各种其他关系。[7] 还有一些人,包括一些同性恋权利倡导者认为,国家优待成人关系不具有合法性,应完全取消国家对婚姻和其他亲密关系的认可。[8]

在本章中,我研究了支持性国家应如何对待家庭成员中的横向关系。这是一个复杂的问题,因为这些关系以复杂和矛盾的方式牵涉了一系列重要的自由民主美德。因此,任何可行的办法都必须寻求微妙的办法来缓解这些美德间的张力,在必要时作出权衡,且必须在国家严格的规范愿景与保护其最脆弱的公民的承诺之间进行平衡。

在本章的第一部分,我探讨了横向关系中不同美德之间的相互作用以及国家在这方面发挥作用产生的难题。我是通过研究当前婚

---

〔6〕 See, for example, American Law Institute, *Principles of the Law of Family Dissolution: Analysis and Recommendations*, §§ 6.01–6.06 (Newark: LexisNexis, 2002); Grace Ganz Blumberg, "Unmarried Partners and the Legacy of Marvin v. Marvin: The Regularization of Nonmarital Cohabitation: Rights and Responsibilities in the American Welfare State," *Notre Dame Law Review*, 76, 1265 (2001); Ira Mark Ellman, "'Contract Thinking' Was Marvin's Fatal Flaw," *Notre Dame Law Review*, 76, 1365 (2001); Martha Ertman, "The ALI Principles' Approach to Domestic Partnership," *Duke Journal of Gender Law and Policy*, 8, 107, 114 (2001).

〔7〕 See, for example, Nancy D. Polikoff, Beyond (Straight and Gay) Marriage: Valuing All Families Under the Law (Boston: Beacon Press 2008); Judith Stacey, "Toward Equal Regard For Marriage and Other Imperfect Intimate Affiliations," *Hofstra Law Review*, 32, 331, 340 (2003).

〔8〕 See, for example, Martha Albertson Fineman, *The Autonomy Myth: A Theory of Dependency* (Boston: The Free Press, 2004); Michael Warner, *The Trouble With Normal: Sex, Politics, and the Ethics of Queer Life* (Cambridge: Harvard University Press, 1999).

姻有关争论的两极观点来开展的:一方面,有评论者认为,国家应该 92
继续只优待异性婚姻关系;另一方面,有人认为,国家应该取消在任何横向关系中的优待。* 双方争议如此大相径庭,是因为他们在这些关系中只关注了一些狭窄范围内的美德。在本章接下来的部分,我建立了一种方法,通过四个原则来平衡该领域的重要美德之间的关系,这些原则应该共同指导支持性国家制定成人之间关系的政策。在此基础上,这些原则寻求在个人自主与平等这一传统自由主义美德与承认儿童及成人的依赖需求之间的关系进行平衡。同时,这些原则在促进支持重要美德的家庭形式及保护这些家庭形式之外的弱势公民之间进行平衡。在这些原则之下,国家支持广泛的关系,进一步推动了照顾关系,但这种支持只限于特定的方式。

在本章结尾,我研究了国家在规范横向关系方面必须面对的两个难题。在涉及民事婚姻是否应当作为一种制度被予以保留的问题时,支持性国家的态度不明朗:它重视婚姻制度,因为婚姻文化促进照顾关系方面带来的能量;但又担心与婚姻相关联的单一文化会使许多其他有价值的照顾关系贬值。接着我探讨了一个复杂的问题,即国家应否以及如何设法鼓励双亲家庭而不是单亲家庭。虽然支持性国家有合法理由采取措施鼓励并设法稳定多元化的父母家庭,但

---

* 对同性婚姻的争论,美国联邦最高法院于 2015 年 6 月 28 日作出历史性判决,认定同性婚姻权受到联邦宪法的保障,至此,同性婚姻在全国合法化。——译者注

它必须以不危及单亲家庭儿童福利的方式进行。这就需要制定比目前更加细致的政策以促进双亲家庭。

一、国家在平辈关系方面职责的现有观念

国家如何处理成年人之间的关系？对此问题的意见，其范围涉及从主张国家应该只对异性婚姻关系赋予特权到认为国家应该取消任何横向关系中的优待。观察两种不同的争论中的任何一种，对所关注的问题的复杂性就略见一斑。

传统婚姻的支持论

93 传统婚姻的捍卫者有时会主张，国家应该优待异性婚姻，其原因与相关的社会美德无关。总的来说，这些论点是有缺陷的。例如，前参议员里克·桑托勒姆(Rick Santorum)在他的著作《家庭》中认为，国家应当且仅应当支持传统家庭，因为这种形式的家庭“本质上是天然的”。[9] 但即使是动物间，同性性关系及伙伴关系也会打破这种“天然”与仅限于“异性”关系之间的平衡。撇开动物间的明确证据

〔9〕 Rick Santorum, *It Takes a Family*, 28(emphasis in original). 桑托勒姆还谈到了政治左派在家庭问题上的一些立场，这些立场可能会被立即驳回，这些立场包括自由派精英不支持家庭，“村里的长者希望社会是个人主义的社会，因为只有个人组成的社会对‘专家’的命令和控制反应更好”。(Ibid., 16－17) 我的讨论集中在桑托勒姆的论点中更值得认真考虑的部分。

不谈,[10]事实婚姻也是一种受社会控制的社会制度。如果所有涉及的问题都要求所谓“天然”,就不需要讨论国家的作用了。

赞同婚姻的活动家大卫·布兰肯霍恩(David Blankenhorn)及美国价值观研究所的主席,他们认为国家应该只继续优待异性婚姻,因为婚姻从根本上保证了儿童生物上的父亲和母亲。正如布兰肯霍恩所承认的那样,婚姻是一个社会制度,可以追溯到人类文明开始的地方。[11] 在那个时候,婚姻在不同文化里存在差异,随着时间的推移,根据需要、愿望和所涉及的人对文化的不同理解而改变。例如,在某些时候和某些地方,与婚姻相关的财产方面更加突出;而在其他时间和地点,更强调婚姻在更广泛的亲属关系结构中的效用。在这样一个复杂的制度中,说来自不同文化数以亿计的人几千年参与其中的事情“是”一件单一的事情则是无意义的。当然,很长一段时间以来,许多同性婚姻倡导者强调的婚姻的目的是伴侣之间的情感联系,以及布兰肯霍恩强调婚姻的目的是生育孩子的制度,当下,这两种婚姻的目的观比过去的联系更紧密,难以截然分开。既然这两种观点的交织状态已经在某种程度上解开了,没有确定的方式来确定它们中哪一种观点更符合婚姻的本质。正如人们所知,正如布兰肯霍恩

---

〔10〕 See, for example, Dinitia Smith, “Love that Dares Not Squeak Its Name,” *New York Times*, Feb. 7, 2004, B7.

〔11〕 David Blankenhorn, *The Future of Marriage*, 23.

所指出的，在我们的社会中，公民对婚姻的每一种理解都是非常重要的。〔12〕

那么，国家应该如何处理成年人之间的关系，这个问题不应该关注什么形式的成人关系是“天然的”（natural）关系，或者什么样的婚姻在某种程度上固有地“是”天然的婚姻而赋予某种特定关系以特权。如何推动或阻碍重要善的发展，这才是应该关注的。桑托勒姆和布兰肯霍恩都为国家赋予异性婚姻家庭特权提供了更充分的理
94 由，他们认为婚姻为孩子创造了最好的环境。〔13〕撇开他们论点的准确性不谈，儿童福利确实是一种善，自由民主应当高度地重视儿童福利。但是，如果其他形式的关系也促进了其他重要的善，只赋予异性婚姻以特权是否正当？例如，为什么同性婚姻也有助于满足成年伴侣的照顾需求但不被承认？对此，布兰肯霍恩的回答是，婚姻将性与生育适当地联系起来，以确保每个子女都享有与生俱来的权利，即子女享有生父母对他们承担责任的权利。〔14〕他认为，若国家允许同性

---

〔12〕 布兰肯霍恩（Blankenhorn）援引了诺瓦尔·格伦（Norval Glenn）在2003年年末和2004年年初进行的一项调查。调查中，受访者被问及哪一项特征对一段美好婚姻更重要：13%的受访者选择“促进已婚人士的幸福和福祉”。10%的被调查者选择“孩子适应能力强，将来会成为好公民”。然而，约74%的受访者认为这两项特征都很重要，并回答说：“两者同等重要。”（Ibid.，226）（citing Norval Glenn，“National Fatherhood Initiative With This Ring...：A National Survey on Marriage in America，”30，2005.）

〔13〕 Rick Santorum，*It Takes a Family*，21－22，31；David Blankenhorn，*The Future of Marriage*，16.

〔14〕 Ibid.，16.

婚姻，子女的利益将受到威胁，因为允许同性婚姻会削弱婚姻赋予子女出生在生父母双亲家庭这一与生俱来的权利观念。[15] 反过来，这将导致由生父和生母共同抚养的子女减少，不利于儿童的福利。但该论点有很多问题。

首先，再次撇开在异性婚姻家庭长大的孩子通常比其他孩子更幸福这一说法的真实性不说，如果我们对婚姻的限制不是禁止同性婚姻，而是施加其他一些可能的限制，禁止同性恋进入婚姻以增进孩子的福利的观点会变得更难以接受。例如，如果政府拒绝让穷人结婚，理由是研究表明，穷人的孩子不如富裕家庭的孩子有更好的发展，相信我们中的任何人都不太可能对此满意。尽管智商在一定程度上是可遗传的，我们也不可能禁止低智商的成年人结婚，尽管智商较低会降低孩子们的生活前景。我们不禁止在这些情况下结婚的部分原因是，除认为婚姻制度是一个养育健全子女的制度外，我们还认为，婚姻制度至少在某种程度上也是一个人的尊严和自主权的问题。在这种背景下，将同性伴侣排除在婚姻制度之外似乎比不上将其他夫妇排除在婚姻之外那么令人不快，这与其说是对儿童福利的关心，不如说是历史偏见，是人们容易接受将同性恋者排除在人类尊严之外。我们不禁止其环境对养育孩子并不是最佳选择的人结婚，另一个原因是，我们意识到诸如婚姻等这样的正式制度带来的利益及婚

〔15〕 Ibid.，3，105，197，201.

姻制度受到的权力限制。限制这些人结婚可能会使那些无论如何都会出生的孩子的幸福状况恶化，因为他们的父母被排除在一个可以稳定父母与子女福利的制度之外。如果同性婚姻继续被拒之门外，一种现实的可能性是，越来越多的男女同性恋伴侣决定在婚姻制度之外生育孩子却不被允许进入婚姻制度。[16]

95 其次，出于同样的原因，布兰肯霍恩的论点取决于，如果国家将同性伴侣排除在婚姻之外将在多大程度上支持他所提倡的观点，即孩子有权在与亲生父母共同生活的婚姻家庭中长大这一观点。但是，当今离婚和再婚的频繁，越来越多人使用依靠第三人卵子和精子

〔16〕 2000年的人口普查发现，293,000个女同性家庭中有33%的家庭有自己的孩子（亲生的、收养的或继女），而301,000个男同性家庭中有22%的家庭有自己的孩子（亲生的、收养的或继女）。（Tavia Simmons and Martin O'Connell, "Census 2000 Special Reports: Married-Couple and Unmarried-Partner Household [2003]," available at http://www.census.gov/prod/2003pubs/censr-5.pdf [accessed June 20,2009].）由于异性恋伴侣的错误报告，这些数字可能被夸大了。Ibid.,n.4. 此外，这些家庭中有相当大比例的孩子可能是在过去的异性恋关系中出生的，但人口普查数据没有揭示这一点。然而，越来越多的男女同性恋者选择在同性关系的情况下生孩子。在凯撒家庭基金会的一项民意调查中，不是父母的男同性恋者和女同性恋者有49%表示，他们想要自己的孩子或领养孩子。（Kaiser Family Foundation, "*Inside-Out: A Report on the Experiences of Lesbians, Gays and Bisexuals in America and the Public's View on Issues and Policies Related to Sexual Orientation*," [2001].）根据2007年城市研究所和威廉姆斯研究所（Urban Institute and Williams Institute）的一项研究，估计有6.5万名被收养的儿童与同性恋父母生活在一起，估计有1.41万名寄养儿童与同性恋父母生活在一起（Gary J. Gates, M. V. Lee Badgett, Jennifer Ehrle Macomber, and Kate Chambers, The Williams Institute and The Urban Institute, "Adoption and Foster Care by Gay and Lesbian Parents in the United States," available at http://www.urban.org/UploadedPDF/411437_Adoption_Foster_Care.pdf [accessed June 20,2009]）。

的辅助生殖技术以及代孕安排等都可能使生父母增加到两个以上。[17] 针对这种可能性,我们必须对同性成年人在照顾方面带来的利益,以及将婚姻限定在异性夫妻间抚养子女失去的利益进行衡量。[18]

最后,布兰肯霍恩认为,孩子既需要父亲也需要母亲,这一观点假设了一种刻板的本质主义的性别差异,与性别平等的目标是不相容的。布兰肯霍恩告诉我们:"婚姻的情感维度与婚姻弥合人类主要差异的目的密不可分。"[19] 这种差异,他认为就是男性和女性之间的

---

〔17〕 2000 年美国疾病控制中心(Center for Disease Control)报告,有 10,801 名儿童通过捐赠卵子出生。(Victoria Wright, Laura Schieve, Meredith Reynolds, and Gary Jeng, "Assisted Reproductive Technology Surveillance—United States, 2000" [Aug. 29, 2003], available at http://www.cdc.gov/mmwr/preview/mmwrhtml/ss5209a1.htm [accessed June 20,2009].)因为精子捐献可以通过非正式的方式完成,因此通过非正式途径出生的孩子的确切数量是未知的。《华盛顿邮报》(Washington Post)的一篇文章报道称,在美国,每年有 8 万至 10 万例人工授精使用了捐献的精子;在 2003 年,至少有 15,000 例用捐献的卵子进行了体外受精;每年有超过 1000 名婴儿通过代孕出生。(Liza Mundy, "It's All in the Genes, Except When It Isn't," Washington Post, Dec. 17,2006, B1.)

〔18〕 最近一项对马萨诸塞州同性伴侣的调查分析发现,几乎所有(93%)的受访者都同意或多少同意他们的孩子因为他们的婚姻而更加幸福和富裕。受访者表示,他们的孩子感到更安全、受到更大的保护;他们获得了一种稳定感;这种婚姻让孩子们看到他们的家庭被社会或政府认可。此外,72% 的受访者表示,因为婚姻,使他们对彼此的关系更加忠诚。(Christopher Ramos, Naomi G. Goldberg, and M. V. Lee Badgett, "The Effects of Marriage Equality in Massachusetts: A Survey of the Experiences and Impact of Marriage on Same-Sex Couples," The Williams Institute [May 2009], available at http://www.law.ucla.edu/williamsinstitute/publications/Effects_FINAL.pdf [accessed Mar. 14,2010].)

〔19〕 David Blankenhorn, *The Future of Marriage*, 105, 93. 布兰肯霍恩(Blankenhorn)后来说,"从人们对婚姻的公共理解中去除男性和女性的部分,就等于关掉了婚姻中唯一最明亮、最明显的一盏灯"(Ibid., 150)。

差异。但是布兰肯霍恩极其模糊的观点是到底该性别差异包括哪些。他主张,女人和男人完全不同,孩子们需要接触到他们非常不同的特点和特征,这是现今已经过时的观点的反映,即男人和女人本质上是完全不同的生物,适合在社会中扮演非常不同的角色。[20] 长期以来,性别互补的观点一直被研究性别差异的学者所排斥。联邦最高法院也认为这种分类已经过时,联邦最高法院一再指出,依靠绝对的性别分类存在风险,有"强化对妇女的'适当地位'及其需要特别保护这一成见的危险"。[21]

但我已经将布兰肯霍恩和桑托勒姆观点的准确性搁置一边。布兰肯霍恩和桑托勒姆声称,自出生即由一对已婚、亲生的异性父母抚养长大的孩子表现最佳。实证研究表明,这种形式的家庭对孩子成长的环境比其他主张者提出的家庭环境更好。虽然这些婚姻支持者是正确的,但其他主张者的研究并不包括忠诚的同性关系伴侣计划,并且从孩子一出生就抚养该子女的情况。相反,这些实证研究比较了已婚、有亲生子女的异性恋家庭和单亲家庭、同居异性恋家庭以及开始虽由亲生父母抚养但后来与继父或继母生活的家庭中孩子

〔20〕 See, for example, Bradwell v. Illinois, 83 U. S. 130, 141(1873).

〔21〕 Orr v. Orr, 440 U. S. 268, 283(1979). See also Frontiero v. Richardson, 411 U. S. 677, 685 - 687(1973).

的表现。〔22〕显然，这些家庭与作者试图排除在国家支持之外的同性恋家庭之间存在显著差异。

异性婚姻家庭比同性婚姻家庭更适合抚养孩子吗？由于同性婚 96
姻是一种新形式的婚姻，我们还没有异性婚姻和同性婚姻这两种形式的家庭的纵向比较数据。然而，我们已经掌握的数据强有力地表明，在同性双亲家庭中长大的孩子，在衡量幸福感方面，与在异性恋家庭中长大的孩子相比，表现得相当好。〔23〕用格雷戈里·赫雷克（Gregory Herek）的话来说，尽管这些研究的样本质量、研究设计、测量方法和数据分析技术存在相当大的差异，但研究结果却非常一致："迄今为止，主流研究一直未能发现儿童的健康状况与其父母的性取

---

〔22〕布兰肯霍恩（Blankenhorn）在《儿童趋势报告》（Child Trends Report）中指出："研究清楚地表明……最有助于子女的家庭结构，是由两个亲生父母组成的低冲突婚姻中的家庭。"{Blankenhorn, *The Future of Marriage*, 123 [citing Kristin Anderson Moore, Susan M. Jekielek, and Carol Emig, "Marriage from a Child's Perspective: How Does Family Structure Affect Children, and What Can We Do about It?"] (Washington, D. C.: Child Trends, Research Brief, June 2002) available at http://www.childtrends.org/Files//Child_Trends-2002_06_01_RB_ChildsViewMarriage.pdf [accessed March 14, 2010].}布兰肯霍恩引用的大卫·波佩诺（David Popenoe）和芭芭拉·怀特黑德（Barbara Whitehead）的研究也是如此。(Blankenhorn, *The Future of Marriage*, 122-235 [citing David Popenoe and Barbara Dafoe Whitehead, "The State of Our Unions: The Social Health of Marriage in America, 2005," available at http://www.virginia.edu/marriageproject/pdfs/SOOU2005.pdf (accessed Mar. 14, 2010)].)

〔23〕早期对同性恋父母的孩子进行的研究通常认为，在异性恋关系中出生的孩子，一旦父母中的一方成为同性恋，他们的关系就会破裂。因此，这些研究无法将同性恋父母抚养孩子对孩子的影响与离婚的影响区分开来。夏洛特·帕特森（Charlotte Patterson）在《同性恋父母的孩子》一书中总结了这一研究现状："Children of Lesbian and Gay Parents," Current Directions in Psychological Science, 15(5), 241(2006)。

向之间存在联系。"[24]夏洛特·帕特森(Charlotte Patterson)总结了这项研究：

> 许多主要的专业组织都清楚地承认了这方面的调查结果。例如，作为美国主导性机构的美国心理协会(American Psychological Association, APA)在一致投票决定的一份声明中说："研究表明，调适能力、发展这些方面的儿童心理健康与父母的性取向无关，而且男女同性恋父母养育的孩子与异性恋父母养育的孩子可能同样茁壮成长"(APA 2004)，美国律师协会、美国医学会、美国儿科学会、美国精神病学协会和其他主流专业团体也发表了类似的声明。[25]

此外，也有证据表明，在异性恋和同性恋家庭中，如果伴侣为了受孕而使用精子库，孩子的父母中只有一位与孩子有生物学上的联系，他们同样表现良好。[26] 因此，尽管所有的证据都不会用来说明数年内的情况，但几乎没有人支持这样的观点，即同性婚姻所生的孩子会比在异性婚姻中长大的孩子过得更好或更糟。当然，与父母和

---

〔24〕 Gregory Herek, "Legal Recognition of Same-Sex Relationships in the United States: A Social Science Perspective," *American Psychologist*, 61(6), 607, 616 – 617(2006).

〔25〕 Charlotte Patterson, "Children of Lesbian and Gay Parents," 243.

〔26〕 Ibid., 242 – 243.

孩子的关系质量、父母关系中的压力水平和家庭收入水平等因素相比,同性父母对孩子的幸福感影响要小得多。

我们该怎么办?在确认国家对待同辈关系这一利益攸关的问题时,桑托勒姆和布兰肯霍恩将儿童福利视为一项重要的善这是正确的,应当予以考虑,即使这种善与异性婚姻的关系并不像他们所希望的那样明显。然而,在其他许多方面,他们考虑的善与他们所忽略考虑的善一样明显。桑托勒姆和布兰肯霍恩很少关注与自治之善相关 97
的自由主义的关键原则。这些善包括尊重个人选择自己的生活过程,相信公民的自由一般会有助于政治的健全,高度警惕国家要求个人生活的统一化,在没有良好的公开理由时对多数人会利用国家权力将自己的信仰强加于少数人这种状况的忧虑。[27] 虽然在天平的另一端可能有比这些原则更重要的东西,儿童的福利肯定也是其中之一,但我们没有充足的证据排除同性关系,相反有很多相反的证据。

此外,桑托勒姆和布兰肯霍恩也对平等之善不屑一顾。我已经提到过布兰肯霍恩倡导的性别互补如何与坚持性别平等相冲突。仅赋予异性关系以婚姻的特权带来了深层次的危险,因为它强化了一

〔27〕 约翰·斯图亚特·密尔在他的文章《论自由》中提出的伤害原则,可能是对国家合法界限最著名的自由主义解释(John Stuart Mill, *On Liberty and Other Essays*, John Gray (Ed.), [Oxford: Oxford University Press, 1st ed., 1991], 14)。同样,密尔对个性的捍卫以及允许自由和实验给社会带来的好处仍然是这类价值观的典型体现(Ibid., 74, 120 - 121, 128)。

种带有历史上的性别不平等烙印的联系。正如玛莎·费恩曼直言不讳地指出的那样,为了子女而鼓励异性婚姻的公共政策,就构成了为了子女而牺牲女性利益的国家意愿。[28] 此外,给予异性婚姻以特权与男女同性恋者社会地位平等的目标也相悖。正如自由主义致力于自治,但它对平等的专注也是强有力的——尤其是对以根深蒂固的性取向与性别为特征的平等的关注。因自由主义致力于其他重要的善,平等这一目标需要保持谦抑的品性,但这里没有证据表明存在平等与其他善的冲突。

在主张国家应该进一步对异性恋婚姻,而且只对异性恋婚姻关系提供福利的时候,桑托勒姆和布兰肯霍恩的提议削弱了社会经济平等的基础,因为这样做将确保那些在某些措施上已经很幸运的人继续获得广泛的福利。因为并不是社会上所有的人都有平等的机会结婚和维持婚姻。而出生于稳定、富裕的家庭显著地增加了结婚和维持婚姻的机会。更重要的是,那些被排除在婚姻制度之外的公民,很可能是那些最需要国家福利的人,包括经济福利。由于规模经济效应,同居的成年人通常比那些独居的人在经济上过得更轻松。[29] 因此,将特权集中到那些既有财力又碰巧拥有一段忠诚关系的人身上,是将社会资源引向那些传统上是富人而非穷人的人,正如朱迪

---

〔28〕 See Martha Fineman, *The Autonomy Myth*, 7, 87－88.

〔29〕 See Ann Crittenden, *The Price of Motherhood* (New York: Metropolitan Books, 2001).

思·史黛西(Judith Stacey)所说:“我们的社会选择在已婚人士的家庭篮子里放置的鸡蛋和衣物越多,无论出于命运、运气还是意愿,大量成年人和受抚养人将变得更加饥饿和贫穷,而他们却生活在婚姻之外……”〔30〕

就桑托勒姆和布兰肯霍恩所说的情况,主张对某些关系,如异性恋婚姻且只对异性婚姻赋予特权,这样的观点产生了以下问题:国家应就如下两方面进行平衡:一方面,国家激励被认为是产生有益的影响的特定生活方式,因此,奖励那些采用这种生活方式的人;另一方面,国家引导资源投向那些最需要的人,而这些人往往最不可能采取国家奖励的行为。桑托勒姆和布兰肯霍恩关注的是他们认为是公共善的有益的生活方式。相比之下,在涉及国家福利政策时,政治左派的主要关注点却是确保当他们失业、遭遇健康危机或家庭破裂不幸时,国家才保护公民。 98

传统婚姻的反对论

那些主张国家取消民事婚姻的人,毫不奇怪,主要关注的是婚姻倡导者忽视的一系列重要的善。酷儿理论家迈克尔·沃纳(Michael Warner)反对同性恋权利倡导者主张同性婚姻的有力论据就是一个很好的例子。沃纳认为,同性恋群体目前推动同性婚姻的努力有可

---

〔30〕 Judith Stacey,“Toward Equal Regard for Marriage and Other Imperfect Intimate Affiliations,” 344.

能冒这样的风险："全盘否认同性恋文化对亲密关系、性和污名政治学的最佳见解。"[31] 这些教训的伦理核心是以人的尊严为中心的。这些教训从酷儿文化对性的体验和性的侮辱中得出，有些自相矛盾：

> 其基本原则是，一个人不能假装超越于性的羞辱之上。在这种情况下，与他人的关系始于承认自己最卑贱和最不体面的一切。羞耻是基石。同性恋者可能会彼此辱骂、侮辱和卑鄙，但因为沮丧被理解为一种共同的状态，他们也知道如何通过这种同志情谊——一种令人感动和意想不到的慷慨——来沟通。规则是克服你自己。在法官面前戴上假发。由此得出的结论是，你能从那些你认为不如你的人身上学到最多的东西。在最好的情况下，这种伦理与任何形式的等级制度都格格不入。[32]

99 沃纳补充说，这种伦理"实际上比通常使用的'尊严'这个词更符合现代尊严概念的核心。从这个意义上来说，尊严不是浮华和显赫，而是人类与生俱来的"。[33] 他认为，从历史上来看，婚姻是一种手段，通过它，国家谋求对一种特殊的、一夫一妻制的异性恋的性行

---

〔31〕 Michael Warner, *The Trouble With Normal*, 91.

〔32〕 Ibid., 35.

〔33〕 Ibid., 36.

为模式赋予特权并促进此种行为模式,并将所有其他生活方式污蔑为道德败坏。因此,沃纳认为,将婚姻扩大到包括同性婚姻也与此差不多,公然把多数人的观点强加于少数人,认为多数人在道德上是正确的,并否认人人平等地尊重人的尊严。[34]

沃纳将国家废除婚姻的观点巧妙地与自由民主所推崇的许多价值观交织在一起。他不仅有力地动员了对人类尊严的呼吁,认识到人的尊严包含了对所有人平等的承诺,还为自由主义者珍视的个人自治提出了强有力的理由:由公民而不是国家来决定什么才是适合他们的生活方式,国家也不应该仅仅基于大多数人的个人喜好而使某些关系和活动(如婚外性行为)非法化。虽然不那么明显,但沃纳的观点中的社区之善(the good of community)仍然是其一大贡献:正如沃纳所描述的那样,认识到所有人都是有羞耻感的伙伴,就会影响对友谊的认可、互相学习的意愿、慷慨以及强烈的社区意识。

然而,沃纳对人的尊严的强调有利有弊。正如我所指出的,一旦考虑人的条件的依赖性,维护人的尊严不仅需要保护个人的自主权,还需要支持家庭中的照顾。由于我们的社会是有组织的,公民需要

[34]　沃纳(Warner)称:这种社会工程是值得怀疑的。它把管理的机器带到了快乐和亲密关系上,旨在扼杀生活方式的多样性。它授权国家使一种已经规范化的生活形式——甚至更有特权。国家对当代生活的行政渗透,可能已经麻木了我们的思维方式,使我们陷入深深的强制性思维。我们认为这是理所当然的。然而,这是盲目的多数主义,不仅配备一系列令人印象深刻的禁令和惩罚,还配备有同样令人印象深刻的一系列经济刺激和抑制措施,所有这些措施的目的不仅是操纵民众的经济选择,而且是为了操纵人们对美好生活的实质和规范的愿景(Michael Warner, *The Trouble With Normal*, 112)(原文强调)。

的大部分照顾将来自那些与我们有密切关系的人。长期的照顾关系对政治组织有特殊的、重要的利益，因为它们满足了两个人（或两个人以上）之间的依赖需求，这种依赖性在随意性行为的两个人（无论他们是异性恋、同性恋、双性恋或酷儿）之间则无法满足。因此，国家有理由赋予某些特殊关系以特权，这种关系并不依赖某些公民不合法的、私人的偏好。尽管自由主义者怀疑专制国家带来的危险，这是合理的，但对照顾关系的支持这一重要性不应排除国家采取行动促进这些关系。

废除婚姻的做法，最大困难在于其道德基础的脆弱，因为废除婚姻将无法完成照料工作，照料工作是任何良好社会中必须发生的。
100 问题不在于沃纳的愿景是否具有正常的吸引力——它在很多方面都具有吸引力——而在于成人关系的解体，对人类的依赖和由此产生的照料需求，是否可以合理地期待引发国家责任和义务。

有人说，酷儿文化将导致相对主义、自我陶醉或自由主义，沃纳驳斥了这一观点。他认为，酷儿文化政策本身，以及对酷儿文化在酷儿之间创造的慷慨和纽带感的认同克服了这些倾向。[35] 虽然在酷儿亚文化中可能是这样，但是在酷儿生活之外的异质文化中，这种慷慨和群体意识似乎不太可能自发地发生。因此，婚姻解体论者过于乐观地认为，国家促进对所有生活方式的尊重，将导致义务纽带关系

---

〔35〕 Michael Warner, *The Trouble With Normal*, 36.

的产生，而此种义务是人类的依赖纽带所需。鉴于依赖关系的重要性，自由民主能够而且应该能够鼓励促进照料义务和责任的规范。

一些婚姻解体论支持者的论据，并非基于国家不应该像沃纳主张的那样，在不同的善之间挑挑拣拣；相反，他们是基于这样一种主张而支持婚姻解体，即赋予成年人某种关系以特权是支持特定善的错误手段。例如，女权主义者玛莎·费恩曼支持废除婚姻，但其理由是与支持婚姻倡导者所支持的同样的善——儿童福利。费恩曼认为，与婚姻倡导者相反，国家对婚姻家庭的支持最终会导致对儿童利益的损害。她指出，在当今社会，儿童成长在各种各样的家庭形式中。费恩曼认为，一个真正致力于支持儿童福利的国家，在任何情况下养育的子女都应该得到支持，而不仅仅是父母已婚的子女。[36] 因此，费恩曼认为，国家在促进有能力的成年人之间的关系方面没有合理的利害关系，因此应放弃民事婚姻制度。在她提议的新体制下，成年人之间的法律关系将由他们之间谈判达成的私人合同来管理。[37] 就那些选择进入婚姻的夫妇而言，婚姻将成为一个纯粹的宗教制度，而不产生民事后果。

然而，在采取这一立场时，费恩曼并没有恰当地赞颂国家的合法 101
规范愿望。虽然国家当然应该集中精力确保所有现有的儿童在其与

〔36〕 Martha Fineman, *The Autonomy Myth*, 140 - 141.

〔37〕 Ibid., xix, 123.

父母的关系中得到支持,但它也可以有更高的目标,并设法促进那些能更好地促进儿童福利的家庭形式,以便使未来的儿童出生在更健全的环境中。在这一点上,桑托勒姆和布兰肯霍恩的观点是对的。然而,他们认为同性关系不应该占有一席之地,且他们忽视了实现这些目标的政策可能会给弱势公民带来的代价,在这些方面他们是错误的。

此外,费恩曼在主张国家应取消婚姻作为一种民事地位时,忽视了一个合法理由,即国家应对成人之间的关系享有利益。事实上,不仅孩子需要照顾,成年人也需要。这为国家提供了一个重要的理由来支持成年人之间的关系。

总之,国家对成年人之间这种利益攸关的亲密关系牵涉一系列复杂的利益。在制定对这些关系进行规范的原则时,应当需要一种适当的成人之间的平辈关系理论。综合考虑所有这些善及原则,我们就会对国家在处理成年人关系方面应该扮演的角色有一个更复杂但最终更清晰的认识。

二、成年人关系中的支持性国家框架

如果考虑成人亲密关系中涉及的大量重要的善及原则,国家对成人之间的关系将采取什么立场？这些不仅包括自治和人的尊严,而且还包括促进儿童和成人的照料和人的发展、所有公民的机会平等以及性别平等。这种做法应该考虑这一系列重要的原则和利益，给予其应有的重视，并尽可能缓和它们之间的紧张关系。实际上，国家在处理成年人关系的方法方面，必须考虑两个独立但相关的问题。第一个问题是，国家是否应该承认成年人之间的关系，以便分配这些成年人之间的权利和责任。第二个问题是，国家是否应该赋予成年人之间的关系以特权，即那些参与这些关系的人应该从国家或第三方那里获得利益或权利。尽管国家是否应该承认成年人之间关系的问题，比是否应该给予成年人之间关系特权的问题更容易回答，但我认为这两个问题都应该得到肯定的回答。

国家承认成年人间的亲密关系

关于国家是否应该承认成年人之间的关系，以便分配他们之间 102
的权利和义务的问题，答案显然是“应该”。虽然废除婚姻的支持者，如费恩曼认为，成年人之间的关系通过私人合同谈判方式处理会更好，但成年人之间亲密关系的相互依赖的性质，特别是当他们是长期关系时，可能在缺乏管制的情况下造成巨大的经济不平等和权力不平衡。面对这些不平等，如果一个国家不能像玛丽·尚利（Mary Shanley）所认识到的，至少对这类夫妇强制执行默认规则，国家就会放弃在这些关系中保证公正和平等的利益。[38] 那些提倡用合同制

---

〔38〕 See Mary Shanley, *Just Marriage*(New York: Oxford University Press, 2004), 16.

度来管理亲密关系的人忽视了在这种合同的公平性方面所产生的严重困难。当人们对情感关系订立合同时，他们通常不会与对方保持距离。他们有时可能因为出于对他人的关心，而不热心维护自己的利益，或者因为错误地相信自己的关系会持续一生（这种情况非常普遍）。因此，他们可能会同意一份不公平的合同。此外，生活和人际关系的过程往往难以预测，事先签订的合同可能无法公平和公正地解决事后发生的问题。另外，在契约制度下，那些处于弱势地位的人——传统上是女性——可能会为自己订立的契约，其条件对自己不那么有利，这将导致两性关系在发展过程中以及在关系结束时出现不平等。由于上述原因，国家设立了一种公平的默认的情况，例如，要求夫妻双方在婚姻关系中任何一方的收入都属于双方共有。夫妻都更乐意签订这样的协议，这比鼓励所有夫妻单独谈判会更好。

此外，在一个没有为横向关系规定民事地位的制度中，这种关系完全由合同来管理，甚至那些就不利的合同进行谈判的人也可能比那些根本没有就合同谈判过的人幸运。有些人没有合同，因为他们请不起律师。另一些人不会签合同，因为许多人会说他们结婚的动机是公开表达爱，[39]进而也不会签订保护自己的合同。如果有一

〔39〕 See Goodridge, 798 N. E. 2d at 954 – 955 {“民事婚姻是对另一个人的一种深刻的个人承诺，是对相互关系、友谊、亲密、忠诚和家庭等理想的高度公开的宣告。”“这是一种促进生活方式的联系，而不是事业；是和谐的生活，而不是政治信仰；是双方的忠诚，而不是商业或社会项目” [quoting Griswold v. Connecticut, 381 U. S. 479, 486 (1965)]}.

天，当这些关系结束时，双方将既没有基于配偶身份的默认保护措施，也没有针对彼此的合同请求。同样，这将对主要照顾者不利，因为他们将无权对伴侣在关系期间所挣得的收入提出请求。[40] 因此，国家确认了成年人之间关系的一种制度，以便在他们之间公平地分配权利和义务，这比合同制度更能促进公平和正义的目标。

103 当然，即使不向夫妻提供使他们的关系形式化的途径，国家也可以根据成人间关系的功能特点分配其权利和义务。例如，美国法律研究所(American Law Institute, ALI)制定的《家庭解体法律原则》(Principles of the Law of Family Dissolution)中对那些符合一定功能标准的未婚同居者规定了特殊的义务。[41] 倘若民事婚姻和成年人之间的其他正式承诺都被取消，所有的伴侣就会适用类似的方案。在这种方法下，伴侣间的功能特征——他们在一起生活了多久，是否有孩子等，可以用来确定彼此之间的权利与义务。

然而，基于两个原因，取消男女两性之间的正式关系这种路径选择仍然是一个错误。首先，这种特定仪式有助于确定其成员的意图

---

〔40〕 不过其可能认为，尽管一些人进入婚姻关系，可能在分手时情况更糟。如果以身份为基础的婚姻已消除，许多其他人在分手时情况会更好，因为没有国家的认可，他们会完全停止进入婚姻关系。当然，费恩曼和其他评论家认为，如果女性作为一个群体，避免与男性结婚或建立类似婚姻的关系，她们的境况会更好(See Martha Fineman, *The Autonomy Myth*, 135)。无论情况是否如此，我强烈的预感是，结束民事上对婚姻的确认，对结婚人数几乎没有影响——他们只会在没有国家批准或保护的情况下这么做。

〔41〕 American Law Institute, Principles of the Law of Family Dissolution, § § 6.01, 6.03 – 6.06.

以及他们自己对此种关系的主导地位和持久性的理解。在结婚时，结婚者表示他们同意一种特定的正式地位，而这种地位伴随着一套可强制执行的法定权利与义务。[42] 当然，这种理解应该在决定适用于特定关系的默认规则时是相关的。例如，男女双方是否忠于永久关系应与在夫妻分手之后，国家决定是否在分居各方之间重新分配收入或者在分配收入的情况需要分享多长时间这些问题有关。[43] 其次，也是更重要的一点，通过这些默认规则，国家提供可行的途径，使公民能够正式地维持他们关系的持久性和深入性，这符合国家在增加家庭照顾关系稳定性方面的利益。正如伊丽莎白·斯科特(Elizabeth Scott)对民事婚姻深思熟虑的解释：

> 正式确认婚姻状况，以及对结婚和离婚采取法律行为的要求，表明了双方所作承诺的意义，并强调了婚姻的严肃性。单单是与正式婚姻地位相伴随的“一揽子”实体上的法律义务就促进了婚姻关系的稳定。[44]

---

〔42〕 See Elizabeth Scott, “Marriage, Cohabitation, and Collective Responsibility for Dependency,” *University of Chicago Legal Forum*, 225 (2004).

〔43〕 See Marsha Garrison, “Is Consent Necessary?: An Evaluation of the Emerging Law of Cohabitant Obligation,” *UCLA Law Review*, 52, 1 (2005).

〔44〕 Elizabeth Scott, “Marriage, Cohabitation, and Collective Responsibility for Dependency,” *University of Chicago Legal Forum*, 241 - 243.

通过为夫妻以及其他形式的亲密关系提供路径,将他们的承诺规范化从而增加了这些公民在一起的可能性,以便彼此提供双方所需要的照顾,为孩子们建立稳定的关系,与他们的伴侣努力渡过困难时期。[45]

国家优待(某些)成人间亲密关系

支持性国家应承认成年人之间的关系,以便在其参与者之间分 104
配默认的权利和义务,但国家是否也应谋求优待这种关系?因为这些关系促进的善,依我看来,答案应该是肯定的。然而,这些特权必须以特定的方式加以限制,因为这些优待与包括自治和平等原则在内的其他重要的自由之善和价值相冲突。支持性国家对待成人关系的以下四项原则共同谋求照顾所涉及的各种重要利益。

1. 建立自愿关系的自由

自由主义对个人自治的高度尊重,要求国家给予个人自由,让他们选择是否与他人建立自愿关系。决定个人关系不受国家干涉的权

---

〔45〕 正如加拿大法律委员会(Law Commission of Canada)的一份重要报告《超越夫妻关系》中所指出的,有大量的关系可以从国家对这些关系的规范化所带来的稳定性和确定性中受益。(Law Commission of Canada, "Beyond Conjugality: Recognizing and Supporting Close Personal Adult Relationships [2002]," available at http://www.samesexmarriage.ca/docs/beyond_conjugality.pdf [accessed June 20,2009].)报告认为,国家应该"提供一个有序的框架,在此框架中,人们可以相互表达承诺,并自愿享有一系列法律权利并承担义务"。(Ibid.,113.) See also Bruce C. Hafen, "The Constitutional Status of Marriage, Kinship, and Sexual Privacy —Balancing the Individual and Social Interests," *University of Michigan Law Review*, 81, 463, 476 - 484 (1983).

利是个人自决和作为自由主义基础的人的尊严价值的核心。[46] 根据这一原则，例如，一个公民的美好生活的愿景，是让尽可能多的与其他公民的亲密关系应该能够实现而不受国家干涉（除了公共健康等问题），而不需要考虑大多数人的个人看法。尽管这个人生目标对我们许多人来说可能是愚蠢的，对一部分人来说甚至是罪恶的，但是除非有合法的公共理由，国家没有理由禁止这种行为。若是这样，这一原则将废止在几个州禁止婚外通奸和同居的刑法，而这些刑法仍在实施中。[47]

2. 支持（广泛的）长期照顾关系

虽然自由主义国家必须对所有两厢情愿的关系保持克制，但国家不需要将所有这些关系置于同样的环境。正如迈克尔·沃纳所言，的确，自由民主国家不应基于公民的个人道德观，偏爱某些关系

---

〔46〕 This respect is incorporated into our jurisprudence. See, for example, Lawrence v. Texas, 539 U. S. 558, 562(2003)（"在我们的传统中，国家并非无处不在。在家庭之外我们生活和生存的其他领域，国家不应该成为主导存在。自由超越了空间的界限。自由意味着自我的自治，包括思想、信仰、表达自由和某些亲密行为的自由。"）；Ibid., 567.（"作为一项一般规则，这应有助于防止国家或法院试图界定这种关系的意义，或在不损害个人或滥用法律保护的机构的情况下划定其界限。我们只要承认，成年人可以选择在他们自己的家庭和私人生活范围内建立这种关系，并仍然保持他们作为自由人的尊严。当性行为在与另一个人的亲密行为中得到公开表达时，这种行为可能只是更持久的个人关系中的一个元素。宪法保护的自由允许同性恋者作出这样的选择。"）

〔47〕 尽管在劳伦斯诉得克萨斯州案之后，这些州法律的合宪性令人质疑，但目前，仍有5个州保留了类似的法律：佛罗里达州、密歇根州、密西西比州、弗吉尼亚州和西弗吉尼亚州。（Fla. Stat. § 798.02 [2009]; Mich. Comp. Laws § 750.335 [2009]; Miss. Code Ann. § 97-29-1 [2009]; Va. Code Ann. § 18.2-345 [2009]; W. Va. Code § 61-8-4 [2009].）

胜过其他关系。[48] 然而，国家能够而且应谋求支持这样一种关系，即这种关系能进一步促进重要公共之善，而自由国家在这些公共之善中拥有合法的利益。鉴于人的生存状况固有的依赖性，国家不仅支持人的尊严所必需的自治，还包括对人的照顾及人的发展的支持。支持长期关系是促进这些公共之善的一个重要途径。在不考虑尽量 105
减少异性恋关系中的成年人间偶尔发生的暴力和其他伤害，或忽略异性恋关系中的性别不平等的情况，自由主义国家必须面对依赖性是成人和儿童的生活不可避免的这一事实，这才是关键。由于自由主义国家在公民的健康、福祉和尊严方面的利益，因此，国家促进照料关系并向这些关系提供有助于它们繁荣发展的制度性支持，自由主义国家在这些关系的成功与否方面具有至关重要的利益。

鉴于国家给予成人亲密关系特权的一个主要原因是满足家庭中的照顾需求，在现有的可以选择结婚的异性恋夫妇关系之外更广泛的关系方面，国家的支持就十分重要了。例如，国家在支持非一夫一妻制伴侣关系方面的利益，或者支持那些不是性伴侣关系上的利益。出于同样的原因，国家在支持两名以上成年人的家庭团体方面也十分重要。[49] 因此，国家有充分的理由支持下列所有涉及照顾的平辈横向关系：两个生活在一起并互相照顾的年长姐妹，一对非一夫一妻

〔48〕 Michael Warner, *The Trouble With Normal*, 112.

〔49〕 限制国家应承认这些关系中的人数可能有行政原因，而不是理论原因。然而，没有理由一定以两个人为限。Michael Warner, *The Trouble With Normal*, 112.

制的同性恋伴侣，一个由五个成年人和他们的孩子一起生活的团体，以及一对异性婚姻夫妇。

3. 限制长期照顾关系中的优待

促进横向平辈关系的健康和稳定，这只是繁荣的自由民主应该追求的诸多目标之一，也是影响国家决策的许多原则之一。因此，国家在分配有利于这些关系的优待时，必须与其他替代性分配方案进行权衡，包括对满足需求方面分配特权。正如我所指出的，当涉及国家行为时，不应仅限于需求的满足，一个繁荣的社会还必须能够实现人们对更美好未来的期望。出于该原因，国家可能会提供一些福利以鼓励长期的亲密关系，即使这些福利可能无法达到目前最需要的支持。尽管如此，对这种长期关系需求的满足仍然必须在道义上给予相当的重视，即使不完全禁止这些关系，但也应适当限制给予这些关系的优待。

此外，国家在确保这些关系的存续及稳定方面的局限，也必须被纳入国家的家庭政策制定中。自由主义深刻地认识到，国家完成特
106 定目标方面的制度的能力是有限的，即所谓的自由主义的谦抑，应成为国家处理成年人之间关系的一个重要因素。自由主义的谦抑需要认识到，国家只有适度的能力去鼓励公民发展和保持健康的照顾关系。尽管国家可以设立制度性前提和激励机制去支持这些关系，但健康的关系能否发展和维持，最终在很大程度上取决于相关个人的性格和运气，而这是国家无法影响的。忽视这些因素对国家能力的

限制可能导致在国家权力产生有限影响的方面过度投资资源。国家对这种关系附加了太多的激励机制,可能会导致公民仅仅在名义上建立并继续保持这种关系,或者更糟的是,维持一种泛滥的关系,国家对其支持毫无利益。

再者,健康的人际关系依赖许多与个人取舍无关的因素,这也是限制国家为人际关系提供利益的原因。即使符合条件的公民争取结婚,对许多人来说,进入和留在该婚姻制度中取决于具体情况,他们对此是无能为力的。例如,一方可能在另一方没有任何过错的情况下决定不再爱另一方,然后离开。国家只把资源投入婚姻,这意味着更广泛的公民群体没有资格享受这些福利,其中许多人并非自身有过错。基于这些考虑,国家应以两种特定的方式限制性地支持这些关系的特权:首先,国家对成年人之间照顾关系的支持不能削弱国家确保所有公民都有收入和机会追求有尊严的生活这一责任。这至少意味着,一个公正的社会应该设法向社会上的每一个人提供基本的社会福利,如医疗保健,而不考虑其是否具有家庭成员身份。只要是根据特定的关系地位分配这些利益,就会忽略国家最基本的职责。

其次,国家应该限制对那些与国家有合法利益的特定公共之善相关的关系给予优待,例如,家庭照顾或性别平等。把家庭单独挑出来接受更广泛的优惠待遇,虽然这可能进一步促进鼓励和支持家庭的目标,但这与所有公民之间的公平和平等原则相矛盾,包括所有家庭成员和家庭成员以外的公民，特别是将经济资源重新分配给那些总体而言更富裕的人的情况。根据这一原则，政府可能会允许工作期间的照顾休假，对病人家属享有住院探视的特权，以及公民伴侣的特殊移民特权，但可能不会允许照顾关系中的人就与照顾病人
107 无关的额外费用享受税收减免。因此，国家几乎没有理由为那些成人与成人关系中的人提供一般的经济支持，由于共同生活的经济规模，这些成年人平均而言在经济上更好。相比之下，考虑照顾者照顾受照顾者的费用，对那些处于照顾者与依赖关系中的人进行经济再分配可能更有道理，包括对中断有偿劳动进行经济再分配。[50]

正如我前面所建议的，国家可以合法地促进符合这一原则的成年人之间的关系的一个重要方法是，通过提供一种民事途径，使成年人能够正式履行对他人的承诺。这些正式的承诺增加了此种关系持续下去的可能性。这些正式确认的承诺也是作为国家宣称支持稳定的照顾关系的一个工具，而不用重新分配支持这种关系的有形的权

---

〔50〕 然而，在一般情况下，把资源分配给有孩子的家庭是符合按需分配要求的。正如伊丽莎白·沃伦（Elizabeth Warren）和阿米莉亚·沃伦·泰吉（Amelia Warren Tyagi）所证实的："现在，生孩子是预测女性最终将陷入经济崩溃的唯一最佳指标。"（Elizabeth Warren and Amelia Warren Tyagi, *The Two-Income Trap*: *Why Middle-Class Mothers and Fathers are Going Broke* [New York: Basic Books, 2003] [emphasis omitted], 6.）用他们的话来说："有孩子的已婚夫妇申请破产的可能性是没有孩子的夫妇的两倍以上"（Ibid.）。与没有孩子的家庭相比，他们迟付信用卡账单的可能性要高出75%，他们的房屋也更有可能面临丧失抵押品赎回权（Ibid., 6－7）。

利,从而把这些有形的权利分配给可能更需要这种支持的人。当然,国家对这种正式承诺的认可,对那些不缔结此种承诺关系的人来说没有成本。在国家承认这些承诺的限度内,那些不缔结此种关系的人可能会感到缺乏社会尊重,甚至是社会不赞成他们的行为。然而,考虑照顾关系的重要性,在我看来,这种形式化对这些关系的稳定作用超过了对那些不缔结此种关系的人潜在的污名化所带来的成本。

4. 防止其他重要善受损害

支持性国家必须考虑支持家庭可能对其他重要的自由之善构成的风险。有三种风险值得特别注意。第一,只要所支持的关系是异性恋关系,国家对照顾关系的支持就有加剧性别不平等的可能。第二,家庭关系受到优待也可能增加财富和机会的不平等,因为更亲密的家庭更有可能在家庭内部分配资源。第三,国家鼓励的家庭关系可能会使家庭成员更有可能与自己的家庭紧密联系,从而脱离社区生活。

(1)性别不平等

国家应促进亲密照顾关系的任何建议都必须面对这样一个事实,即异性恋关系,特别是异性恋婚姻制度,其与妇女在社会中的不

108 平等地位密切交织在一起。[51] 撇开目前的政治现实不谈，国家当然可以只给予那些非异性恋长期照顾关系以优待。例如，赋予同性恋关系或柏拉图精神恋爱关系以优待，来处理这种令人不安的联系。另一种选择，也是在政治上更容易被接受的是国家可以同时赋予异性恋关系和其他关系以优待，并力求消除这些关系中的不平等。

实现后一种选择的最重要方法之一，是国家采取鼓励父母双方

---

〔51〕 在普通法中，婚姻是建立在丈夫和妻子的等级秩序之上的制度。威廉·布莱克斯通(William Blackstone)写过一本关于英国法律的权威著作，他说："通过婚姻"，丈夫和妻子在法律上成为一体。也就是说，女人的存在或合法存在在婚姻中被中止，或至少被纳入合并到丈夫的存在中，在丈夫的庇护、保护和掩护下，她做每一件事……基于这一原则，夫妻双方的结合，几乎取决于双方通过婚姻获得的所有法律权利、义务和不利。但是，虽然我们的法律一般把丈夫和妻子看作一个人，但是在某些情况下，对妻子是独立考虑的。依附于丈夫，受丈夫的强迫行事。根据旧法律，丈夫也可以适当修正妻子的行为。因为，既然他要为她的不端行为负责，法律认为有理由相信他有权力通过家庭惩罚来约束她，就像男人有权修正他的学徒或孩子的行为一样。(William Blackstone, Commentaries on the Laws of England, Vol. 1, [1765], 442 – 45.) See also Bradwell v. Illinois, 83 U. S. 130, 141 (1873) (Bradley, J., concurring) ("《普通法》的创始者们的这种感情是如此坚定，以致成为该法律制度的一项格言，即妇女没有独立于她的丈夫的法律存在，而她的丈夫被认为是她在社会国家的首领和代表……")随着时间的推移，婚姻制度逐渐被褪去这种明确的等级法律秩序，以及基于性别的法律义务。See, for example, Stanton v. Stanton, 421 U. S. 7, 10, 14 – 15(1975) [摒弃了"通常来讲，提供住房及其家庭必需品是男人的主要责任"的概念，指出"女性不再仅仅是为了家庭和养育家人，男性是为了市场和思想世界的引领"(引文略)]. 然而，无论是婚姻观念上的文化共鸣，还是工作场所鼓励一心一意工作，工人们要求其伴侣在家照顾他们的家人这样的社会规范，这些继续使女性在异性恋关系中处于比男性更不利的地位。与异性恋关系相比，同性关系伴侣通常表现出更平等。(Gregory Herek, "Legal Recognition of Same-Sex Relationships in the United States: A Social Science Perspective," available at http://psychology. ucdavis. edu/rainbow/HTML/AP_06_pre. PDF [accessed June 20, 2009].)

共同分担照顾子女义务的政策,因为性别不平等在很大程度上与妇女承担过多的抚养子女的义务有关。[52] 为了实现这一目标,正如我在第三章中所讨论的,国家应该采取一种公众参与照顾子女的模式,让父母双方平等地分担照顾子女的义务和平等地参与有酬劳动。例如,国家可以要求雇主采取家庭休假和弹性工作时间政策,由父母共同照看子女。[53] 公立学校也可以在这方面发挥作用,教育孩子们他们的父亲和母亲在养育孩子方面应该发挥平等的作用,并帮助孩子们理解这些照顾任务的重要性。用安妮塔·施里夫(Anita Shreve)的话来说:"过去教女孩做饭和缝纫的家庭经济学课程可能会让位于新的家庭经济学:教女孩和男孩如何将工作和养育子女结合起来。"[54]

(2)财富和机会的不平等

国家对家庭关系的支持存在这样一种风险,即更紧密的家庭纽带将导致财富被更紧密地掌握在家庭内部,从而加剧家庭之间财富

---

〔52〕 参见"引言",原著第6~7页;Katharine T. Bartlett,"Brigitte M. Bodenheimer Memorial Lecture on the Family: Saving the Family from the Reformers," *University of California Davis Law Review*, 31, 809, 844–845 (1998).

〔53〕 该问题的更多讨论,参见第三章。

〔54〕 Susan Moller Okin, *Justice, Gender and the Family* (New York: Basic Books, 1989), 177 (quoting Anita Shreve, *Remaking Motherhood* [New York: Viking Press, 1987], 237).

和机会的差距。[55] 国家应该采取一些措施来应对这一风险。首先，国家必须确保所有公民都有经济收入接受教育，以实现(至少)一些基本的机会门槛，即使他们的家庭在没有援助的情况也能提供这些机会。其次，政府应设立激励机制，鼓励拥有巨额财富的家庭成员将财富再分配给家庭以外的人，比如，通过慈善税收减免措施。最后，当公民在家庭内部进行遗赠时，国家应设法减少几代人之间继续存在的财富差距，但不是消除这种差距。正如迈克尔·沃尔泽(Michael Walzer)所指出的，有重要的理由允许家庭成员通过遗赠向家庭成员表达爱意，并对这些遗赠征税以促进平等和为合法的国家支出提供资金支持。[56] 沃尔泽直接下结论说，在他看来，在决定对这些遗赠的征税程度时，国家应该在这些目标之间进行调整，对每一个目标都给予一定的权重考量。[57]

(3)远离市民生活

109 基于市民及经济方面考虑，国家还应设法鼓励家庭作为家庭成员的一个支持源，而不是将家庭成员作为一个孤立的岛屿。这是我们所处的时代比过去更重要的问题。在过去几十年里，美国成年人

[55] See James S. Fishkin, *Justice, Equal Opportunity, and the Family* (New Haven: Yale University Press, 1983).

[56] See Michael Walzer, *Spheres of Justice: A Defense of Pluralism and Equality* (New York: Basic Books, 1983), 127 – 128.

[57] Ibid.

的社交圈急剧缩小。[58] 许多因素可能导致人们的社会生活范围日益缩小:这主要是因为女性劳动力参与率的提高,[59]美国家庭之外的工作时间每周增加了10多个小时。1968年在没有孩子的家庭中,丈夫和妻子加起来每周的工作时长是58小时,到了2000年,每周工作时长为68小时;1968年在有孩子的家庭中,父母每周工作时长是53小时,到2000年每周工作时长64小时。[60] 加上路上往返时间的延长,[61]使美国家庭面临的时间危机比过去严重得多。然而,最近的时间分析研究表明,父母每周花在照顾孩子身上的时间与过去大

---

〔58〕 See Miller McPherson, Lynn Smith-Lovin, and Matthew E. Brashears, "Social Isolation in America: Changes in Core Discussion Networks Over Two Decades," *American Sociological Review*, 71, 353 (2006), which I discuss in the Introduction, p. 7.

〔59〕 从1960年到2000年,已婚母亲的就业率几乎翻了3倍,其中6岁以下儿童的母亲就业率增长最快。(Janet C. Gornick and Marcia K. Meyers, *Families That Work: Policies for Reconciling Parenthood and Employment* [New York: Russell Sage Foundation Publications, 2003], 27-28.)总之,妇女参与劳动力市场的比例从1940年的28%上升到2000年的60%(同上,原著第27页)。

〔60〕 Michael Hout and Caroline Hanley, "The Overworked American Family: Trends and Nontrends in Working Hours 1968-2001," (2002), available at http://ucdata.berkeley.edu/rsfcensus/papers/Working_Hours_HoutHanley.pdf (accessed Mar. 16, 2010). See also Jerry A. Jacobs and Kathleen Gerson, "Overworked Individuals or Overworked Families?" Work and Occupations, 28, 40 (2001).

〔61〕 根据美国人口普查局(Census Bureau)的数据,美国工人平均每天去工作单位单程上班时间是25.5分钟,往返总计51分钟。{Bureau of the Census, 2008 American Community Survey, "Mean Travel Time to Work of Workers 16 Years and Over Who Did Not Work at Home (Minutes)," available at http://factfinder.census.gov/servlet/GRTTable?_bm=y&geo_id=01000US&-_box_head_nbr=R0801&ds_name=ACS_2008_1YR_G00_&-_lang=en&-redoLog=true&format=US-30&-mt_name=ACS_20 [accessed Mar. 16, 2010].}

致相同。[62] 他们在照顾孩子方面的时间投入使他们与其他成年人交往及参加社区活动的时间比以前减少了。[63] 这种时间紧张在受过高等教育的中产阶级中尤为明显，他们是对志愿社区协会花时间最多的群体。[64]

这些发展变化对政治组织的健康构成了重大威胁。自由民主需要公民之间牢固的联系与众多的公民协会才能繁荣。没有他们，社会运转良好所必需的对他人的信任和信心就会打折扣。[65] 此外，公民之间纽带的弱化也给社会平等带来了风险——如果我们把一个人看作"他者"，我们就更容易把他看作完全不平等的人。此外，弱化的社区联系纽带威胁到了在家庭之外可能发生的相互间的重要照顾。不是所有的人都能或愿意选择在家庭中生活。即使当公民选择在家庭中生活，家庭成员也不会总是在需要的时候待在身边，或者能够满足所有照顾和人类发展的需求。正如来自旧金山同性恋社区的志愿者们在 20 世纪 80 年代照顾艾滋病患者

---

〔62〕 See Suzanne Bianchi, John P. Robinson, and Melissa A. Milkie, *Changing Rhythms of American Family Life* (New York: Russell Sage Foundation Productions, 2007); See also Robert Pear, "Married and Single Parents Spending More Time With Children, Study Finds," *New York Times*, Oct. 17, 2006, A12.

〔63〕 See McPherson, Smith-Lovin and Brashears, "Social Isolation in America: Changes in Core Discussion".

〔64〕 Ibid.

〔65〕 See generally Robert Putnam, *Making Democracy Work: Civic Traditions in Modern Italy* (Princeton, NJ: Princeton University Press, 1994); *Bowling Alone: The Collapse and Revival of American Community* (New York: Simon & Schuster, 2000).

的经历所表明的那样，家庭纽带之外的照顾在健康社会中发挥着重要作用。然而，这种照顾依赖公民之间活跃的交往网络。因这些原因，支持性国家必须设法为鼓励促进公民之间的民事联络创造条件。

为了培育健康的政治组织所需要的牢固的联系纽带，国家支持家庭中的照顾关系，但应当以一种仍然鼓励公民与社区之间建立牢固联系的方式进行。部分目标的实现可以采取诸如对家庭和社区友好等的措施，制定帮助员工减少工作时长和路上往返时间的政策，包 110
括制定限定最长工作时间的法律，减小因城市扩张带来的增加路上往返时间的公共交通和区划政策所带来的负面影响。[66] 与此同时，国家应设法鼓励，至少在某种程度上鼓励核心家庭的去私有化，这在美国已经成型。在一个私人家庭中，父母单独负责照顾子女的养育方式使儿童和照顾儿童的父母与较大的社区隔离。在给予照顾关系以优待时，国家应设法建立制度安排，使父母和受照顾者能参与社区生活，并由国家与社区共同分担照顾责任。国家可以采取两项措施来实现这些目标：一是为合作住房发展提供税收补贴，其中，一些烹饪和托儿工作是通过合作进行的；二是支助托儿合作社。

---

〔66〕 帮助家庭协调工作和照顾的政策已在第三章更详细地讨论。

三、管理成人亲密关系的难题

我认为，国家应该承认并鼓励成人之间的亲密关系，以促进对家庭成员的照顾。然而，在管理这些关系方面仍然存在两个问题。第一个问题涉及国家正式承认亲密关系的形式。具体来说，国家是否应该为所有成人关系提供单一的正式地位，如“家庭关系伴侣”？或者，国家应该为不同类型的关系提供不同的确认形式？在后一种情况下，假设国家可能会继续将某些关系在形式上认定为婚姻，同时以各种方式将其他关系形式化。第二个问题则涉及国家可能合法地采取措施鼓励双亲家庭而不是单亲家庭。

家庭伴侣关系还是婚姻关系？

在我看来，关于国家应该如何对待成年人的长期照顾关系方面，最困难的问题不是国家是否应该将照顾关系优先于其他关系对待。相反，最困难的问题是，所有这些横向关系是否应该在一个单一的法律类型内在形式上被予以确认，例如，以“家庭伴侣关系”形式予以确
111 认，还是应该根据所涉及的关系的总体情况分别进行分类。在后一种情况下，国家将为维持夫妻关系下的婚姻（基于公平性，以及与他们相关的善，需要扩大到同性伴侣）中的夫妻身份，但也承认其他成人之间，如同居者之间的关系。

每一种选择都有显著的利益和存在的成本。将所有成年关系归入一种单一法律地位的好处是防止任何特定的关系子范畴,即在政治进程中婚姻比其他成年人之间的横向关系享有不公平的优待。出于同样的原因,将不同类型的成年人之间的平辈关系归入同一法律范畴将发出一个强烈的信号,即婚姻在法律体系中并非占有至高无上的地位,进而明确宣布了可以建立和维持多种照顾关系,所有这些方式都应该得到尊重。

然而,这种方法有两个显著的缺点。第一,它将使国家不能根据所涉照顾关系的种类来调整分配给该地位的特定义务和利益。例如,当孩子为夫妻关系中的一方所生时,推定另一方是该子女的父母是有意义的。然而,在非夫妻关系的照顾关系中,此种推定的理由就不足了。继承权也是如此:作为一种默认情况,推定配偶之间彼此希望对方继承遗产是有道理的,因为在这种关系中,大多数人会将遗产留给他们的配偶。[67] 而将这一推定应用于其他类型的长期照料关系可能没有多大意义。

第二,虽然取消婚姻的优点,是可以消除婚姻带来的优待关系。但与之相关的缺点是,与婚姻相关的积极的文化反响,即婚姻制度是一种严肃的,长期的承诺的纽带,是建立在两个走到一起的人的爱,

---

〔67〕 See J. Thomas Oldham, "What Does the U. S. System Regarding Inheritance Rights of Children Reveal about American Families?" *Family Law Quarterly*, 33, 265, 269 (1999).

即彼此作为永久的家人基础上的观念也会失去。[68] 因此，取消婚姻可能会削弱婚姻关系中的双方度过艰难时期的决心。它还可能劝阻那些本来会结婚的人不要将他们的关系正式化，因为国家采用的这种新的正式化形式，将不会像通过婚姻那样对爱宣誓产生同样的文化共鸣。[69]

保留婚姻的夫妻身份，同时，发展成年人可以选择进入的其他正
112 式关系的做法，其好处是保留了与婚姻相关的文化和法律力量。这一替代方案还将允许国家根据特定关系类型定制特定的权利束。例如，国家可以通过这些关系确定其主体具有正式的法律地位：生活在一起但不涉及性关系的成年人（不一定限于两个人），包括成年兄弟姐妹；对那些不住在一起，但处于长期、忠诚的照顾关系的伴侣及其他更多的关系。然而，这种方法的缺点是存在这样的风险：婚姻关系将继续被视为拥有优越于其他关系分配特权，而且对婚姻关系不成比例地分配特权。

从理论上来讲，这两种选择之间没有明显的赢家——每种选择都有自己的利益和成本。然而，在政治现实层面，大众（更别提每年500亿美元的婚礼产业）如此看重婚姻的价值，以至于消除民事婚姻

[68] See Elizabeth Scott, "Marriage, Cohabitation, and Collective Responsibility for Dependency," *University of Chicago Legal Forum*, 241 – 245.

[69] Ibid.

几乎是不可能的。[70] 因此，那些寻求将婚姻从其作为首选的家庭形式的基座上推翻并平等考虑更广泛的关系，将注意力集中在通过在成年人中增加其他类别的身份关系以减少婚姻，而不是试图将消除婚姻作为一种替代公民地位和民事伴侣关系的类别，这方面可能会做得更好。[71] 这一战略扩大了受法律保护和支持的关系类别，并在这些不同的关系之间分配现在婚姻所享有的权利，这不仅是考虑了现有政治现实而采取的最务实的方针，而且是在促进自由民主繁荣所需要的善方面更具有前景的方针。[72] 根据所涉及善的范围对所赋予的优待进行分配，也有助于解构"家庭"的单一概念和围绕它的正统观念。这种方法清楚地表明，有许多种关系有利于促进重要的公共之善，没有一种放之四海而皆准的理想家庭。

鼓励双亲家庭或多父母家庭

毫无疑问，一个充满活力的自由民主国家应该能够为了重要的公共目的优先对待某些关系。当然，为孩子们创造一个稳定的环境是一

---

〔70〕 Dina ElBoghdady, "For Love and Money: Amid Economic Sickness, Bridal Industry Radiates Health," *Washington Post*, May 25, 2003, F1.

〔71〕 See Judith Stacey, "The New Family Values Crusaders: Dan Quayle's Revenge," *The Nation*, 259 (4), July 25, 1994, 119. See also Linda McClain, *The Place of Families: Fostering Capacity, Equality, and Responsibility* (Harvard University Press, 2006), 191 – 219.

〔72〕 See Iris Marion Young, "Reflections on Families in the Age of Murphy Brown: On Gender, Justice, and Sexuality," in Nancy J. Hirschmann and Christine Di Stefano (Eds.), *Revisioning the Political: Feminist Reconstructions of Traditional Concepts in Western Political Theory* (Boulder, CO: Westview Press, 1996), 251.

个非常重要的目标。在其他条件相同的情况下，亲密、稳定的家庭关系比疏远或不稳定的关系更适合孩子成长。[73] 此外，虽然许多与单亲
113 家庭有关的更大困难可归咎于充分的法律和社会支持的缺乏，但家庭破裂或离婚本身带来的创伤也是重要的原因。[74] 此外，在其他条件相同的情况下，生活在家里有两个爱孩子的成年人的家庭中，孩子在情感和经济方面的资源比只有一个成年人的要好。[75] 这使国家在选择双亲（或多父母）家庭而不是单亲家庭方面产生合法的利益。

然而，如何鼓励这样的多父母家庭是一个难题。无论国家是否认为父母对其家庭形式作出了明智的选择，国家都有责任确保儿童得到照顾和其他必要的资源，以满足其基本的抚养需求，并促进其最低限度的人类发展。即使国家担心确保今天的儿童拥有必要的资源将发出，关于什么是更好和更差的家庭形式这样的错误信号，从而伤害未来的儿童，但国家责任仍然存在：充分支持现有儿童这一责任是最重要的。由此，例如，国家不得因为低收入家庭的母亲在婚姻之外

---

〔73〕 See Nancy Dowd, "Stigmatizing Single Parents," *Harvard Women's Law Journal*, 18, 19, 34 – 35 (1995).

〔74〕 Gary Painter and David I. Levine, "Family Structure and Youths' Outcomes: Which Correlations are Causal?" *Journal of Human Resources*, 35 (3), 524 (2000).

〔75〕 Sara McLanahan and Gary Sandefur, *Growing Up in a Single-Parent Family: What Hurts, What Helps* (Cambridge: Harvard University Press, 1994); Thomas Deleire and Ariel Kalil, "Good Things Come in Threes: Single-Parent Multigenerational Family Structure and Adolescent Adjustment," *Demography*, 39 (2), 393 (2002); Leslie N. Richards and Cynthia J. Schmiege, "Problems and Strengths of Single-Parent Families: Implication for Practice and Policy," *Family Relations*, 42 (3), 277 (July 1993).

非婚生育子女而不向低收入家庭提供福利，如果这样做会使这些家庭的儿童失去必要的资源。

然而，在这一必要的支助门槛之上，国家有充分理由采取措施鼓励和设法稳定多父母家庭。在选择这些措施时，国家仍应寻求协调关系重大的自由之善。换言之，国家的目标应该是制定政策，避免出现相互抵消进而结果为零的情况出现，在这种情况下，推动某些善的发展却损害了其他善。制定这种政策将需要仔细注意有关自由之善可能发生冲突的方式。

按照这一标准，国家试图通过向双亲家庭而非向单亲家庭提供经济资源来进一步扩大双亲家庭的规模，这是协调这些善的一种特别蹩脚的工具，因为这样做会使最需要这些资源的家庭得不到资源，从而加剧不平等。政府最好采取不会造成如此明显差距的措施。例如，政府可以为可能成为父母的年轻人提供工作培训计划和教育补贴来鼓励非单亲家庭，因为研究表明，增加年轻人的未来前景，使他们年轻且单身时生孩子的可能性更小。[76] 这样的计划不会直接将当前儿童的重要利益与未出生的儿童的利益相比较，而且还具有增加机会均等的优点。

---

〔76〕 See Marian Wright Edelman, "Preventing Adolescent Pregnancy: A Role for Social Work Services", *Urban Education*, 22(4), 496(1988)("全国调查数据的最新分析显示，如果我们控制收入和基本技能的不足，少数族裔和白人的出生率基本上是一样的——减少了青少年的生活选择的差距"); Kristen Luker, *Dubious Conceptions: The Politics of Teen Pregnancy*, Cambridge, Harvard University Press, 1997.

114 同样,那些试图通过增加离婚难度来强化婚姻关系的建议,国家应该以怀疑的眼光看待,比如,那些试图回到有过错的离婚法的建议。通过回归过错离婚来收紧离婚法律,尽管能增进国家在促进婚姻方面的利益,但将严重侵犯公民的自治利益。因此,国家最好采纳一些建议,如要求婚前咨询,以避免这种赤裸裸的商品交换。〔77〕 出于同样的原因,正如琳达·麦克莱恩(Linda McClain)所指出的那样,许多促进婚姻的政策有可能使婚姻中的性别不平等持续下去。〔78〕 鉴于妇女比男子寻求离婚的更多,国家可以通过承担平等的家务和照料工作来鼓励男子成为更好的伴侣,从而有效地支持这种关系。〔79〕 与更严

〔77〕 在契约婚姻法中,个人可以选择是否在离婚时适用更高的标准,这也减少了重要的善之间的冲突(See Ariz. Rev. Stat. § 25 - 901 to 25 - 906 [2000 & Supp. 2004], Ark. Code Ann. § 9 - 11 - 801 to 9 - 11 - 811 [2002 & Supp. 2003], La. Rev. Stat. Ann. § 9:272 to 9:276 [2000 & Supp. 2005])。然而,考虑可以选择契约婚姻的情况下缔结契约婚姻的夫妇数量很少,而且在一方想要退出该婚姻时仍然要求双方维持婚姻这方面存在的问题,国家寻求其他政策是明智的。在路易斯安那州只有2%、亚利桑那州只有0.25%,在阿肯色州,在约3.8万对即将结婚的夫妇中,只有71对在婚姻生效的第一年(2001～2002年)可以选择的情况下选择了契约婚姻。Scott Drewianka, "Civil Unions and Covenant Marriage: The Economics of Reforming Marital Institutions (2003)," available at http://www.uwm.edu/~sdrewian/MEApaper2003.pdf (accessed Mar. 16, 2010).

〔78〕 See Linda McClain, *The Place of Families*, 131 - 154.

〔79〕 See Katharine T. Bartlett, "Brigitte M. Bodenheimer Memorial Lecture on the Family," 842. 巴特利特(Bartlett)引用了1986年一项研究的数据,该研究表明,在62%～67%的案例中是女性提出离婚(Ibid., 842, n. 135)。最近的一项研究给出了大致相同的结果,认为这个数字略高于2/3(Margaret F. Brinig and Douglas W. Allen, "These Boots Are Made for Walking: Why Most Divorce Filers Are Women," *American Law and Economic Review*, 2, 126, 127 - 128 [2000])。最近关于家务分工的数据显示,已婚母亲平均每周做19.4小时家务,而已婚父亲平均每周做9.7小时家务(Bianchi, Robinson, and Milkie, The Changing Rhythms of American Family Life)。

格的离婚法相比,这些措施对个人自主权的侵犯要小得多,同时还能增进性别平等。

在决定国家应采取何种措施来促进这种关系时,重要的是要记住国家处理这些关系的复杂性时,制度设计并非万能的。国家可以让个人更难摆脱婚姻,但国家无力让这样的关系保持爱和照顾的活力。当父母之间的关系不成功时,不是试图让他们维持婚姻,国家的努力应更好地集中于确保父母双方在孩子的生活中继续发挥有意义的作用。如法院和评论人士越来越多地认识到的,两个成年人离婚并不意味着其中一个也必须和孩子分手。〔80〕 在这种情况下,国家的目标应该是,在可能的范围内促进父母和孩子之间和谐的养育关系。在支持性国家的系列政策变革措施中,排在第一位的应该是追求目标的变化,在离婚纠纷诉讼中,不是通过家事法院来解决离婚纠纷这一标准模式,因为法诉讼模式加剧了当事人之间的仇恨。取而代之的是向促进当事人合作的合作性纠纷解决模式发展。〔81〕

---

〔80〕 See June Carbone, *From Partners to Parents: The Second Revolution in Family Law* (New York: Columbia University Press, 2000).

〔81〕 See Clare Huntington, Repairing Family Law, 57 *Duke L. J.* 1245 (2008); Patrick Parkinson, "Family Law and the Indissolubility of Parenthood," *Family Law Quarterly*, 40, 237 (2006).

结 论

决定支持性国家对成人亲密关系应该采取的立场是如此困难，因为这些关系牵涉许多对美国理想至关重要的善，且这些善彼此之间难以和谐一致。这些善——人的尊严、自治、机会平等、性别平等、儿童福利，对自由民主计划来说都太重要了，不能为其他善而
115 牺牲其中任何一种善。出于同样的原因，没有哪种善的地位如此之高以致可以完全凌驾于其他善之上。因此，我们需要的不是只关注一两种善而忽视其他善，我们需要的是一种家庭政策，将相关善结合在一起，形成一套更加微妙的原则，让每一种善都得到应有的重视。

当然，这并不意味着可以形成一套原则，允许这些善全面覆盖，而不向其他善作出妥协。正如以赛亚·伯林(Isaiah Berlin)简洁地建议的那样，这个世界充满了这样的情况："我们面临着同样的终极目的和同样的绝对要求之间的选择，其中一些目标的实现必然牺牲其他目标。"[82]但是，这确实意味着，在某些地方，可以通过深思熟虑

---

〔82〕 Isaiah Berlin, "Two Concepts of Liberty," in *Four Essays on Liberty* (Oxford: Oxford University Press, 1969), 168.

的政策来改善自由主义中善之间的紧张关系。而这也意味着，在无法缓和这些紧张局势的情况下，支持性国家必须在这些善之间有意识地、谨慎地作出艰难的选择。

第五章　支持性国家、家庭隐私与子女

117 在通常情况下，国家应支持家庭在照顾家人及促进人的发展方面的能力，同时给予家庭自主决定如何处理家庭内部事务的权利。然而，当涉及家庭隐私政策时，关注孩子如何融入家庭就会引发棘手的问题。其中的一个问题涉及国家保护儿童免遭伤害的责任。儿童在家庭中处于弱势地位，使父母与国家在保护儿童福利方面的关系变得复杂。大多数父母都爱他们的孩子，通常会尽力为孩子们做对他们最好的事。然而，并非所有的父母都如此。甚至一些爱孩子的父母也不能充分保障孩子们的幸福，甚至虐待他们。国家应如何构建其与家庭的关系，以最大限度地促进儿童福利并保护他们免受伤害？

除虐待儿童之外，如何最好地在更大范围内保护儿童的利益也引发了一些棘手的问题。国家对家庭隐私政策的支持，就算没有更多的作用，通常也会增强父母对孩子的权力（parents'authority）。在家庭做决定时，不同的父母会以不同的方式行使这种权力。有些人会经常听取子女的意见，另一些人会做他们认为对子女最好的事情，但很少关注他们的意见。还有一些人会追求自己的利益并坚持自己的意见，甚至很少关注子女的利益。父母和子女之间权力的不平等是引发忧虑的特定原因，因为与成年人不同，当子女们不同意父母所做的决定时，他们通常无法离开家庭。国家应该在多大程度上通过允许儿童拥有权利，进而改变父母子女之间这种权力不平衡的状况以保护儿童的利益呢？

当涉及父母指导子女成长的权力时，关于家庭隐私的最后一组困难问题出现了。父母强烈要求能够以他们认为合适的方式抚养自己的子女（虐待和疏于照顾除外），并且能够影响子女们将来成为什么样的人。但当父母试图以一种与自由民主价值观相悖的方式抚养子女时，情况会怎样呢？在某些情况下，父母并非有目的地这样做， 118
就像他们向自己的子女示范传统的性别角色一样，其实他们压根没有停下来思考过这种做法。在其他情况下，那些在自己的生活中反对自由主义信条的父母，故意把偏执的观点传递给了他们的子女。例如，一些美国南浸信会（美国最大的一个基督教新教教派）（Southern Baptist）信仰的父母可能会寻求传递他们教会的信仰给孩子，即妻子应该谦恭地服从丈夫这一信仰。再如，一些基督教保守主义者可能会教育他们的子女同性恋者不应该享有公民权利，因为同性恋是一种罪恶，从而对培养孩子们宽容的公民美德造成破坏。此外，一些信奉宗教激进主义的父母可能会设法让他们的孩子远离其他生活方式，以防止他们偏离自己的宗教。[1] 这种让子女与世隔绝的做法会扼杀他们自主选择人生道路的机会。在这些情况下，国家应该采取什么立场？

在本章，我将讨论其中三个方面的问题：国家如何最好地构建与家庭的关系以保护儿童免受伤害；是否在家庭内给予儿童权利；对那些传递偏执的信仰的父母，国家应如何回应。除诸如虐待或疏于照顾等特殊和极端情况外，对这一系列问题的主流性的答案仅仅是确认用家庭隐私原则处理。用此种方法处理，如罗尔斯在第一章的论述所揭示的那样，[2] 家庭内部发生的事情通常不是国家关心的事。而支持性国家的立场并非与主流立场完全相反，而是具有细微差别的。与主流观点一样，支持性国家尊重家庭隐私的价值。然而，它并不认为这种隐私是一个全有或全无的问题。一方面，支持性国家承认家庭自治从来就不完美，国家不可避免地影响家庭在日常事务中的运作方式。另一方面，尽管家庭隐私相当重视对家庭自己决定如何处理事务，但支持性国家承认，家庭隐私和个人自主权一样，是繁荣社会必须支持的一系列善之一。因此，在主流观点看来，家庭隐私

[1] See Mozert v. Hawkins County Board of Education, 827 F. 2d 1058 (6th Cir. 1987).

[2] 参见第一章，原著第 23～26 页。

不再是国家政策的一张王牌。

取而代之的是，支持性国家的目标是尽可能制定政策，将家庭隐私的利益与其他重要利益结合起来，包括儿童福利、儿童自治的利益及发展儿童的公民美德。正如我在本书第一部分提出的，一个支持家庭正常事务的儿童福利制度既可以减少需要国家干预的危机，也可以比目前的儿童福利制度在改善儿童福利方面做得更好。在本书第二部分，我认为，国家对父母的这种支持政策比起“儿童权利”的制度平台能更好地服务于“儿童的利益”。然而，我指出，在某些具体情况下，儿童的利益要求给予他们特别的权利，其中最重要的是怀孕女孩堕胎的权利。涉及父母寻求传递缺乏教养的生活方式给子女的问 119
题，在本章的最后部分我主张，父母剥夺子女发展公民美德或在指导子女生活中剥夺子女必要的自主权的欲望不能得到国家允许，无论父母这种方式的意义如何或此种方式如何根深蒂固。但尽管如此，在大多数情况下，国家可以在家庭以外的其他机构追求这些发展的目标，以尽量减少对父母自主权的冒犯。

一、家庭隐私与儿童福利制度

在最好地保障儿童福利方面，国家应扮演什么角色？在本章，我将对比两种截然不同的国家介入方法。首先，是目前美国儿童福利制度所采用的方法。目前的方法，从某种意义上来说，就是只有父母才能提供子女成长所需要的条件，国家对儿童福利的责任作为补充责任对待。只有在父母未能给子女提供充分保护的情况下，政府才会适当介入。[3] 因为父母被认为存在自主保护子女失败的过错，强制性的国家干预被认为是必要的。这种干预的形式通常是国家将儿童从他们的家中带走。这些子女有许多将在以后与父母重新团聚，其他的将留在寄养所，还有一些将被新父母收养。这些方案，无论哪种替代方案，也无论是在国家介入之前还是之后，在此种制度下几乎所有儿童都会受到严重伤害。在这种制度下，虽然对孩子来说肯定有好的和坏的结果，但是很少有对孩子有利的结果。

其次，即支持性国家的办法，对儿童福利问题的处理迥异。其中，国家在儿童福利方面的责任不是在家庭失败后才发挥作用的补充责任，而是在日常事务中国家与家庭共同承担的责任。不是在家庭危机发生后对家庭使用强制力，而是寻求与父母合作，让家庭从一开始就不那么容易受到危机的影响。在现行制度下，政府将大部分儿童福利基金用于支付私营公司和寄养父母的费用，以照顾被认为没有得到充分照顾的儿童。[4] 与现行制度相比，支持性国家首先将

---

〔3〕 这是借用邓肯·林赛(Duncan Lindsey)的词。(Duncan Lindsey, *The Welfare of Children* [New York: Oxford University Press, 2003].)

〔4〕 See Cynthia Andrews Scarcella, Roseana Bess, Erica S. Zielewski, and Rob Green, Urban Institute, "The Cost of Protecting Vulnerable Children Ⅳ," 6 – 10 (2004), available at http://www.urban.org/UploadedPDF/411115VulnerableChildrenIV.pdf (accessed Sept. 18, 2009).

资源用于确保现有家庭获得社会支持，为儿童提供福利。支持性国家制度模型与补充责任国家制度模型的不同之处在于，前者寻求的是促进儿童的发展，而不是简单地将对儿童的损害降到最低。

现行的儿童福利制度

在现行制度下，除非收到虐待儿童的报告，负责儿童福利的国家 120
机构对儿童福利不会采取任何行动。在儿童受虐待之前，保护儿童福利的责任是家庭，而不是国家。然而，一旦对虐待或疏于照顾的投诉查证属实，就会认定父母保护儿童失败，国家对家庭的强制性干预则被认为是适当的反应。

在这一点上，1997 年通过的《收养与安全家庭法》(Adoption and Safe Family Act, ASFA)[5]，一部对美国寄养制度进行全面改革的联邦法，试图确保，一旦国家参与进来，国家与家庭的关系将是有限的，最好是短暂的。该法案保留了以前的规定，即要求各州一般应努力使儿童留在家中，如果需要一段时间的寄养，则应使儿童重新团聚。[6] 然而，为了使这种做法与各州持续不断地支持家庭的态度相一致，现行的联邦资助标准，是各州保持家庭完整提供援助时获得的补偿，远比在为儿童提供寄养或收养服务时获得补偿困难得多。[7]

---

〔5〕 The Adoption and Safe Families Act of 1997, 42 U. S. C. 671(a)(15)(B).

〔6〕 Ibid.

〔7〕 See Cynthia Andrews Scarcella et al., "The Cost of Protecting Vulnerable Children Ⅳ," 33 – 34.

以下数字反映了这些财政激励措施:2002 年联邦政府在防止儿童寄养情况发生或促进儿童与父母重新团聚上每花费 1 美元,在儿童寄养照顾上至少花费了 9 美元,外加 3 美元用在了收养上。〔8〕 因此,除紧急服务之外,实际上只有相对较小比例的家庭接受了援助,以帮助不让儿童接受寄养或在儿童从家中被转移后与其与父母团聚。〔9〕根据目前的方案,每年大约有 27.3 万名儿童进入寄养系统,这一数字令人震惊。〔10〕

一旦这些儿童在寄养中心得到照顾,《收养与安全家庭法》就限制了试图让这些儿童与父母重新团聚作出努力的时间。如果一个儿童在过去的 22 个月中有 15 个月被寄养,国家可能会强制儿童福利

---

〔8〕 See Cynthia Andrews Scarcella et al. ,"The Cost of Protecting Vulnerable Children Ⅳ,"16,19, 21.

〔9〕 大多数家庭保护项目将服务时间限制在 30 天、60 天或 90 天(Duncan Lindsey, "Preserving Families and Protecting Children: Finding the Balance [1997]", available at http://www.childwelfare.com/kids/fampres.htm [accessed Mar. 15,2010])。See also Mark E. Courtney, "Factors Associated with the Reunification of Foster Children with their Families," *Social Service Review*,68,1(1994)(1988 年至 1991 年对进入寄养照顾的儿童进行调查发现,70% 的儿童只接受了紧急响应服务,20% 没有接受任何服务,只有 10% 接受了广泛的服务). 在提供服务防止儿童被迁离的家庭中,许多接受了咨询(42.7%)。只有 26.2% 的人接受了经济援助;16.7% 的人获得了交通方面的帮助;7.5% 的人获得了就业援助。一旦孩子被迁离原家庭,接受服务的家庭就更少了:35.2% 的家庭接受了咨询;3.8% 的人获得了就业援助;17.8% 的人获得财政援助;8.1% 的人获得了交通补贴(Lindsey, *The Welfare of Children*,145)。

〔10〕 U. S. Department of Health and Human Services, "The AFCARS Report: Preliminary FY 2008 estimates as of October 2009," available at http://www.acf.hhs.gov/programs/cb/stats_research/afcars/tar/report16.htm(hereinafter AFCARS Report)(accessed Mar. 15,2010). 截至 2008 年 9 月 30 日,仍然在寄养系统中的儿童共有 46.3 万名(同上)。

机构寻求终止父母权利的途径。[11] 在此观念下,《收养与安全家庭法》要求各州努力在儿童寄养中心寄养儿童,同时让这些儿童和他们的家人重新团聚。但家庭不能独立提供儿童福利的悲观看法使这些儿童与这些在保护儿童权利方面存在缺陷的父母团聚的努力往往不会成功。[12] 此种家庭与国家关系模型预设的最终状态是,儿童生活在那些能够自行确保儿童健康和福利的家庭中,无论该家庭是原生家庭还是收养家庭。

将这些儿童送到照顾中心,而不是把他们留在家里,是否真的能使其更好地得到照顾服务,存在大量的争论。[13] 数据表明,如果把

---

〔11〕 42 U. S. C. §675(5)(E)(2006). 这一规定的目的是创造一个明确的"期望……即亲生父母有固定的时间来改善……一旦超过了这个固定的时间,就应该开始迅速启动该系统将孩子安置到另一个家庭"(Adoption and Support of Abused Children:Hearing before the Senate Committee on Finance,105th Congress [1997] [statement of Rep. Camp])。

〔12〕 42 U. S. C. §671(a)(15)(F)(2006).

〔13〕 例如,比较一下玛莎·加里森(Marsha Garrison)的说法,她写道:"改革者们……声称,那些只需要日托或经济援助的父母经常被迫接受家庭之外的看护。他们认为,提供强有力的家庭服务往往可以避免在家庭外的安置,成本更低,危害更小……但几乎没有证据支持这些主张。更糟的是,有证据反驳了这样的观点。"("Reforming Child Protection:A Public Health Perspective," *Virginia Journal of Social Policy and the Law*,12,591,597 [2005]);以及理查德·J. 盖勒斯(Richard J. Gelles)和艾拉·M. 施瓦茨(Ira M. Schwartz)认为,政府花了太多的精力来维持血缘关系("Children and the Child Welfare System," *University of Pennsylvania Journal of Constitutional Law*, 2, 95 [1999]);马丁·古根海姆(Martin Guggenheim)指出,不超过10%的案件涉及严重虐待,并评论说:"如果剩下的90%寄养儿童不是因为严重虐待,那么我们现在似乎已经忘记了我们的首要原则。"("The Foster Care Dilemma and What to Do About It:Is the Problem That Too Many Children Are Not Being Adopted Out of Foster Care or That Too Many Children Are Entering Foster Care?" *University of Pennsylvania Journal of Constitutional Law*,2,141,147 – 148 [1999]);理查德·韦克斯勒(Richard Wexler)说:"从20世纪90年代开始,美国《收养与安全家庭法》是对安全、有效的家庭团聚项目发起攻击的高潮。……该法以儿童安全的名义,使儿童更不安全。"("Take the Child and Run:Tales from the Age of ASFA," *New England Law Review*,36,129,130 [2001].)

儿童,尤其是年龄较大的儿童留在他们的原生家庭,情况会更好,至少在儿童是否应当从家庭中迁离的临界点情况下如此。[14] 无论情况是否如此,大多数进入儿童福利系统的儿童在进入福利系统之前
121 受到国家不支持其福利的严重损害。这些儿童大多数是在贫困中长大的,[15]并受到贫困的毒害。在他们进入照顾中心时,绝大多数人会受到某种身体或精神异常的医学关注,包括自杀和杀人意念的大幅增加,以及高度的发育迟滞。[16]

把这些孩子送到寄养中心会给他们带来更大的创伤。无论这些儿童在那里是否受到虐待,即使只是暂时从他们的父母、兄弟姐妹和家中迁移出来,这些儿童所经历的情感痛苦都是很难估计的。正如"尼克尔森诉威廉姆斯案"(Nicholson v. Williams)中的一位专家证

---

〔14〕 See Joseph J. Doyle, Jr., "Child Protection and Child Outcomes: Measuring the Effects of Foster Care," *American Economic Review*, 97, 1583 (2007) (研究发现,在伊利诺伊州,处于在家庭外被安置边缘的孩子,如果留在家里,在犯罪率、女孩在青少年期的生育率和收入两个方面结果会更好).

〔15〕 在寄养照顾体系中,贫困家庭的比例远远高于正常家庭。在进入寄养照顾中心的儿童中,有68% ~71%来自接受联邦福利或医疗补助的家庭。(U. S. Department of Health and Human Services, "Dynamics of Children's Movement Among the AFDC, Medicaid, and Foster Care Programs Prior to Welfare Reform: 1995 – 1996," 9 tbl. 1 [2000].) See also note 41.

〔16〕 寄养照顾的儿童出现心理健康问题的比率是一般儿童的2.5倍(June M. Clausen et al., "Mental Health Problems of Children in Foster Care," *Journal of Children and Family Studies*, 7, 283, 284 [1998])。此外,75% ~80%的寄养学龄儿童的行为和社会能力在临床上或边缘范围内问题更突出(score)(Molly Murphy Garwood and Wendy Close, "Identifying the Psychological Needs of Foster Children," *Child Psychiatry and Human Development*, 32, 125, 125 [2001])。寄养儿童也有发育问题,包括认知延迟,其发生率远远高于普通人群。(同上,原著第126页。)

人所言："父母和子女之间的依恋构成了我们人类的基础，这种依恋的持续性对儿童的自然发展至关重要。"[17]这些分离大多会持续相当长的时间：一旦儿童被寄养，有12%的儿童(53,763人)会在寄养照顾中心停留5年或更长时间，寄养中心的平均停留时间是15.8个月。[18]

很大一部分被送进寄养照顾中心的儿童所遭受的痛苦不仅仅是与家人分离所带来的不可避免的创伤。各国在寄养体制的管理和监督方面的困难意味着，难以保证进入寄养照顾体系的儿童的良好经历。在寄养体制下，有相当数量的孩子被从一个安置点转移到另一个安置点。[19] 此外，与非寄养家庭相比，他们遭受身体虐待、性虐

---

〔17〕 Nicholson v. Williams, 203 F. Supp. 2d 153, 199 (E. D. N. Y. 2002) (testimony of Dr. Peter Wolf), vacated in part and remanded by Nicholson v. Scoppetta, 116 Fed. Appx. 313 (2nd Cir. 2004).

〔18〕 AFCARS Report.

〔19〕 皮尤儿童寄养委员会(Pew Commission on Children in Foster Care)报告称，2002年，44%离开照顾中心的儿童曾在1个家庭生活过，22%曾在2个家庭生活过，27%曾在3个或更多的家庭生活过，10%曾在5个或更多的家庭生活过。平均而言，儿童经历3种不同的寄养安置点。(Pew Commission on Children, "Fostering the Future: Safety, Permanence and Well-Being for Children in Foster Care" [2004], 9, available at http://pewfostercare.org/research/docs/FinalReport.pdf [accessed Mar. 19, 2010].)此外，一项对华盛顿州儿童福利系统的研究发现，1/3的寄养儿童在4到9个寄养家庭中接受过安置，1/3的寄养儿童在10个或更多的寄养家庭中接受过安置(Washington Department of Social and Health Services, Office of Children's Administration Research, Washington State Department of Social and Health Services, "Foster Youth Transition to Independence Study 4" [2003], available at http://www.thesociologycenter.com/GeneralBibliography/FYTRpt_2.pdf [accessed Mar. 20, 2010])。

待,以及被疏于照顾的风险要大得多。[20] 事实上,寄养体制问题已经非常普遍,正如芭芭拉·伍德豪斯(Barbara Woodhouse)所指出的那样,在《收养与安全家庭法》被国会审议的时候,有 21 个州因为儿童福利系统管理不善而被迫签署了同意法令。[21] 报纸上反复出现的各州对寄养管理不善和虐待儿童的报道生动地说明了该系统在实际运作中存在多么大的缺陷。因此,许多进入寄养家庭的孩子——很可能是大多数,一生都会伤痕累累,这也就不足为奇了。年龄在 20 岁到 33 岁之间的在儿童时期被寄养照顾过的成年人,他们患上创伤后应激障碍(Post-Traumatic Stress Disorder,PTSD)的概率是战斗老兵的两倍。超过一半(54.4%)的人至少有一种心理健康问题,如抑郁、社交恐惧症、恐慌综合征或焦虑。[22]

大约一半在寄养中心照顾的儿童最终将回到他们的原生家

---

〔20〕 See Mary I. Benedict et al., "Types and Frequency of Child Maltreatment by Family Foster Care Providers in an Urban Population," *Child Abuse & Neglect*, 18, 577, 581 (1994)(发现寄养家庭遭受身体虐待的可能性几乎是其他家庭的 7 倍,遭受性虐待的可能性是其他家庭的 4 倍;这些家庭所报告被忽视的可能性几乎是其他家庭的两倍).

〔21〕 See Barbara Woodhouse, "Ecogenerism: An Environmentalist Approach to Protecting Endangered Children," *Virginia Journal of Social Policy and the Law*, 12, 409, 417 n. 47(2005)(citing Congressional Record 143, S12, 210 [daily ed. Nov. 8, 1997)][statement of Sen. Grassley]).

〔22〕 Press Release, Casey Family Programs, "Former Foster Children in Washington and Oregon Suffer Post Traumatic Stress Disorder at Twice the Rate of U. S. War Veterans, According to New Study" (Apr. 6, 2005), available at http://www.jimcaseyyouth.org/docs/nwa_release.pdf(accessed Mar. 19, 2010).

庭。[23] 目前根本不清楚的是，标志着当前儿童福利制度的国家临时性参与模式是否能有效地处理通常首先是国家干预这一深层次问题——在这种模式下，国家有时只为儿童与父母重新团聚提供援助，而一旦提供援助，则只在相对较短的时间内提供有限的、解决危机的服务。一项颇受好评的较早的研究发现，33% 的寄养儿童遭受严重
的精神或情感问题；60% 的寄养儿童的家庭成员有酗酒问题；53% 的 122
寄养儿童的家庭有严重的健康问题；76% 的家庭至少有一个孩子有严重的健康问题。[24] 这些父母问题的复杂性，加上偶尔向他们提供的短期服务无效，意味着很大一部分儿童将回到原来的家庭，最初促使儿童离开该家庭的问题在这些家庭仍然存在。正因如此，许多进入儿童福利系统的儿童将循环这样的过程。[25]

另一半没有回到父母身边的儿童也面临着艰难的道路。其中，许多儿童与亲生父母的关系将被合法终止。仅在 2008 年，就有大约 7.5 万名寄养儿童出现了这种情况。[26] 目前的法律终止这种父母子

---

〔23〕 According to the AFCARS Report, 52 percent of children who enter foster care are returned to their biological parents (AFCARS Report).

〔24〕 Bernard Horowitz and Isabel Wolock, "Material Deprivation, Child Maltreatment and Agency Interventions Among Poor Families," in Leonard Pelton (Ed.), *The Social Context of Child Abuse and Neglect*, 137, 146 (New York: Human Sciences Press, 1985).

〔25〕 简·沃德福格尔（Jane Waldfogel）在对马萨诸塞州儿童保护服务局（Massachusetts child protection services agency）波士顿办事处的一项研究中发现，53% 的儿童虐待案例报告涉及该机构知道的儿童。在本报告编写时，这些儿童中约有 2/3 的案例已经结案；剩下的 1/3 还未结案。（Jane Waldfogel, *The Future of Child Protection*, 15 – 16.）

〔26〕 AFCARS Report.

女关系比过去容易得多，因为现有法律假定，许多需要国家支持的家庭已无可挽回地破裂，国家对他们面临的问题无能为力，而这些家庭的子女在其他地方会生活得更好。[27] 然而，由于愿意从这群儿童中收养子女的家庭数量的缺乏，许多儿童将在寄养照顾中心煎熬多年。[28] 例如，在2008年，约有5.5万名儿童从寄养照顾中心被收养，另有12.3万名儿童在等待被收养。[29] 年龄较大的儿童、非洲裔美国儿童和残疾儿童被收养的概率特别低。[30] 因此，许多儿童将留在寄养照顾中心，直到他们“老去”，这种养育方式，无论基于什么样的福

---

〔27〕《收养与安全家庭法》要求，如果一个儿童在22个月中有15个月在寄养照顾中，如果没有例外情况，责任就转移到国家身上去说明为什么不应该提出终止父母权利的请愿书(42 U. S. C. ,675[5][E])。这一规定的目的是创造一个明确的“期望……即亲生父母有固定的时间来改善……一旦超过了这个固定的时间，就应该开始迅速启动该系统将孩子安置到另一个家庭”(“Adoption and Support of Abused Children: Hearing before the Senate Committee on Finance,” 105th Congress [1997] [statement of Rep. Camp])。《收养与安全家庭法》进一步宣布，在法院认定不需要“合理努力”使家庭团聚的情况下，国家必须在30天内举行一次永久性听证会，并必须“合理努力为孩子找到另一个永久安置地”(42 U. S. C. 671[a][15][E])。Further, permanency hearings must now be held annually(42 U. S. C. 675[5][C]).

〔28〕 AFCARS的报告指出，寄养儿童等待领养的平均时间为38个月，平均等待时间为28.7个月。然而，相当多的孩子等待的时间要长得多。占总体17%的儿童，也就是20,430名儿童，已经等了5年或更长时间等待领养(AFCARS Report)。

〔29〕 Ibid.

〔30〕 See Ada Schmidt-Tieszen and Thomas P. McDonald, “Children Who Wait: Long Term Foster Care or Adoption,” *Children and Youth Services Review*, 20, 13, 15 (1998); Madelyn Freundlich, “Supply and Demand: The Forces Shaping the Future of Infant Adoption,” *Adoption Quarterly*, 2, 13, 39(1998). 小学生被长期寄养而不是被收养的可能性几乎是学龄前儿童的4倍；这一数字是青少年患病概率的33倍。(Schmidt-Tieszen, “Children Who Wait,” 23 - 24.)与此同时，在其他因素不变的情况下，非白人儿童最终被长期寄养的可能性大约是白人儿童的3倍(Ibid. ,23)。

祉标准衡量，对儿童几乎都是毁灭性的。[31] 即使对那些找到了收养家庭的儿童来说，与亲生父母的永久分离也要付出痛苦的情感代价。[32]

这种模式也给成千上万的父母带来了沉重的情感负担，因为他们无法履行分配给他们的义务，他们每年都要失去孩子，有时甚至是永久地失去孩子。这一数字不成比例地落在了穷人身上，寄养体制

---

〔31〕 例如，芝加哥大学查宾霍尔儿童中心(Chapin Hall Center For Children at the University of Chicago)的一项研究发现，在离开寄养中心之前以及离开12～18个月之后，只有不到25%的年轻人被大学录取，而在全国19岁的青少年中，这一比例为57%。只有大约40%的人在19岁时找到了工作，而他们的同龄人中这一比例约为60%，而在这些有工作的年轻人中，超过75%的人在过去一年的收入低于5000美元。其中14%的人在离开寄养中心后至少有一次无家可归。其中约1/3的人遭遇心理健康问题，包括创伤后应激障碍、药物滥用问题和抑郁症。近一半的女性在19岁前怀孕，是同龄人的两倍。大约1/4的年轻男女报告说他们有一个孩子，是同龄人的两倍，尽管他们结婚或同居的可能性较小。整整30%的年轻男性和11%的年轻女性在离开寄养中心到后来接受研究人员采访期间被监禁过。(Mark E. Courtney, Testimony before the Subcommittee on Income Security and Family Support, Committee on Ways and Means, United States House of Representatives "Children Who Age Out of the Foster Care System" [July 12, 2007], available at http://www.chapinhall.org/sites/default/files/old_reports/387.pdf [accessed Mar. 19, 2010].)英国总会计师办公室(General Accounting Office)的一项长期研究显示，在年轻人离开寄养所2.5～4年之后，超过60%的年轻女性生了孩子。(General Accounting Office, "Child Welfare, Complex Needs Strain Capacity to Provide Services" [1995], available at http://www.gao.gov/archive/1995/he95208.pdf [accessed Mar. 19, 2010], 14－15). See also Jim Moye and Roberta Rinker, "It's a Hard Knock Life: Does the Adoption and Safe Families Act of 1997 Adequately Address Problems in the Child Welfare System?" Harvard Journal on Legislation, 39, 375, 377(2002).

〔32〕 在ASFA的通过过程中，国会几乎完全忽视了这一代价。的确，一些国会议员表现出一种奇怪的信念，认为孩子可以而且应该离开家庭到更好的地方，就像司机卖掉汽车买更贵的东西一样。See, for example, Adoption and Support of Abused Children: Hearing before the Senate Committee on Finance, 105th Congress(1997)("领养对孩子有好处。原因很简单，几乎每一个被收养的孩子都置身于有史以来最好的育儿机器——家庭之中。在家庭中长大的孩子，尤其是双亲家庭的孩子，长大后几乎在所有方面都做得很好——婚姻、就业、教育、避免犯罪和不依赖福利生活").

下的绝大部分父母就是这些人群。[33] 非洲裔美国父母的子女同样以比其他父母高得多的比例被迫离开父母身边。[34] 许多这样的父母无法负担现有制度要求父母为其子女提供的条件和服务——体面的住房、医疗保健、精神保健、工作期间适当的儿童保健。[35] 可怜的孩子们不成比例地被迫离开他们的父母身边，这些孩子中许多是非洲裔美国儿童。这构成了人们对公民基本权利信仰的极大挑战，即公民现有基本权利，包括与一个人的财富或种族无关的抚养自己的孩子的权利。

现有的国家责任的主导模式给国家带来了沉重的成本，包括财政成本和其他成本。乍一看，这种模式似乎相对划算，因为它假定父母能够而且应当承担孩子的经济负担。然而，仔细观察，事实并非如此。城市研究所（Urban Institute）的一项研究计算出，在2002年，美国各州从联邦、州和地方政府获得的儿童福利资金高达220亿美元，

---

〔33〕 See note 15.

〔34〕 截至2006年9月30日，非洲裔美国儿童占寄养儿童的32%，尽管他们只占18岁以下人口的15%。（U. S. Department of Health and Human Services, "The AFCARS Report: Preliminary FY 2006 estimates as of January 2008," available at http://www.acf.hhs.gov/programs/cb/stats_research/afcars/tar/report14.htm [accessed Mar. 19, 2010]; Annie E. Casey Foundation, "2004 Kids Count Data Book" 7, available at www.aecf.org/upload/publicationfiles/da0000k218.pdf [accessed Mar. 19, 2010].）相比之下，白人儿童只占寄养中心儿童的40%，尽管他们占全国儿童的64%。（"The AFCARS Report"; "2004 Kids Count Data Book".）此外，与寄养相比，非洲裔美国儿童更有可能被安置在住宅或集体看护中，与家人团聚的可能性更小。（"2004 Kids Count Data Book".）拉美裔和美洲原住民儿童在这一体系中的比例也过高（同上）。

〔35〕 See Naomi Cahn, "Children's Interests in a Familial Context: Poverty, Foster Care, and Adoption," Ohio State Law Journal, 60, 1189, 1198 - 1199 (1999) (discussing studies showing how poverty leads to foster care).

其中大部分用于寄养，这还仅仅是直接支付的部分。[36] 在现行体制 123
下，由于青少年犯罪、生产力丧失和成人犯罪对儿童造成的损害所产生的巨大间接财政费用要高得多——每年估计为 1038 亿美元。[37] 更重要的是对政治组织带来的非经济方面的成本，即政治组织中成千上万的最脆弱的公民，这些公民都应该发展他们的能力以成为健全和在社会上有成就的人，而不是由于当前的体制为了生活在身体、精神和情感上受损。

总之，目前的寄养制度是建立在不符合任何人的利益，尤其是儿童利益这一家庭—国家关系基础之上的。在《收养与安全家庭法》中，国家对儿童福利的支持在很大程度上仅限于在儿童的家庭"失败"之后才强迫儿童离开家庭。结果是对政治组织来说代价高昂的此种体制，令父母痛苦不堪，最重要的是，对儿童造成了毁灭性的打击。

支持性国家与儿童福利

与目前的儿童福利制度相反，支持性国家的做法的前提是，儿童福利是国家的一项共同责任而不是补充责任，这种责任最好是通过在正常情况下支助家庭来承担。为了确保在儿童福利方面发挥共同责任的积极伙伴的作用，国家设法在许多问题成为需要强制干预的

---

〔36〕 Cynthia Andrews Scarcella et al.,"The Cost of Protecting Vulnerable Children Ⅳ," 6.

〔37〕 Ching-Tung Wang and John Holton, Prevent Child Abuse America, " Total Estimated Cost of Child Abuse and Neglect in the United States" (2007), available at http://www.preventchildabuse.org/about_us/media_releases/pcaa_pew_economic_impact_study_final.pdf(accessed Mar. 20,2010).

危机之前就要加以制止。除预防对高危儿童的虐待这一有限的目标之外，这一做法还追求支持繁荣儿童发展这一更广泛的目标。

对儿童福利计划，支持性国家的一个必要核心，是一套旨在减轻儿童贫困的政策。正如我前面提到的，儿童遭遇贫困的危害对儿童的身心健康有重大影响。[38] 这也限制了他们的教育和就业前景。[39] 此外，贫困使父母无法为他们的子女创造安全所需的条件，[40] 而贫困带来的压力又提高了虐待儿童的比率。[41]

支持性国家儿童福利计划的另一个核心内容将包括确保能够提

---

〔38〕 See note 16.

〔39〕 贫困儿童复读至少一个年级或高中辍学的可能性是正常儿童的两倍多，24 岁时不参加经济活动（既没有工作也没有上学）的可能性是正常儿童的近两倍。（Jeanne Brooks-Gunn and Greg J. Duncan, "The Effects of Poverty on Children," *The Future of Children*, 7[2], 58 – 59 [1997].）

〔40〕 See Lindsey, *The Welfare of Children*; Cahn, "Children's Interests In a Familial Context".

〔41〕 全国第三次儿童虐待和疏于照顾事件研究发现："与儿童的家庭每年挣 30,000 美元或更多的家庭相比，那些年收入低于 15,000 美元的家庭，根据伤害标准，后者遭受某种形式虐待的可能性是前者的 22 倍以上，根据面临危险的标准，后者遭受某种形式虐待的可能性是前者的 25 倍以上；后者更容易受到各种虐待伤害的比例是前者的近 14 倍，根据面临危险的标准，更容易受到虐待的是前者的近 15 倍；根据伤害标准和面临危险的标准中任何一种定义标准，后者被忽略的可能性超过前者的 44 倍；根据伤害标准，后者更有可能成为身体虐待的受害者是前者的近 16 倍，根据面临危险的标准，后者更有可能成为身体虐待的受害者是前者的近 12 倍；无论以哪一种定义标准来衡量，后者被性虐待的可能性都要比前者高出近 18 倍。"（Andrea J. Sedlak and Diane Broadhurst, U. S. Department of Health and Human Services Administration for Children, Youth, and Families, Executive Summary of the Third National Incidence Study of Child Abuse and Neglect [1996].）收入与虐待之间有多少的因果关系尚不清楚，因此可以通过减少贫困以减少虐待。虐待与第三方因素，如与可能导致家庭贫困的精神疾病等之间的关联性也不清楚，因此预防贫穷策略也解决不了这一问题。研究支持这样一种观点，即贫穷和虐待儿童之间至少存在相当多的因果关系。（See, for example, Christina Paxson and Jane Waldfogel, National Bureau of Economic Research, "Work, Welfare, and Child Maltreatment," Working Paper 7343 [1999], available at http://www.nber.org/papers/w7343 [accessed Mar. 19, 2010].）

供发展丰富的早期教育和托儿项目。这样的项目不仅能保证孩子们在一天的大部分时间内的安全并得到良好的保护，而且有明确的证据表明，早期教育项目还能让孩子们其他方面受益匪浅。这些获益包括为那些在儿童时期就参与其中的人获得更高水平的教育和就业。[42] 这些受益还包括，对参加某些类型项目的儿童更直接的好处是显著减少儿童受虐待的程度。[43] 对于年龄较大的儿童来说，确保 124
儿童在父母下班回家之前得到安全而有建设性的照顾的课外项目，是国家支持儿童过上幸福生活的一种基本而又迫切的方式。[44]

---

〔42〕 See Janet Currie, "Early Childhood Intervention Programs: What Do We Know?" *Journal of Economic Perspectives*, 15, 213, 217 - 220 (2001), available at http://www.econ.ucla.edu/people/papers/Currie/Currie149.pdf (accessed Mar. 19, 2010). The High/Scope Educational Research Foundation 在一项长期研究中发现，在包括教育、就业和犯罪记录在内的各种衡量指标上，40 岁以上的人在孩童时期参加过针对三四岁贫困儿童的学前教育项目，他们成功的可能性远远高于没有参加该项目的人。(Promising Practices Network, "Lifetime Effects: The High/Scope Perry Research Study Through Age 40" [2009], available at http://www.promisingpractices.net/program.asp? programid = 128 [accessed Mar. 19, 2010].)

〔43〕 See A. J. Reynolds and D. L. Robertson, "School-Based Early Intervention and Later Child Maltreatment in the Chicago Longitudinal Study," *Child Development*, 74, 3, 4 (2003); A. J. Reynolds et al., "School-Based Early Intervention and Child Well-Being in the Chicago Longitudinal Study," *Child Welfare*, 82(5), 633(2003). 这些项目中虐待率下降的很大一部分原因似乎与项目的家长参与构成有关。(See Reynolds and Robertson, "School-Based Early Intervention," 17 - 18.)

〔44〕 美国人口普查局(U. S. Census Bureau)估计，有 210 万名 13 岁以下的儿童在上学前和放学后没有成年人的监护。(Lindsey, "Preserving Families and Protecting Children," 72) (See also U. S. Department of Health and Human Services, "Executive Summary: Third National Incidence Study of Child Abuse and Neglect and Child Maltreatment 1997: Reports from the States," available at http://www.childwelfare.gov/pubs/statsinfo/nis3.cfm [accessed Mar. 19, 2010].)

应确保所有儿童都能参加此类支持性项目。然而，考虑福利法甚至要求养育有年幼子女的主要照顾者也必须参加有偿劳动才能获得福利，国家的特别责任是要确保低收入儿童能够得到照顾。[45] 在缺乏公共早教项目的情况下，国家应该为低收入家庭提供这些项目的补贴。法国的模式为如何构建这样的制度提供了范例。与美国参差不齐的补贴和缺乏规范的私人日托形成鲜明对比的是，在法国模式下，对从 3 个月大的婴儿到蹒跚学步的孩子，都提供有在日托中心和日托家庭的日托，这些都是政府发证许可(government licensed)的。而对于 2 岁半到 5 岁的儿童，则为这些孩子提供学前教育补贴，补贴时间算到傍晚，费用浮动计算(sliding scale)。[46]

支持性国家还将确保家庭有足够的机会获得保障性住房(low-income housing)，让父母有一个体面的家来抚养子女。几项研究表明，在接受寄养照顾的儿童中有相当大比例的儿童，如果他们的父母能够获得体面的住房，他们可以安全地留在自己的家中，在有的研究中这一比例高达 30%。[47] 支持性国家认识到，确保与父母同住而不

---

〔45〕 See 42 U. S. C. 607(2009)(setting out mandatory work requirements).

〔46〕 Gornick and Meyers, *Families That Work*, Chapter 7.

〔47〕 See, for example, Deborah S. Harburger and Ruth Anne White, "Reunifying Families, Cutting Costs: Housing—Child Welfare Partnerships for Permanent Supportive Housing," *Child Welfare*, 83, 500 - 501 (2004); See also Tamar Lewin, "Child Welfare Is Slow to Improve, Despite Court Order," *New York Times*, Dec. 30, 1995, A6. (负责华盛顿特区寄养系统的接收人估计，"如果有足够的住房，该地区 1/3 到一半的寄养儿童可以重返家庭。")

是与陌生人同住更有利于儿童的福利。

同样，精神卫生服务和药物治疗项目的政策将会促进儿童福利的保障，并防止今后需要国家强制干预。寄养系统中相当比例的儿童的父母都有心理健康问题。[48] 更令人震惊的是，在进入寄养照顾中心的儿童中有35%至85%需要心理健康治疗。[49] 事实上，他们中的许多人进入这个系统是因为他们的父母负担不起他们需要的治疗费用。[50] 鉴于获得精神卫生服务的最大障碍是高额的费用，[51] 支持性国家将确保在危机父母和儿童到达危机点之前向他们提供负担得起的治疗。[52] 支持性国家还将确保家长们能够获得公共资助的药物

---

〔48〕 参见注释24及正文。

〔49〕 参见注释16。

〔50〕 例如，参见 Chris Jenkins，"Mental Illness Sends Many to Foster Care：Medical Costs Overwhelm Va. Parents，" *Washington Post*，Nov. 29，2004，B1（"弗吉尼亚州的寄养系统中，几乎每四个孩子中就有一个在那里，因为父母希望孩子接受心理健康治疗。"），其对该州寄养和心理健康服务进行了长达数月的调查，结果记录了弗吉尼亚州成千上万的父母作出的艰难决定，他们把孩子的监护权交给了寄养照顾系统，这样他们就可以获得精神健康服务，除此之外是无法获得或负担不起这样的服务的。

〔51〕 在1998年，罗伯特·伍德·约翰逊（Robert Wood Johnson）就全国家庭入户电话调查显示，11%的人认为需要心理服务或戒除成瘾服务，其中约25%的人表示难以获得所需的照护。对费用的担心被列为不能获得照护的最大原因，83%的未参保者和55%的私人参保者列出了这一原因。（Surgeon General，U. S. Department of Health and Human Services，"Mental Health：A Report of the Surgeon General"［1999］，available at http://www. surgeongeneral. gov/library/mentalhealth/chapter6/sec1. html#patterns［accessed Mar. 19，2010］.）

〔52〕 支持性国家还应确保在贫困地区提供社区精神卫生服务，使父母和儿童能够获得这些服务。（See Julian ChunChung Chow，Kim Jaffee，and Lonnie Snowden，"Racial/Ethnic Disparities in the Use of Mental Health Services in Poverty Areas，" American Journal of Public Health，93［5］，792［2003］.）这对少数民族来说尤其特别，他们获得这些服务的机会较少，根本不太可能得到服务，而当他们得到这些服务时，往往得到较低质量的保健（同上）。

和酒精滥用项目资助。尽管研究表明，在 1/3 ~ 2/3 的儿童虐待案例中，[53] 父母滥用药物的情况比比皆是，但目前治疗方案严重短缺，尤其是那些适合承担照顾子女责任的母亲的治疗方案。[54] 支持性国家同时认识到，向父母提供这些服务比将这些儿童从家庭中迁离出来送到寄养中心更有利于儿童的福利。

此外，在家庭之外的其他领域，包括学校和社区，对儿童的福利影响巨大。因此，一个支持性国家将确保这些制度也以支持儿
125 童福利的方式被加以监督管理。儿童生活的社区与其福利间的紧密联系意味着，国家应优先考虑对社区衰败的状况进行改造。[55] 这不仅是减少虐待儿童的危险因素之一，而且会增加社区全体公民的福利。

---

〔53〕 U. S. Department of Health and Human Services, "Blending Perspectives and Building Common Ground: A Report to Congress on Substance Abuse and Child Protection," Ch. 4 (1999), available at http://aspe. hhs. gov/hsp/subabuse99/subabuse. htm (accessed Sept. 15, 2009).

〔54〕 Arthur F. Miller, "A Critical Need: Substance Abuse Treatment for Women With Children," Corrections Today, 63, 88 – 95 (2001); Stephen Magura and Alexandre B. Laudet, "Parental Substance Abuse and Child Maltreatment: Review and Implications for Intervention," *Children and Youth Services Review*, 18(3), 193, 202(1996).

〔55〕 大量研究表明，这种高度贫困地区对生活在其中的儿童产生了负面影响，这些影响包括易遭受心理健康问题、行为问题，以及由于生活条件差以及社区暴力水平引起的社区慢性压力的迹象。(See, for example, Carol Aneshensel and Clea Sucoff, "The Neighborhood Context of Adolescent Medical Health," *Journal of Health and Social Behavior*, 37, 293 [1996]; Hope Hill and Serge Madhere, "Exposure to Community Violence and African American Chidren: A Multidimensional Model of Risks and Resources," *Journal of Community Psychology*, 24, 26, 39 [1996]; Carl Bell and Esther Jenkins, "Community Violence and Children on Chicago's Southside," *Psychiatry*, 56, 46 [1993].)

毫无疑问,要广泛实施这些计划,需要国家大量的财政投资。然而,联邦、州和地方政府每年花费在当前儿童福利系统中的220多亿美元,其中大部分被用到了寄养方面,如果将其中的一部分用于重新分配,将大大有助于将资金真正用于支持儿童福利系统。[56] 这也将避免在寄养系统中长大的儿童成年后间接强加给政治组织的更大的费用。更重要的是,支持性国家体系将有助于防止成千上万名弱势的公民遭受无法估量的身体、精神和情感伤害。这为健康儿童的发展提供了支持的可能性,这些儿童有一天将成为充满活力的积极的公民和社会上有生产力的成员。

采取支持性国家的方法是否意味着,国家永远不会强制干预家庭,并能够关闭寄养项目?当然不是。即使具备了所有的制度先决条件,仍然会有一些父母不能或不愿全面保护其子女的福利。在这些情况下,当国家有理由相信父母虐待或疏于照顾他们的子女,或抚养子女的方式不符合培养最低能力的成年公民时,国家就应该违背家庭隐私。“最低能力”标准允许国家在存在重大损害风险的情况下介入家庭,但这一标准也有助于防止国家在其他情况下过

---

〔56〕 参见注释36及其正文。正如玛莎·加里森(Marsha Garrison)指出的那样,每个孩子每年的寄养费用可能高达5万美元。相比之下,一个强化的学前教育项目,被证明可以减少虐待,每年仅花费6692美元。(Marsha Garrison,“Reforming Child Protection: A Public Health Perspective,” *Virginia Journal of Social Policy and Law*, 12, 590 612, 625 [2005].)根据一项估计,每个家庭(而不是每个儿童)的住房补贴每年将花费8260美元。(Child Welfare League of America,“Issue Statement on Family and Youth Homelessness” [Washington, D. C.: Child Welfare League of America, 2003].)

度干预。为强制干预家庭设定一个相对较高的标准，有助于防止国家官僚机构采取过分积极的行动。美国儿童福利制度史上有很多这样的事例，国家机构（其中许多机构是出于好意）不适当地将儿童从父母的抚育中迁离出家庭，特别是贫困家庭和少数民族家庭的儿童。[57]

总之，国家改善儿童福利的努力的主要目的，不应是强迫儿童离开家庭，而应是通过常规性地支持对儿童福利有重大影响的家庭和其他机构达成此目的。父母责任的广泛性以及父母与孩子生活的错综复杂，期望父母总是为孩子的最大利益行事是不现实的。然而，国家可能做得比现阶段更好，为父母促进他们的孩子的幸福和安全创造条件。儿童最有可能成长为茁壮成长的成年人和健全的公民的地方是他们的家中，而不是将他们从家庭中迁离出去。

二、家庭隐私与儿童的利益

126 即使在父母没有虐待和疏于照顾的情况下，儿童在家庭中权力

〔57〕 See Emily Buss, "Parents' Rights and Parents Wronged," *Ohio State Law Journal*, 57, 431 (1996).

不平等的问题仍然存在。如果国家给家庭很大的决策空间,除非采取一些行动在家庭内部维护儿童的权利,通常是父母作出重要决定。我已经提出,在涉及成年人时,我们应当关注家庭内部的不平等问题,国家应采取措施纠正这种不平等。[58] 但国家是否应该在儿童问题上采取类似的措施呢?

家庭与儿童权利

儿童权利倡导者强烈主张,强有力的家庭隐私原则使儿童无限地服从于父母。他们认为,家庭隐私因父母的权利而牺牲了孩子的福利。[59] 这些倡导者呼吁采取措施纠正孩子和他们的父母之间的权力的不平衡,例如,通过在某些案件中让儿童利益代表人在法庭上为儿童的利益辩护,通过降低国家干预家庭的标准,以便国家能够保

---

〔58〕 参见第二章,原著第66~69页。

〔59〕 的确,正如弗朗西丝·奥尔森(Frances Olsen)所指出的那样,国家在为父母争取权益方面做得更多,而不仅仅是通过支持家庭隐私,让家庭自行其事:它积极加强了父母对孩子的权力。例如,法律要求国家将离家出走的未成年人归还给他们的父母,孩子们服从父母的管束,而不被关进少年拘留所。法律还赋予父母监护权;因此,没有父母的同意的情况下,邻居或朋友不能带孩子和他们一起生活。父母的特权也通过童工法和其他阻止儿童独立生活的法律,以及将儿童福利和儿童监护费支付给父母而不是孩子的制度间接地得到实现。(Frances Olsen,"The Myth of State Intervention in the Family," *University of Michigan Journal of Law Reform*,18,835,837,850 [1985].)

障儿童的权利。[60]

虽然这些主张儿童福利必须得到重视的观点肯定是正确的，但就促进这一目标的最佳手段而言，这些主张是错误的。国家支持家庭，承认父母权利和家庭隐私，但承认父母权利和家庭隐私并非无限制的。这比起采取强有力的国家干预和儿童权利平台更有利于儿童福利。[61] 事实是，父母一般都有为子女的利益而行动的良好动机。然而，生育或抚养子女并不能保证父母当然会爱他们的子女，照顾他们的利益。在大多数情况下，事实确实如此。的确，在我们这样的文

---

〔60〕"儿童权利"一词已被运用到各种相对广泛的立场上。我在这里用这个标签是指那些学者的观点，他们认为孩子的判断和意见应该在法律体系中得到更多的重视，而成年人（通常是父母）对孩子利益的看法在与孩子的观点发生冲突时，父母的观点应该同时得到更少的重视。（See, for example, Katherine Hunt Federle, "Looking Ahead: An Empowerment Perspective on the Rights of Children," *Temple Law Review*, 68, 1585 [1995]; Barbara Bennett Woodhouse, "Who Owns the Child? Meyer and Pierce and the Child as Property," *William and Mary Law Review*, 33, 995, 1001 [1992]; "The Dark Side of Family Privacy," *George Washington Law Review*, 67, 1247, 1253 - 1254, 1257 - 1259 [1999]; James G. Dwyer, "Parents' Religion and Children's Welfare: Debunking the Doctrine of Parents' Rights," *California Law Review*, 82, 1371, 1383 - 1390 [1994].）在我对儿童权利的定义中，一些理论家被排除在外，他们认为儿童的福利应该被成年人考虑在内，但他们并不寻求赋予儿童行使权利的权利（See, for example, Annette Appel, "Pursuing Equal Justice in the West: Uneasy Tensions between Children's Rights and Civil Rights," *Nevada Law Journal*, 5, 141, 150 - 51 [2004]）。

〔61〕几位学者有力地证明了这一点。比如，马丁·古根海姆（Martin Guggenheim）所著《孩子们的权利怎么了》（*What's Wrong with Children's Rights*）（Cambridge: Harvard University Press, 2005）, 245 - 266; Elizabeth Scott and Robert Scott, "Parents as Fiduciaries," *Virginia Law Review*, 81, 2401, 2414 - 1248 (1995); Elizabeth Scott, "The Legal Construction of Adolescence," *Hofstra Law Review*, 29, 547, 559 (2000); Harry Brighouse, "Hearing Children's Voices: How Should Children Be Heard?" *Arizona Law Review*, 45, 691 (2003).

化中，人们强烈期望个人将自己的利益放在首位，但大多数父母为了子女牺牲自己的福利的程度应该是令人震惊的。父母们在他们并不喜欢的工作岗位上工作数年，以便为他们的孩子提供食物或支付医疗保健费用。他们会从事第二份工作，有时是第三份工作，以使他们的子女能获得最好的教育。他们会牺牲自己的睡眠时间，以及与朋友的社交时间及与配偶在一起的时间，以确保他们有足够的时间照顾子女。尽管不是所有的父母都是这样，但大多数父母在大多数时候都如此。

也有其他的理由对亲权(parental authority)损害孩子利益的观点进行反驳。正如伊丽莎白(Elizabeth)和罗伯特·斯科特(Robert Scott)所指出的，要想子女茁壮成长，他们需要与父母建立牢固的联系。[62] 如果国家减少父母认为合适的抚养子女的权力就会削弱这 127
种联系，子女的利益就会受到损害。

推翻父母的决定是否有利于儿童的福利，必须考虑用谁的判断和努力来取代父母的决定。孩子们通常缺乏足够的成熟度和判断力来填补这个角色。正如我在第二章中所提到的，自治，被恰当地理解为理性的自治，并不是一种在人类身上自发形成的能力。相反，自治能力是会随着时间的推移而成熟的。[63] 尽管孩子们的意见应该被

---

〔62〕 See Scott and Scott, "Parents as Fiduciaries," 2445.

〔63〕 参见第二章，原著第 65 页。

广泛听取，但他们往往并不是自己长期利益的最佳判断者。虽然父母当然不是绝对正确的，但比起孩子们自己父母通常更能确保追求孩子的长期利益。

总的来说，国家既没有更好地对父母的决定进行事后评估，也没有更积极地代表儿童行事。国家可以确认儿童是否具备达到某种最低发展标准所需要的条件，例如，他们是否有充足的食物、是否有住所并得到监管。然而，除此之外，国家要在不暗示什么是美好生活的全面看法的情况下，说什么是最有利于儿童最大利益就变得困难得多，而在尊重多元主义的自由国家应设法避免暗示什么是美好生活。[64] 此外，超出这一基本阈值所作出的有关儿童的决定，需要了解儿童个体的情况，因此，由父母作出的决定比国家作出的决定要好。此外，国家行为者，即使他们很勤奋，通常也比不上父母那样积极地为孩子利益行事。

这并不是说父母总是为了孩子的最大利益而不是自己的利益行事。我们也不会指望他们这样做。父母是人，除了孩子，他们也有需求和欲望。有时这些需求和欲望会与孩子的需求和欲望产生冲突，父母不会总是将孩子的利益置于自己的利益之上（提前 20 分钟准备一份健康的学校午餐，还是再多睡 20 分钟，为孩子再次打包奶酪与三明治？）。事实上，父母总是照顾到孩子的利益而不是自己的利益，

〔64〕 Ian Shapiro, *Democratic Justice* (New Haven: Yale University Press, 2001), 91.

可能不是一个可以长期维持的养育子女的状态。在没有虐待或疏于照顾的情况下，国家不应试图监督父母作出促进儿童福利的选择，而应更好地设法改善父母和儿童利益之间可能存在的冲突，以便使父母更容易支持照顾性工作和人类发展。例如，对大多数员工的工作时间制定合理的规定，可以减少家庭的时间压力，从而使父母花更多的时间和孩子在一起变得更容易。同样，国家确保雇员在孩子出生或被收养后有足够的休假时间，以防止新父母过于疲惫而把照看孩子的时间花在电视机前让孩子看电视，而不是更积极 128
地与孩子相处。

家庭与青少年

我一直在讨论童年，好像在童年状态下，孩子们总是无助的，完全依赖他们的父母和其他照顾者。显然，这是对现实的扭曲。童年并不是一种静态的依赖状态，直到孩子跨过某条神奇的线进入成年，这时他们突然获得了成熟、判断力和许多其他能力。相反，孩子们是随着时间的推移长大成人的——有时是逐步成长，有时是断断续续成长——以某些标准衡量他们在某些方面的进步速度与其他方面不同。没有任何一个单一的时间点，可以设想为孩子成为成年人的时间。

法律不是反映儿童的逐渐发展过程，而是在处理青少年问题时通常忽略这个问题。在我们的法律制度中，在特定的政策背景下，孩子们通常被认为完全没有能力，一旦到了某个特定的时间点，他们突然被宣布为有能力了。[65] 在此框架内，童年和成年被认为是二元的，而不是连续的。[66] 17 岁的青少年被认为是没有投票权的儿童；18 岁时，他们拥有完全的投票权了。在 20 岁的时候，他们被认为年龄太小不能饮用酒精饮品；到 21 岁时，他们是成年人，可以在任何州购买酒精饮品了。一般来说，法律以这种方式处理青少年问题是适当的。[67] 正如伊丽莎白·斯科特（Elizabeth Scott）所指出的，这一制度通过不同政策背景下指定不同年龄的青少年为成年人，至少在某种程度上承认了青少年逐步过渡到完全成年。[68] 这赋予了青少年承担部分责任的经历，而不必同一时间承担所有的责任。

当然，总会有一些青少年比法定的成熟年龄提前成熟。然而，评估每个个体的成熟度的行政成本使在他们达到指定年龄之前拒绝给予他们相关的权利是合理的。[69] 此外，为了从父母手中"解放"出来，18 岁的青少年被宣布为成年人，这一年龄界限也相当不错。只要这条明线规则也允许对足够成熟和有重要理由未到"解放"年龄的年龄稍大的未成年人通过司法途径获得解放，处理儿童成年问题的法定方案就是合理的。

---

〔65〕 See Elizabeth Scott, "The Legal Construction of Adolescence".

〔66〕 Ibid., 548.

〔67〕 正如伊丽莎白·斯科特所指出的，并非所有领域都是如此，尤其是在刑法领域。在刑法领域，法律对青少年及其发展过程缺乏考虑，导致了法律大量的不协调和不公正（同上）。

〔68〕 Ibid., 548–549.

〔69〕 See Harry Brighouse, "Children's Voices," 703–704.

但是，在理想情况下，家庭内部的决策不会直接遵循这种法律模式。虽然给予子女反对父母的正式的法律权利不能很好地维护他们的利益，但父母仍应听取并考虑子女的意见。自由主义对自治的尊 129
重以及与之密切相关的对人的尊严的尊重表明，即使青少年的判断尚未完全成熟，他们对自己是谁及自身利益的看法也应该得到重视。[70] 对于有一天要承担成年公民责任的青少年来说，他们需要在此之前在作出决策方面进行大量的实践。理想的情况是，他们的父母会随着他们的成熟逐渐赋予他们更多的责任，这样他们自己独立行事(strike out on their own)的时候就能成为称职的决策者。[71] 话虽如此，但给予儿童针对其父母的法律权利是实现这些目标的下策。因此，父母对青少年时期的孩子可能与谁共度时光、什么时候必须在家、送孩子去哪所学校、孩子是否会文身等问题的决定，通常都不应受到政府的质疑。

然而，在某些特殊情况下，支持性国家应对父母宽泛的权力的一般规则作出例外规定。在涉及避孕、性传播疾病的治疗、吸毒或酗酒以及精神健康问题的情况下，有充分的理由允许未成年人自己作出同意接受治疗的决定。这并不是因为未成年人在这些方面有特别成熟的判断力，而是出于实用主义的考虑，要求父母同意接受治疗意味

[70] See Buss, "Allocating Developmental Control," 34 – 36.

[71] See Harry Brighouse, "Children's Voices," 703.

着儿童得不到对他们有利的治疗或避孕措施。[72] 换句话说，在这些情况下，对儿童长远福利的威胁使天平向允许孩子们拥有决策权倾斜。基于此，许多州允许青少年不需要经过父母的同意进行避孕并非因为他们认为这些青少年都为性行为做好了准备，而是因为他们无论如何都会发生性行为，如果使用避孕用品需要父母同意，他们就会在没有采取避孕措施的情况发生性行为。

未成年人与堕胎

当青少年女孩寻求堕胎的途径时，父母应对他们的子女的生活有多大的控制权，这是最棘手的问题。这一问题一直是政治和法律广泛并激烈争议的主题。在这些争议中，参与者往往对堕胎持有形而上的观点（taken their larger ideological views），并设法将这种观点运用到怀孕的女孩。因此，反对堕胎者认为，父母应有权否决女儿堕胎的决定。与此同时，支持堕胎的倡导者认为，怀孕的青少年应被当作成年人对待，因此，应该赋予父母不受限制地同意怀孕的青少年堕胎的权利。在随后的讨论中，我认为，既然堕胎是成年妇女的一项宪法权利，我只考虑这项权利对怀孕少女应如何调整，如果确实需要调
130 整，应调整到何种程度。如此处理时，我的讨论是基于一个公认的大假设，即未成年人与妇女堕胎机会之间的任何差别都应以未成年人的年轻这一特殊情况为基础。

---

[72] Elizabeth Scott, "The Legal Construction of Adolescence," 567 - 568.

虽然支持性国家应该让父母对有关青少年的大多数决定作出最终判断，但有几个理由强烈反对给予父母否决孩子堕胎决定的权力。首先，鉴于堕胎目前是受宪法保护的女性权利，父母限制未成年女儿行使该权利均应当是为了保护女儿不受不成熟决策的影响，而不是基于父母自己的道德标准进行干预。〔73〕 然而，堕胎涉及一个备受争议的道德选择，不同的人对此意见纷呈。正因如此，我们有理由担心父母会根据他们自己的道德标准来作此决定，而不是根据什么对孩子是正确的决定，或者根据孩子如果更成熟的话会作出什么样的决定来作最终决定。

此外，决定是否怀孕足月还是终止妊娠与身体完整性密切相关，这在我们的文化中，身体完整性与一个人的主体性密不可分。身体不仅仅是容纳"真实的"人的地方。相反，身体也是具体的主体——"我"。〔74〕 当法院坚持认为唯独自己才能对自己的身体作出决定时，他们就援引此观念：即使是对身体相对较小的侵犯，也要受到最高程度的审查。考虑堕胎决定处于主体性观念的中心地位，在允许其他人作出堕胎决定之前，我们应该对此问题深思熟虑，因为这直接与青少年身体相关。

---

〔73〕 The Supreme Court has said the same (Bellotti v. Baird, 443 U. S. 622, 643 – 644 [1979]).

〔74〕 See Susan Bordo, *Unbearable Weight: Feminism, Western Culture, and the Body* (Berkeley: University of California Press, 1993), 71 – 97.

堕胎决定与个人自主权之间的重要联系，因堕胎决定将对青少年未来的生活过程产生巨大影响而变得更为复杂。正如鲍威尔（Powell）大法官在确定青少年选择堕胎的权利范围时所指出的：

> 孕妇所面临的潜在的严重损害并没有因为她们是少数人群而减轻。事实上，考虑她可能接受的教育、她的就业技能、经济来源及情感成熟程度，对未成年人来说，意外怀孕可能是异常沉重的负担。此外，生育这一事实伴随而来的是成人的法律责任，因为为人父母，就像达到成年年龄一样，是终止未成年人法律上能力缺陷的一个传统标准……否定未成年人作出一项重要决定的权利在其他情况很少会导致如此严重且影响深远的后果。[75]

因此，未征得其同意，否定一个青少年自己作这样的决定会给她带来深远的影响，这很可能会对她的人生轨迹产生深远而持久的影响。

131 青少年作出这个决定的意志特别强烈，因为仅需在很短的时间内作出堕胎决定。大多数父母为孩子作出的其他决定只是暂时推迟了青少年的欲望。青少年的父母拒绝让她参军或在她在法律上有能

〔75〕 Bellotti，443 U. S. 642.

力同意结婚前不允许其结婚就是这样的例子。相比之下，堕胎决定权绝对是偶然性的。堕胎的可能性最多在几个月，有时甚至是几周或几天后就会消失。一旦这个决定的时间过去了，就再也无法重新获得这样的机会了。

综上，这些理由强烈反对赋予父母对怀孕的女儿的堕胎决定拥有绝对的否决权。那么，要求孩子把堕胎的决定通知父母又如何呢？考虑这一决定的道德复杂性，许多成年女性也发现解决这一问题极其困难，但要求怀孕的青少年咨询她们的父母，她们的父母最了解自己的孩子，父母们有更成熟的判断，孩子通知父母这一要求具有相当大的吸引力。[76] 但是，即便是通知父母这样的要求也存在问题。

虽然在理想的世界里，所有怀孕的青少年都会和她们的父母讨论堕胎的决定，但我们并不是生活在一个理想的世界里。在我们生活的世界里，一些青少年强烈抵制将这一决定告诉她们的父母。有些青少年是因为害怕让父母失望、生气或被赶出家门，还有些青少年是对告诉父母后引发的家庭暴力的合理恐惧。[77] 少数青少年不愿告诉她们的父母，是因为怀孕是乱伦的产物，但这一人群仍然占有相

〔76〕 这是10个州的立场，现在要求怀孕的青少年通知父母一方或双方，以便获准堕胎。有关当前各州通知父母及父母同意的相关法律清单，参见 Guttmacher Institute, "State Policies in Brief: Parental Involvement in Minors' Abortions," (2010), available at http://www.guttmacher.org/statecenter/spibs/spib_PIMA.pdf (accessed Mar. 19, 2010)。

〔77〕 See, for example, Hodgson v. Minnesota, 497 U. S. 417, 439 (1990)（注意到要求子女通知父母，在存在严重的家庭暴力的情况，且这种情况数量之大令人沮丧，这增加了通知父母的难度。）; Elizabeth Scott, "The Legal Construction of Adolescence," 567 - 568.

当大的比例。无论她们的理由有多充分，要求将堕胎决定全面通知父母会阻止那些无法告诉父母自己怀孕的青少年堕胎。[78] 哪怕父母会帮助且理解这些青少年，即使这些青少年荒唐且不成熟地拒绝通知父母，一个可笑的、不成熟的、不想生孩子的青少年女孩生下孩子对她们是否会有什么好处，这一点完全不清楚。如果通知父母的法律的终极目标，是确保青少年思考她们的决策和堕胎确实是有利于她们的最佳利益，不堕胎就不符合其最佳利益，在这些情况下要求家长参与也是无法达到这一目标的。因此，在这种制度下，一些青少年将不愿意与父母进行对话，因此，即使堕胎符合她们的最佳利益，她们也会把孩子生下来。

乍一看，那些要求堕胎的青少年通知父母的州似乎给青少年留下了足够的“出路”允许她们不需要通知父母，行使向法庭申请堕胎的权利（宪法授权的）。[79] 在绕开父母而申请堕胎权的过程中，如果未成年人证明她已足够成熟，可以自己作出堕胎决定，法院可批准未
132 成年人在没有通知父母的情况下堕胎。如果发现她不够成熟，如果法院确定走堕胎程序符合她的最佳利益，法院仍然可以批准她堕

---

〔78〕 Michael New, “Using Natural Experiments to Analyze the Impact of State Legislation on the Incidence of Abortion” (2006), available at http://www.heritage.org/Research/Reports/2006/01/Using-Natural-Experiments-toAnalyze-the-Impact-of-State-Legislation-on-the-Incidence-ofAbortion (accessed Mar. 15, 2010).

〔79〕 联邦最高法院已经宣布，在各州颁布法律要求家长通知或同意要求的情况下，司法程序选择必须能够通过宪法审查（Bellotti, 443 U. S. 622, 643）。

胎。[80] 这种规定要求堕胎的青少年需要通知父母,但又支持通过司法程序(bypass procedure)申请在不需要通知父母的情况下堕胎,其理由是合理的:它鼓励怀孕的青少年与父母讨论此项重要决定,但那些不能或不愿这样做的青少年将通过司法之外的程序保护她们的最大利益。

然而,在实践中,司法程序并没有达到这种效果。正如卡罗尔·桑格尔(Carol Sanger)所指出的,实证研究表明,这些规定在很大程度上是为了阻止青少年堕胎,且这一目标的实现相对成功。[81] 结果是,相当数量的未成年人不愿将自己寻求堕胎的意愿告知父母,由于法院的判决的不确定性,她们需要在父母不知情的情况下旷课逃学,去法院的申请过程中交通上的困难,以及需要在法庭上披露她们的性行为和家庭生活中的亲密性细节,导致大量的怀孕青少年也不能提出司法之外的程序申请以使其在不需要通知父母的情况下堕胎。最终的结果是,在实施了青少年堕胎需要通知父母的立法之后,青少年堕胎率显著下降,因为青少年司法之外的程序的权利被阻止,即使通过司法程序不需要通知父母就可以堕胎,这种状况也如此。[82] 此外,即使青少年确实提出了司法程序申请,法官也很少对案件的是非

---

〔80〕 Ibid.

〔81〕 Carol Sanger, "Regulating Teenage Abortion in the United States: Politics and Policy," *International Journal of Law, Policy, and the Family*, 18(3)305. 事实上,反对堕胎者吹捧使用司法之外的程序来降低堕胎率的有效性(New, "Using Natural Experiments")。

〔82〕 Carol Sanger, "Regulating Teenage Abortion in the United States: Politics and Policy".

曲直作出合理的评估。相反,他们通常要么签署同意所有提交给他们的请愿书,要么拒绝所有请愿书,这取决于他们个人对堕胎的看法。绝大多数人赞成堕胎,可能是基于这样一种观点,即年龄太小而不能自己同意堕胎的青少年最好选择堕胎,这对她们更有利,因为她们还不到能够生孩子的足够成熟的年龄。[83]

支持性国家能够而且应该比现行法要求堕胎的青少年通知父母这一做法做得更好。虽然我们仍然应鼓励青少年通知她们的父母,但对于那些不能或不愿与父母讨论这个问题的青少年,我们的目标应该是建立一个系统,仍然支持青少年思考她们的选择,不阻止那些认为堕胎是符合孩子们的最佳利益的人参与这个过程。一种可能的模式是,允许怀孕的青少年获得代替父母同意的咨询证明,由授权的咨询师提供咨询,证明某咨询师曾与她讨论过怀孕、堕胎、收养和国家对儿童的支持。即使她不会与她的父母讨论,通过向咨询师的咨询,鼓励青少年与一个成熟的成年人讨论这个困难的决定。然而,这不应该具有司法程序要求所具有的威慑作用。[84] 因此,该制度模式是承认青少年在自主性方面的利益,而并不是假定她拥有了将来有一天所拥有的判断力(without assuming her judgment is as developed as it

---

〔83〕 Ibid. ,306. See also Elizabeth Scott, "The Legal Construction of Adolescence," 569 – 576.

〔84〕 目前缅因州也有类似的模式(See Consent to a Minor's Decision to Have an Abortion,22 M. R. S. § 1597 – A [2010])。

one day will be)。该制度模式还寻求保护青少年的最佳利益,同时,通过促进青少年和父母之间的沟通使青少年认识到父母关系的重要性。

三、家庭、国家与儿童的养育

关于儿童在家庭中的地位的最后一组问题,涉及父母应在何种 133
程度上控制儿童的教养。在一个高度重视个人自主权和家庭隐私的自由民主国家,我们应该从基本假设开始,即父母通常应该能够按照他们认为合适的方式抚养孩子。这一出发点考虑了养育子女对许多公民的生活计划的重要性。这一出发点还认识到,父母通常是最爱他们的子女的人,并最积极地追求子女的利益。然而,这些因素并不是儿童教育的唯一紧要的因素。毕竟,子女不仅是他们家庭的成员,而且是国家政治组织的成员,总有一天他们将在政治组织中承担集体自治的责任。正因如此,国家对确保儿童获得成为合格公民所必需的公民美德和技能有着重大的利益。此外,除了保护自身的利益,国家甚至也有责任保护儿童的利益。作为这项责任的一部分,国家有责任确保儿童发展其自治能力。但为了确保发展儿童的公民美德和自治能力,需要与家庭隐私原则之间进行精细的沟通。

公民美德

在本书的大部分篇幅里,我一直认为,强大的家庭并不会是随随便便地产生的(strong families do not just simply happen)。相反,强大的家庭既需要特定条件,也需要大量的努力。健全的政治组织也如此。一个充满活力的自由民主国家需要其公民具备某些美德才能繁荣昌盛。当自由民主的学者们开始关注公民美德的必要性时,他们倾向于将公民所需要的美德最小化,这种状况一直持续到了最近。从学者们的观点来看,由于我们生活在代议制民主制度下,很少有公民参与集体自治,而且每隔几年就有一次投票,因此,公民只需要最低限度的公民技能就可以了。〔85〕

过去10年发生的事件对这一观点并不友好。在此期间,中东在建立民主方面的许多失败表明,仅仅举行民主选举并不足以发展或维持一个致力于所有人平等自由的自由民主。美国近代史也表明,一系列自由民主机构的存在不足以确保政府是一个致力于政治平等、法治以及保护公民权利的政府。如果缺乏致力于自由民主原则的公民,就如同我们已经看到的,这些自由民主体制结构将容易受到操纵和滥用。

134 除其他的一项事项外,繁荣的自由民主还要求公民致力于公民之间的政治平等和对个人基本权利的保护。正如埃蒙·卡兰(Eamonn Callan)令人信服地指出的那样,年轻公民也必须接受他所

〔85〕 See, for example, William Galston, *Liberal Purposes: Goods, Virtues, and Diversity in the Liberal State*(New York: Cambridge University Press, 1991), 246 - 48.

说的,罗尔斯所谓的"判断的重担"。他的意思是,孩子们必须认识到,理性的人能够而且将会在围绕美好生活和宗教的基本问题上产生分歧,而对这种"综合哲学"的分歧不能用任何相互可及的标准来解决。因此,在致力于个人自由和多元主义的政治组织中的公民必须赞同这样一种观点,即不应利用国家的权力把这些观点强加于人。[86] 此外,公民需要培养自主思考和采取行为的能力和意愿:如果缺乏独立的思想和精神,公民可能太容易轻易相信不充分的理由和解释,被政府"牵着鼻子走"。

然而,家庭有时会阻碍儿童这些特质和性格的发展。一个国家是否可以设法补救家庭的这些不足?无意中阻碍这些特质的父母,可能不会反对政府在孩子身上培养必要的美德。然而,那些自己反对自由民主规范的父母,可能会强烈反对培养孩子的民主规范。毫无疑问,父母对孩子将来会成为什么样的人投入很多,所以父母对此作出反应的程度是可以理解的。正如斯蒂芬·吉尔斯(Stephen Gilles)所观察到的:"对绝大多数人来说,我们与配偶、子女、兄弟姐妹和教育我们的父母之间的情感联系,构成我们个人美好生观念的核心。"[87] 因此,吉尔斯认为,在如何抚养孩子的问题上,通常应该由

---

〔86〕 Eamonn Callan, *Creating Citizens: Political Education and Liberal Democracy* (New York: Oxford University Press, 1997), 254; John Rawls, *Political Liberalism* (New York: Columbia University Press, 1993), 55.

〔87〕 Stephen Gilles, "On Educating Children: A Parentalist Manifesto," *University of Chicago Law Review*, 63, 937, 940-41 (1996).

父母而不是国家说了算。

当然,当涉及那些强烈持有非自由主义信仰的父母时,比如,国家试图培养他们的孩子特殊的自由民主性情和美德,这对那些信奉宗教激进主义的基督徒父母,可能会是一个沉重的打击。例如,国家努力确保儿童接触我们多元社会中存在的信仰上的深刻差异,让孩子们意识到自己判断的重任,可能会对这些父母试图将他们的信仰传递给孩子的努力造成重大损害,因为这些父母的信仰是他们认为只有一条正确的人生道路。[88] 对这些父母来说,道德和忠诚是由上帝或自然的道德秩序所规定的。政府试图确保孩子们学会尊重这样一种可能性,即在父母传授的生活方式之外还有其他的生活方式,让孩子们接触这样一种观点,即一些道德戒律容易受到批判性评价,其采纳取决于自愿选择。这种教育有可能破坏这些父母观点中的核心信条。[89]

135 然而,即使认识到父母在抚养子女方面的重大利益,以及子女培养自由民主美德可能对一些父母的人生规划造成的严重损害,国家在培养这些美德方面的利益仍然必须压倒一切。维持一个充满活力的自由民主的艰难事业,需要在个人自由与包括公民美德在内的其

〔88〕 See Nomi Maya Stolzenberg,"He Drew a Circle That Shut Me Out:Assimilation, Indoctrination, and the Paradox of a Liberal Education," *Harvard Law Review*, 106, 581 (1993).

〔89〕 Michael J. Sandel, *Democracy's Discontent: America in Search of a Public Philosophy*(Cambridge:Harvard University Press,1996),65.

他重要利益发生冲突时，对个人自由施加一些限制。对父母自由的这些限制对于保障自由本身是必要的。[90] 那些认为父母在抚养孩子时，个人利益应该比国家利益更重要的人，忽略了一个关键点：如果国家不能确保自由民主的美德被广泛传播，国家就无法维持一个能够保护这些父母所追求的个人自由的自由民主。不自由的民众更有可能支持侵犯个人自由的行为。这样的国家还需要对公民实施更严格的控制，因为他们不太可能尊重自由民主的基本原则。因此，如果尊重父母的自主权，将会阻止子女发展公民美德，就会导致更大范围地侵犯公民的自主权。

此外，必须认识到，允许父母向子女传播偏执狭隘的观点，给个人自由带来的风险并不会均等地发生在所有公民身上；相反，这种情况尤其发生在不受欢迎的人群中。那些并非谙于自由民主理想的公民更有可能对边缘群体施以"暴政"，而仅仅根据他们自己的综合观点，脱离公共理性，就剥夺那些边缘群体的政治上的平等权利。过去几年围绕同性婚姻的政治事件中，是一些公民基于自己的全面的信仰体系，继续将同性恋边缘化的一个明目张胆的例子。因此，顺从父母而不教授公民美德的最大代价，不是由父母来承受的，甚至一般也不会由政治组织承受，而是由政治上的少数人来承受，是他们承受着

〔90〕 Stephen Macedo, *Diversity and Distrust*: *Civic Education in a Multicultural Democracy*(Cambridge: Harvard University Press, 2000), 5.

大多数人偏执狭隘的冲动的后果。对于那些真心希望自己的孩子将来成为非自由主义者的父母来说,他们的希望不应该被忽视,但也不应为了这样的父母而牺牲政治少数群体享有自由民主保障的基本权利。

因此,虽然在通常情况下应允许父母按照他们认为合适的方式抚育子女,但他们的自主权不仅受到禁止虐待和疏于照顾的限制,而且还受到必须教育子女具有公民美德的要求的限制。换句话说,因为父母持有与自由民主理想背道而驰的观点,并不会简单地要求作为守夜人的国家就收起帐篷回家,国家还需要继续完成守夜人的任务。正如斯蒂芬·马塞多(Stephen Macedo)所建议的,自由民主对多元主义的尊重,要求国家允许公民支持狭隘的观点,并在自己的生活中践行这些观点。然而,当涉及下一代时这并不要求政府公平地考虑这些观点。[91] 政府这样做,就会想起罗伯特·弗罗斯特(Robert Frost)对自由主义者的定义:自由主义者是在争论中不能为自己辩护
136 的人。[92] 相反,正是因为国家如此珍视自由,国家可以而且应该教育儿童培养公民美德。

---

〔91〕 Ibid., 237; Amy Gutmann, *Democratic Education* (Princeton, NJ: Princeton University Press,1999),29. “承认父母对作为家庭成员的子女的教育的权利(及责任)是一回事,主张将这种家庭教育的权利延伸到父母的权利,以使他们的孩子免于暴露于与孩子们自己相冲突的生活方式或思想则是另外一回事。”(同上)

〔92〕 Jonathan Green (Ed.), *Morrow's International Dictionary of Contemporary Quotations* (New York:William Morrow and Company,1982),298.

那么,国家有义务在多大程度上培养儿童的公民美德,从而促进公民美德影响家庭运作的方式呢？一段时间以来,女权主义理论家一直认为,家庭未能在诸如性别平等等规范方面树立榜样,阻碍了儿童至关重要的公民美德的发展。如果家庭不是"通常能伸张正义、家务工作平等分担、人人享有平等的尊严和受尊重的环境",将如何培养孩子们的正义感？[93] 正如南希・罗森布拉姆(Nancy Rosenblum)所指出的,只有当孩子们无法在家庭之外发展这些美德时,确保家庭美德的规范与自由民主美德之间的一致性才是必要的。[94] 用罗森布拉姆的话来说,即使孩子们在家里看不到特定的美德,这些美德的禀性(disposition)"可以在操场、学校、中学社团和工作中形成"。[95] 毫无疑问,罗森布拉姆在很大程度上是正确的:还有其他方法可以培养孩子的许多自由民主美德,而这些美德并不依赖父母在家里传授的经验教训。例如,正是因为性别公正的禀性可以在家庭之外得到发展,第二个女权主义浪潮才可能在20世纪70年代年轻女性中兴起,而这些女性是从男权统治的50年代成长起来的。这些妇女中有许多人对平等和正义的渴望不是来自她们成长的家庭,而是来自她

[93] Susan Moller Okin, "Political Liberalism, Justice, and Gender," *Ethics*, 105, 23, 26 (1994).

[94] Nancy Rosenblum, "Democratic Families, 'The Logic of Congruence' and Political Identity," *Hofstra Law Review*, 32, 145, 156 – 157 (2003).

[95] Ibid., 157.

们身外的经历，包括反战运动和女权主义觉醒团体。[96]

基于上述讨论，在谈到儿童公民的教育时，应遵循三个原则用以指导支持性国家。首先，在可能的范围内，国家应设法通过机构而不是家庭来培养儿童的自由民主美德，即使这样做让父母的自主权受到了限制也应如此。这样做在一定程度上也保护了家庭隐私之善。除家庭外，可以培养自由民主美德最重要的机构显然是公立学校。然而，公民必要的特质也可以由国家在其他地方培养，包括负责孩子放学后的照顾和课外活动的社区中心、公民服务项目，甚至是（国家监管下的）私立学校。

其次，国家应采取温和的方式鼓励家庭以符合自由民主规范的方式运作。我已经讨论过一些公共政策，通过这些政策，国家可以鼓励家庭摒弃以性别为中心进行的角色划分，包括为父亲提供"放弃使用即作废"（use-it-or-lose-it）的家庭休假。[97] 国家还可以用其他方式推动家庭与自由民主规范保持一致，例如，将马丁·路德·金（Martin Luther King, Jr.）的生日作为联邦假日庆贺，鼓励父母提高对民权和平等重要性的认识。

最后，在如果不对家庭决策进行更有效的干预就不能在儿童中培养公民美德的情况下，国家应设法将对父母自主权的干预最小化。

---

〔96〕 Linda McClain, *The Place of Families* (Cambridge: Harvard University Press, 2006), 83.

〔97〕 参见第二章，原著第66～69页。

例如，有些在家接受教育的儿童可能没有充分的机会发展自由民主的美德。如果是这样，国家应该寻求通过更少的干预来弥补这一不足，比如，要求这些孩子参加课外活动。只有当这些替代方案被证明不可行或不成功时，国家才应该采取更大的干预措施，比如，完全禁止在家庭接受教育，要求孩子上实体学校等。

自　治

国家不仅有责任确保儿童公民美德的发展，而且必须确保他们 137
发展自治的能力。一个人的人生计划，从一定程度上来说，是由作出这些人生计划的人所拥有的，这是自由主义人生价值观念不可分割的一部分。这并不意味着，人们必须有意识地选择这个计划或从头开始构建其方方面面。然而，这确实意味着，如果他们认为这个计划不再适合自己，他们可以重新协商这些生活计划或承诺。[98] 正如伊蒙·卡兰（Eamonn Callan）简明扼要地指出的那样，在最低限度内，每个孩子"即使我们的想法与我们父母生活中弥漫的想法基本相同，也必须学会问的问题是我们应该如何生活，以及……我们如何回答该问题才可能不是对别人给出的答案的卑躬屈膝的附和"。[99] 这种禁止道德奴性意味着，父母不能剥夺子女追求父母生活方式之外的

[98] 威尔·金里卡（Will Kymlicka）的观点很有说服力："将个人自由降低为追求个人利益的自由太容易了。但事实上，自由国家的特色在于人们对善的观念的形成和修正，而不是对这些一旦选定的善的观念的追求。"（Will Kymlicka, *Multicultural Citizenship: A Liberal Theory of Minority Rights* [New York: Oxford University Press, 1996], 82.）

[99] Eamonn Callan, *Creating Citizens*, 154 – 155.

其他生活方式的能力。即使父母反对,国家也有责任在子女身上培养这种最低限度的自主权:自由主义不允许一个人仅仅作为一个“小卒”来满足另一个人的生活计划,即使这个人是父母。

当然,许多试图阻止孩子发展自主能力的父母不仅仅是伪君子。他们已经放弃了自己生活中的自治准则。或者,正如迈克尔·桑德尔(Michael Sandel)和诺米·斯托尔岑贝格(Nomi Stolzenberg)所指出的那样,他们并不认为自己选择了拒绝自治的规范,而是认为自己被选择走上了另一路线。[100] 对这些父母来说,国家试图培养孩子自主能力的做法让孩子们偏离了正确的人生道路。对一些家长来说,国家的行为可能会让孩子走上永远受诅咒的道路之风险。

尽管这些父母的信仰很笃定,但自由主义国家不能容忍伊蒙·卡兰所说的“父母的专制”。[101] 自由主义相当重视父母的生活
138 计划,因为自由主义将这些计划视为这些公民自由意志的体现及他们所作的承诺。因此,尊重这些计划对于尊重这些父母的尊严来说是必不可少的。非常认真地关注父母对孩子教育的愿望,需要杜绝他们对孩子的道德奴性欲望:就父母的请求是建立在自由主义尊重个人生活道路选择的基础上而言,不能用父母的愿望来否定这些孩

---

[100] Michael Sandel, *Democracy's Discontent*, 112; Nomi Stolzenberg, "He Drew a Circle That Shut Me Out," 611. See also Eamonn Callan, *Creating Citizens*, 147.

[101] Ibid.

子同样有选择自己生活道路的机会。[102]

然而,国家应该在多大程度上促进子女自治却存在某些分歧。多名学者认为,国家应该做的不仅仅是确保孩子在道德上不卑躬屈膝:国家应该鼓励孩子与父母的生活方式保持距离。[103] 最有代表性的是,伊蒙·卡兰建议,国家应该鼓励孩子们将他们的人生道路看成是开放的,由他们自己选择。[104] 在卡兰描述发展孩子的自治教育之后,他把这种教育称为"'更宽范围'的教育":

> 最基本的要求是,在某些阶段,正确的教育是对与孩子出生的家庭、宗教或种族文化相冲突的信仰和生活方式善意且批判性参与。此外,在参与相关教育的过程中,其他人赖以生活的信念和价值观不能简单地被视为孩子们生活意义的源泉;相反,在善的概念及成年人为自己创建信仰和权利方面,这些参与被视为是潜在的因素。[105]

---

〔102〕 Ibid. See also Gutmann, *Democratic Education*, 30. ("同样的原则,要求国家赋予成年人个人自由及政治自由,也承诺保证儿童接受教育,使这些自由在未来成为可能和有意义的。")

〔103〕 Shelley Burtt, "Comprehensive Educations and the Liberal Understanding of Autonomy," in Kevin McDonough and Walter Feinberg (Eds.), *Citizenship and Education in Liberal Democratic Societies: Teaching for Cosmopolitan Values and Collective Identities* (New York: Oxford University Press, 2003), 184.

〔104〕 Eamonn Callan, *Creating Citizens*, 132 (1997).

〔105〕 Ibid., 133.

根据卡兰的说法，这种教育的目的是帮助孩子们“探索全球，让他们得以一瞥周围戏剧性事件的深层含义”。然而，在旅程的终点，现在成熟的公民完全有权利把自己定位在他开始的那个点上——(或)去发现这一领域的一个未被开发的部分。[106] 梅拉·莱文森(Meira Levinson)也采取了类似的策略，她认为，国家在促进儿童自治方面的一个关键功能是“平衡当前不公正地偏向父母这种权力分配不均的状况”，鼓励孩子们思考不同于父母的生活方式。[107]

然而，支持性国家只是在灌输一种防止道德奴性所必需的自治方面设置了一个基本门槛，并没有试图削弱父母将自己的生活方式传给子女的能力。确保子女在道德上不至于卑躬屈膝，与教导他们疏离于父母的生活方式，以至于孩子们认为这只是一系列同等重要的选择之一，这两者之间存在巨大的差异。支持性国家支持前者的立场，但不支持后者。正如托马斯·斯普拉格斯(Thomas Spragens)所建议的那样，自治是一种善，应该优化，而不是最大化。[108] 我们将

---

〔106〕 Ibid.

〔107〕 Meira Levinson, *The Demands of Liberal Education* (New York: Oxford University Press, 2002), 65. 在一个类似的注释里，哈里·布里格豪斯(Harry Brighouse)认为，我们需要“教会孩子们一些技能，使他们能够在父母和他人的生活方式之间做出比较评估，从而给他们一个真正的机会过上好日子”(Harry Brighouse, *School Choice and Social Justice* [New York: Oxford University Press, 2000], 72 – 73)。

〔108〕 See Thomas Spragens, Jr., *Civic Liberalism: Reflections on Our Democratic Ideals* (New York: Rowman and Littlefield, 1999), 129 – 30.

自治看作完整的人类生活中的一个内在因素而予以重视；然而，追求尽可能多的自治权，可能会让公民觉得自己没有“根”，没有坚定的道德观。[109] 自由主义要求一个人的出生背景和家庭联系纽带不能完全影响一个人的未来，至少在缺乏个人的自主同意的情况下是这样；然而，一个人的未来并不是与一个人的出生背景和家庭联系纽带毫不相干的。斯蒂芬·马塞多（Stephen Macedo）将自由文化比作加州文化的做法就有了正当性——在加州，人们不断尝试新的生活方式和原则却没有全身心地投入其中（除了个人自由）。[110] 139

支持性国家承认，试图灌输子女的这种高度自治意识将削弱许多父母的合法希望，即父母希望他们的子女将成长为与父母的生活方式相联系的人的这种希望。[111] 父母对成功育儿的憧憬使其很少会让子女接触与他们自己完全无关的生活方式；相反，父母通常希望向子女介绍他们的宗教传统、政治原则、种族特有的遗产，甚至是他们的运动队。

---

〔109〕 Eamonn Callan, "Autonomy, Child Rearing and Good Lives," in David Archard and Collin M. Macleod (Eds.), *The Moral and Political Status of Children* (New York: Oxford University Press, 2002), 137. See also David Archard, "Children, Multiculturalism, and Education," in *The Moral and Political Status of Children*, 158.

〔110〕 See Stephen Macedo, Liberal Virtues: Citizenship, Virtue and Community in *Liberal Constitutionalism* (New York: Oxford University Press, 1990), 278.

〔111〕 虽然下面几段文字是我自己的，但我对父母对孩子教育的兴趣的讨论，在很大程度上要归功于埃蒙·卡兰（Eamonn Callan）在《塑造公民》一书中对这个问题的精彩论述。（Eamonn Callan, *Creating Citizens*, 138–45.）

人们希望自己的子女对其工人阶级的出身感到自在；了解家族的波兰—美国之间的文化；或者，作为大屠杀幸存者的子女，将“永不再犯”这句格言内化。我们如此希望，是因为不仅我们在某种意义上将自己的孩子作为了自己的延伸，将孩子们的生活计划当作了自己的生活计划的延伸——至少在某种程度上来看是这样的，而且也是因为对父母来说，养育孩子涉及父母和孩子之间如此重要的联系。用罗伯特·赖克（Robert Reich）的话来说，“抚养孩子绝不仅仅是为他人服务，而是与孩子共同分享生活”。[112] 因此，我们希望我们的子女理解并认同我们。

尽管不是对所有的父母，但对许多父母来说，并不一定是让子女过与自己同样的生活或采用完全相同的原则；我们很多人都希望比起我们曾经的生活，我们的孩子能过上更好的生活——接受更多的教育、拥有更多的财富、实现更多的成就等。但即使我们希望他们超越我们，我们也希望他们理解并接受他们的“根”，舒适地回到我们的家庭，领会我们安排的仪式的意义。[113] 当子女不能从内而外体现这种认同感时，就必须给他们以帮助，让他们退出不能体现这种认同感的生活方式。然而，当子女可以在离家更近的地方舒适地打造自己的生活时，并不需要刻意邀请他们从头开始创

〔112〕 Robert Reich, *Bridging Liberalism and Multiculturalism in American Education* (Chicago: University of Chicago Press, 2002), 283 – 84.

〔113〕 Ibid., 284.

建自己的身份。让孩子们知道，父母“善”的概念只是孩子们仔细考虑的众多概念之一，这并不涉及是否公正对待父母养育孩子的合理希望的问题。[114]

事实上，认为父母应该尽可能少地在子女身上留下印记的观点，是对抚养子女的过程到底是怎样的过程持有错误的观念的结果。[115] 首先，虽然子女来到这个世界上并不简单的是一张白纸，但也不是带着完全成熟的人格而来，他们只是等待着被展现出来。相反，子女最 140
终会成为什么样的人是子女与其生活的环境，包括他的家庭之间的复杂关系的结果。在子女的养育过程中，子女的某些特质不可避免地会被培养起来，而另一些特质则会被抑制。

此外，养育子女的过程涉及分享父母自己的生活，这不能不影响子女的个性特征。正如我们爱我们的子女不是因为他们是世界上最好的子女，而是因为他们是我们的子女。因为子女与父母的关系，他们开始认同他们的父母和家庭。大卫·阿查德(David Archard)以一位带着子女去看运动队比赛的父亲为例说明了这一点：

> 这样的旅行是父亲和儿子共享的重要活动之一。

---

〔114〕 卡兰正确地指出：“对于父母教育子女的权利，我们应该树立一种不允许压迫儿童的观念。但我们也想要一种理念，能够公正对待父母的希望以及他们在抚养孩子时所作出的牺牲。”(Eamonn Callan, *Creating Citizens*, 145.)

〔115〕 Shelley Burtt, “*Comprehensive Educations and the Liberal Understanding of Autonomy*,” 200 - 201.

> 由于父亲明显地支持该团队，很难看出儿子怎么会不来分享这种激情……值得注意的是，这不是父亲为儿子选择支持的团队这种简单的例子，而是儿子的生活只不过是父亲生活的“延伸”。这是一个真正的父子共享的案例……[116]

在养育子女过程中，当父母与子女分享自己的生活时，一定要把自己的激情传达给子女，无论是航海、社区服务、一起看体育比赛，还是园艺。分享这些活动很重要，原因有很多，包括让子女了解他们的父母；教会他们从事能满足自己激情的活动的价值；更实际的原因是，在履行为人父母的责任的同时，还允许父母保留一些自己的乐趣。然而，这样做将不可避免地影响子女的自我意识和什么活动是值得参与的。关键是子女会发展出特殊的亲近感——为家人，为他们当地的运动队，为某些特定的音乐。并非因为这些东西在客观意义上特别好，也不是因为如果退后了一步，仅仅是在理性的基础上作出选择，而是因为这是我们的家人或我们喜欢的团队或歌曲。用艾米·古特曼（Amy Gutmann）的话来说就是：

[116] David Archard, "Children, Multiculturalism, and Education," in *The Moral and Political Status of Children*, 150, 158.

> 我们不需要宣称道德优越感(或对子女的所有权)来说明这些。我们只需要声称,对我们和我们的子女来说,有些生活方式比其他的好,因为这些取向赋予家庭和社会的内部生活以意义并能丰富家庭和社会内在的生活。如果只注重自由的价值,甚至是道德自由的价值,就会忽视父母和公民可能合理地重视的价值,特别是由于子女的家庭和政治遗产而使子女的选择受到损害。[117]

只要这些在孩子心中形成的依恋与如果认为对此种依恋不合适他们就会进行反思的能力同步发展,国家就不应鼓励年轻的公民远离这些依恋关系。

父母对子女个性的影响不仅是一个不可避免的事实,而且从整 141
体上来说,也是一件好事。[118] 父母鼓励孩子认为他们自己的未来无条件地具有所有的可能性,这可能会弱化父母、学校及社会对孩子的自由、民主和其他美德的灌输。在教育子女时,我们并不是真的想让他们在道德世界占有一席之地;相反,我们希望他们成为善良、负责任的公民和家庭成员。当然,我们成功地向子女灌输这些

---

〔117〕 Amy Gutmann, *Democratic Education*, 43.

〔118〕 Shelley Burtt, "The Proper Scope of Parental Authority: Why We Don't Owe Children an 'Open Future'", in Stephen Macedo and Iris Marion Young (Eds.), Child, Family, and State: NOMOS XLIV (New York: New York University Press, 2003), 243.

价值观，却限制了子女的未来，通过向子女灌输这些价值观减少某些路径的可能性而降低了他们的自由度。但这是应该的。正如雪莱·伯特(Shelley Burtt)明智地建议："问题不在于父母能对子女的世界观产生的影响多小(父母能有多中立)，而在于父母在引导子女进入富有成效、令人满意的成年期方面能更充分地履行义务。"[119]父母不需要引入金科玉律，因为子女既可以轻易地接受，也可以轻易地拒绝；相反，父母可以而且应该让子女记住这些规则的重要性。[120]

总之，虽然国家必须确保儿童在道德上不屈从于父母，但在教育儿童自治方面国家并不需要承担更多的责任。[121] 涉及他们的孩子将来的生活时，父母有充分的理由对他们的孩子进行指点。国家应确保权利的天平不完全偏向父母的意见，即认为孩子们没有能力或不能现实地选择重新考虑这些观点。但除了确保这些事情，国家一般不应设法对父母的指点进行平衡。

采取这一立场允许支持性国家公正对待儿童在其家庭和政治组织中的地位。与儿童在家庭中的地位相适应，父母通常会教育子女接受自己的信仰和信条。为了让孩子们成为政治组织的一员，政府

〔119〕 Ibid. ,259.

〔120〕 Ibid. ,266.

〔121〕 如果国家的责任是鼓励儿童为了自己的利益，而自治就是此种情况。可能的情况是，因其在培养公民美德方面的重要作用，国家可以适当地鼓励儿童享有更高程度的自治。

应该确保他们恪守自由民主的美德，不让他们在道德上卑躬屈膝。如果这两个目标发生冲突，支持性国家应在可能的限度内通过家庭以外的机构来弥补儿童教育方面的差距。确保儿童可以在多个方面发展他们的信仰，有助于确保在一个方面的失败可以在另一个方面得到补偿。此外，有两名教育工作者共同负责培养儿童在世界上的自我意识，这就减少了这样一种可能性，即其中一个教育者完全主导儿童的观点，导致无法将他们培养成好公民或具备过上充实生活所必需的批判视角。

结 论

支持性国家对待家庭隐私的时候将国家行为从国家与家庭对话中的总结语转变为对话中的开场白。支持性国家观点认为，支持家 142
庭隐私需要国家采取行动以帮助家庭，确保家庭拥有强大的能力，而不是简单地要求国家把家庭留给家庭自己。此外，家庭隐私不再是国家政策的全部目的。相反，国家在支持儿童福利、人类发展和公民道德等其他重要的善的同时，支持家庭隐私这一重要的善。在可能的范围内，支持性国家应寻求改善这些善之间的紧张关系。然而，在家庭隐私与其他自由民主之善之间的正面冲突仍然存在的情况下，在某些时候，维护家庭隐私的高成本意味着，家庭隐私必须让位于其他重要的善。就像任何繁荣的自由民主国家一样，在必须培育一系列重要善的地方，就不可避免应当对这些善进行权衡。[122]

---

〔122〕 See Isaiah Berlin, "Two Concepts of Liberty," in *Four Essays on Liberty*(Oxford: Oxford University Press, 1969), 168.

索　引

（此处页码为原书页码，请按本书边码检索）

后　记

家庭是最基本的社会组织，也是最重要的社会制度之一。家庭问题不仅是家庭内部的问题，也是民族、社会及国家的问题。家庭问题越来越受到国际组织和各国的重视。1948 年联合国《世界人权宣言》提出："家庭是天然的和基本的社会单元，并应受社会和国家的保护。"1989 年联合国大会将 1994 年确定为"国际家庭年"。在我国，自 1954 年《宪法》至今，家庭受国家保护的宪法地位从未动摇过。新时期，习近平总书记提出"人民对美好生活的向往，就是我们的奋斗目标"，这一美好生活的愿景与习近平总书记提出的"注重家庭、注重家教、注重家风"的思想一脉相承。在 2012 ~ 2019 年的重要论述中，习近平总书记提及"家庭"两字的频率高达 100 多次。我国新时期的人口战略，更是关乎成千上万的家庭。支持家庭、保护家庭在国内外及国际组织已经达成共识。

家庭为何存在及如何存在？对该问题的回答涉及政治学、法学、伦理学、经济学等诸多领域理论研究中的元问题。在家庭的存在中，必然涉及国家、家庭、家庭成员之间的相互关系问题。历代哲学家、思想家，不乏对家庭问题的研究和论述。而现代家庭受到来自市场等多方面的挑战，大量的家庭陷入工作与家庭冲突的旋涡中，家庭中老弱病残者的照顾问题、因照顾产生的家庭内部两性间的平等关系以及不同家庭因贫富差异而对照顾工作承担方面的公平问题，加大了家庭的现代性危机。美国北卡罗来纳大学的马克辛·艾希纳教授所著的《支持性国家：家庭、政府及政治理想》，以美国为背景，从批判视角对上述问题作了细致深入的解答。她的独特的批判视角表现在：作者从批判罗尔斯《正义论》对家庭的缺失，模糊对家庭的关注，扭曲国家与家庭的关系出发，揭示了美国自由主义理论及法律中存在的疏漏，提出应对当代美国自由主义理论进行修正，将家庭中人的依赖性纳入自由主义理论并对家庭与国家关系进行理论与制度上的改造。马克辛·艾希纳教授是在美国背景下，在自由主义理论框架内分析如何发展国家与家庭关系理论，敏锐地看到了当代美国政治理论的危机而试图通过政治理论的修正、社会福利改革及法律制度的完善以增进对家庭的保护。译者认为：虽然中国与美国国情与政治制度存在巨大差异，但作者对当代家庭作自由主义解构，高度珍视家庭发挥的不可替代的功能，对支持性国家的构建图景进行细致描绘,其保护家庭的研究动机及对家庭保护路径的思考,无疑是不可多得的。这也是译者翻译此著作的初衷。但正如作者指出的,在美国,自由主义理论将每个公民预设为能干且自治的成年人,且每个公民都是作为独立个体而非家庭成员存在,这一政治理论的主体构想必然会引发诸多问题。虽然自由主义本身并不排除对恰当的国家与家庭关系进行理论构建,但自由主义过分关注个人权利,认为家庭具有脱离政治及社会自动繁荣的内部动力,而作者只是希望在自由主义政治理论框架下,对美国的福利改革及法律制度进行修修补补,恐难完全克服自由主义政治理论的局限性而实现美国的政治理想。尽管如此,作者认识到人类依赖关系的事实性,认识到中立性国家不足以完全支持家庭中的照顾工作及促进人的发展,进而努力寻求构建一种政府支持下的国家与家庭关系模型,其在家庭与国家关系的理论及制度构建方面的深思熟虑、独特的研究视角及批判精神,值得赞赏与关注。

本译著系西南政法大学民商法学院推出的“民商法经典译丛”之一。本书稿的翻译工作曾几度几近放弃。首先,承蒙西南政法大学民商法学院的大力资助与支持,以及吴冰老师在协调本书的翻译出版过程中所做的大量工作,本书稿最终有幸得以付梓,对此深表感谢!其次,感谢法律出版社法治与经济分社沈小英社长、陈妮编辑、黄筝编辑及其他各位同仁,从版权联系到本书翻译校对过程中提出的宝贵意见,无不凝聚着诸位的心血,对诸位的辛苦工作道一声谢谢！在本书翻译工作接近尾声时，有幸联系上了美国北卡罗来纳大学马克辛·艾希纳教授，她非常乐意地发来了最新的个人简介，感谢马克辛·艾希纳教授的支持及对本书翻译出版的交流意见。由于译者水平所限，错误疏漏之处难免，欢迎各位前辈同仁批评指正，后学当不断进取。感激留给他们，错误疏漏均属本人。

本书最后定稿时，正值全国上下抗击新冠疫情期间。虽每每感动于新冠肺炎疫情中的最美逆行者，却又因本人体弱力薄恨不能行，还是选择宅在家中做一颗普通的螺丝钉吧。寒随一夜去，也许明朝醒来，东风随春归，已是春暖花开、繁花似锦时。武汉加油，中国必胜！

冉启玉

2020 年 2 月 21 日于歌乐山下

图书在版编目(CIP)数据

支持性国家：家庭、政府与政治理想 / (美) 马克辛·艾希纳 (Maxine Eichner) 著；冉启玉译. -- 北京：法律出版社，2023
(民商法经典文库 / 赵万一总主编)
ISBN 978 -7 -5197 -4865 -4

Ⅰ. ①支… Ⅱ. ①马… ②冉… Ⅲ. ①亲属法－研究 Ⅳ. ①D913.904

中国版本图书馆 CIP 数据核字(2022)第 089124 号

支持性国家：家庭、政府与政治理想
ZHICHIXING GUOJIA：JIATING、ZHENGFU YU ZHENGZHI LIXIANG

[美]马克辛·艾希纳
(Maxine Eichner) 著
冉启玉 译

策划编辑 沈小英
责任编辑 陈 妮
黄 筝
装帧设计 臧晓飞
马 帅

出版发行 法律出版社
编辑统筹 法治与经济出版分社
责任校对 晁明慧 王 皓
责任印制 吕亚莉
经 销 新华书店
开本 A5
印张 9.75 **字数** 219 千
版本 2023 年 4 月第 1 版
印次 2023 年 4 月第 1 次印刷
印刷 北京中科印刷有限公司

地址：北京市丰台区莲花池西里 7 号(100073)
网址：www. lawpress. com. cn
投稿邮箱：info@ lawpress. com. cn
举报盗版邮箱：jbwq@ lawpress. com. cn
销售电话：010 - 83938349
客服电话：010 - 83938350
咨询电话：010 - 63939796

书号：ISBN 978 -7 -5197 -4865 -4
定价：98.00 元
凡购买本社图书，如有印装错误，我社负责退换。电话：010 - 83938349